시작한 날　　　　　　년　　　　월　　　　일
마지막 날　　　　　　년　　　　월　　　　일

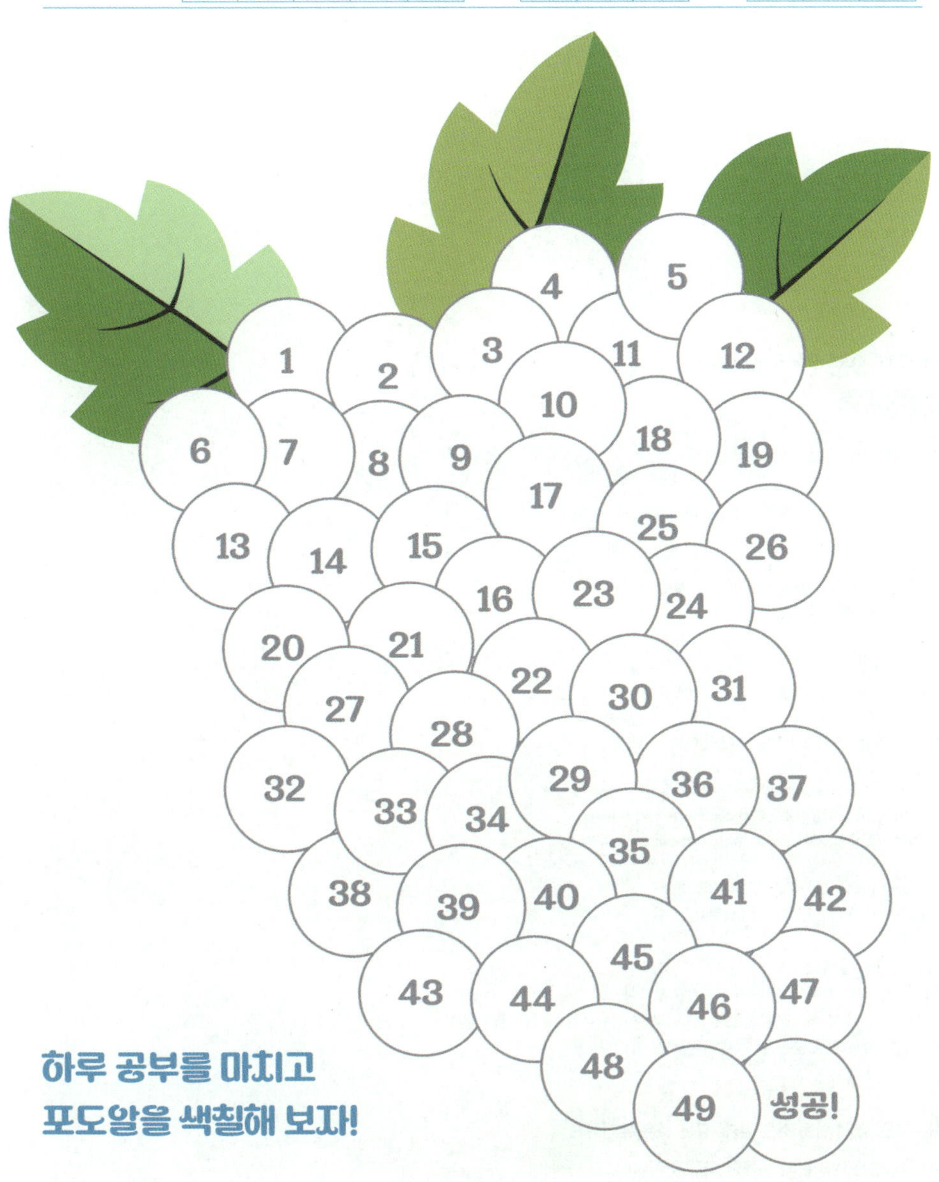

1일 1주제 9분 만에 끝내는
119 문해력

초판 1쇄 발행 2025년 12월 10일

지은이 이은아

펴낸이 윤주용
편집 도은주, 류정화 | 마케팅 조명구 | 홍보 박미나
외주편집 장기영, 박미선

펴낸곳 초록비책공방
출판등록 2013년 4월 25일 제2013-000130
주소 서울시 마포구 동교로27길 53 308호
전화 0505-566-5522 | 팩스 02-6008-1777

메일 greenrainbooks@naver.com
인스타 @greenrainbooks @greenrain_1318
블로그 http://blog.naver.com/greenrainbooks

ISBN 979-11-24126-03-5 (44080)
       979-11-24126-02-8 (세트)

어려운 것은, 쉽게 쉬운 것은 깊게, 깊은 것은 유쾌하게

초록비책공방은 여러분의 소중한 의견을 기다리고 있습니다.
원고 투고, 오탈자 제보, 제휴 제안은 greenrainbooks@naver.com으로 보내주세요.

1일 1주제 9분 만에
50일 완성
끝내는
문해력
이은아 지음
119
AI
초록비책공방

119 시리즈는 하루 9분, 하나의 주제로 공부 습관을 만드는 책이야. 교실에서 아이들과 함께해 온 현장 선생님들이 직접 쓴 책이라서 너희가 꼭 알아야 할 개념과 생각하는 방법을 쉽고 정확하게 알려줄 거야. 이 책을 더 잘 활용할 수 있는 방법을 소개할게.

1. 하루 한 꼭지, 9분만 집중해 볼까?

119 시리즈는 '읽기→생각하기→정리하기' 순서로 이어져 있어. 먼저 질문으로 호기심을 열어주고 이어지는 짧은 이야기와 설명을 통해 자연스럽게 개념을 익힐 수 있지. 하루 2~4페이지 분량이라 부담 없고 꾸준히 하기에 딱 좋아.

2. 교과와 연계된 학습 키워드로 중심 잡기

각 꼭지는 학교에서 배우는 교과 단원과 연결되어 있고, 교과 개념과 연결된 학습 키워드를 중심으로 내용이 이루어져 있어. '왜 이걸 배우는지', '교과에서 어디와 연결되는지'를 자연스럽게 이해할 수 있지. 학교 수업과 함께 보면 훨씬 더 깊게 이해되고 복습 효과도 좋아.

3. 배운 내용을 '나만의 말'로 정리해 보기

이 책은 단순히 외우는 공부보다 생각 흐름을 따라 개념을 이해하도록 되어 있어. 본문 중간에 나오는 질문에 스스로 답해 보면 "아, 나는 이렇게 이해했구나!" 하고 정리가 돼. 이런 과정은 바로 논술형 평가에서 필요한 사고력으로 이어져.

4. <실력 쑥쑥 119>로 바로 복습하기

각 꼭지 바로 뒤에는 <실력 쑥쑥 119> 문제가 있어. 오늘 배운 내용을 잘 이해했는지 스스로 확인할 수 있고 중요한 개념만 다시 한 번 떠올릴 수 있어서 공부 효과가 훨씬 커져.

5. <더 알아보기 119>로 배움을 확장하기

선생님이 직접 고른 책·영상·사이트가 매 꼭지마다 소개되어 있어. 궁금한 내용을 조금 더 깊게 알고 싶거나 호기심이 생긴 부분이 있다면 여기 있는 자료들을 통해 탐구를 이어가 봐. 스스로 공부를 확장하는 힘을 자연스럽게 기를 수 있어.

6. <진로 119> 코너로 배움과 미래를 연결해 보기

각 챕터 끝에는 <진로 119> 코너가 있어. 오늘 배운 내용이 어떤 직업과 연결되는지 알려 주고 내가 좋아할 만한 분야가 무엇인지 생각해 볼 수 있어. 공부와 진로를 따로 떼어 놓지 않고 자연스럽게 이어주는 구성이야.

7. 매일 9분, 꾸준함이 진짜 실력이야

하루 9분은 짧아 보이지만 매일 쌓이면 사고력·문해력·기초 개념·교과 이해도가 놀랍게 자라게 돼. 119 시리즈와 함께 익숙한 교과 내용을 새로운 이야기와 질문으로 만나다 보면 자기만의 공부 루틴이 단단하게 자리 잡을 거야.

문해력은 공부머리의 슈퍼파워!

　"공부가 왜 이렇게 어렵지?" 아마 이런 생각 해 본 적 있을 거야. 글을 읽고 시험 공부를 열심히 했는데 무슨 소린지 모르겠을 때 나오는 말이지. 사실 그 이유는 단순해. 문해력이 아직 충분히 자라지 않았기 때문이야.

　문해력은 단순히 글을 이해하는 능력이 아니야. 글 속에 숨어 있는 뜻을 찾아내고 그것을 내 생각으로 정리해서 표현하는 힘이야. 말하자면 '어휘력+독해력+표현력'이 모두 합쳐진 종합적인 문제 해결력이라고 할 수 있어.

　누군가는 "문해력은 세상을 읽는 힘이다."라고 말해. 예를 들어 볼까? 한 유튜버가 광고비를 많이 준다고 해서 사실과 다르게 제품을 소개했다는 기사를 읽었다고 해 보자. 겉으로만 읽으면 "돈을 벌기 위해 그럴 수도 있지." 하고 넘어갈 수 있어. 하지만 문해력이 높은 사람은 여기서 멈추지 않아. "왜 그 유튜버는 거짓말까지 하면서 광고를 했을까? 나라면 구독자의 신뢰와 돈 중에 무엇을 선택했을까? 혹시 지금 내가 구독하는 채널 중에도 비슷한 경우가 있을까? 이런 일이 사회적으로 어떤 문제를 만들까?"와 같은 질문을 스스로 던지지. 즉 단순히 '아, 이 유튜버 별로네.' 하고 끝내는 게 아니라 글이나 영상을 자기 삶과 세상에 연결하며 깊이 생각하는 거야. 이것이 바로 문해력이지.

　이제는 인공지능이 정보를 대신 찾아 주고 계산도 척척 해 주는 시대야. 그렇다면 문해력이 필요가 없을까? 아니야 오히려 더 중요해졌어. 우리는 매일 쏟아지는 정보를 글로 읽고, 말로 듣고, 이해하고 받아들여야 하잖아. 그 정보를 비판적으로 걸러 내고 제대로 활용하려면 문해력이 꼭 필요하지. 그래서 학교도 달라지고 있어. 교과 내용을 자기 삶에 적용해 생각을 서술하는 논술형 평가의 비중이 점점 커지고 있고, 수능에 논·서술형 문제를 도입하려는 논의도 활발하게 이루어지고 있단다.

문해력은 학교를 넘어 사회에서도 꼭 필요해. 회사에서 보고서를 쓰고, 회의에서 발표를 하고 시장을 분석해 사업 계획을 세우는 일. 이 모든 게 문해력과 연결돼 있거든. 이제는 단순히 지식을 많이 아는 것만으로는 부족해. 정보를 읽고 이해해서 문제를 해결하는 힘, 바로 문해력이 필요하지. 그것이야말로 앞으로의 시대가 요구하는 진짜 실력이야.

그렇다면 어디서 문해력을 키울 수 있을까? 바로 국어 과목이야. 국어 시간에는 문학이든 비문학이든 다양한 글을 읽고 내용을 파악해서 요약하는 훈련을 하거든. 또 글을 비판적으로 읽고 그걸 바탕으로 내 생각을 정리하는 글쓰기 연습도 하지. 이런 과정을 거치면 어휘력이 쌓이고 논리적으로 생각하고 표현하는 힘이 길러지는 거야. 국어에서 문해력이

충분히 길러지면 다른 과목 공부도 수월해. 결국 수학, 사회, 과학은 모두 교과서를 읽고 이해해서 문제를 풀고 내 생각을 표현하는 공부잖아.

다행히 문해력은 꾸준히 훈련하면 누구나 키울 수 있어. 하루에 딱 9분만 투자해 보자. 짧은 시간이지만 글 한 편을 집중해서 읽고, 새로운 어휘를 익히고, 간단한 문제를 풀고, 생각을 정리하는 습관을 들이면 돼.

이 책에는 중·고등학교 국어 교과서 속 화법, 문학, 비문학, 쓰기, 문법과 어휘까지 꼭 알아야 할 핵심 개념과 단어들이 정리되어 있어. 읽다 보면 국어가 훨씬 친근해지고, 문해력도 차곡차곡 쌓일 거야. 그러면 자연스럽게 공부에 자신감도 붙겠지?

자, 이제 준비됐지? 이제 글자를 넘어서 생각을 키우고 세상을 풀어내는 힘. 그 힘을 기르는 문해력 여행을 하러 우리 함께 떠나 보자.

차 례

1부. 문해력이 공부머리다

1부
문해력이
공부머리다

AI와 유튜브 시대, 나를 지켜 주는 디지털 문해력

AI 리터러시와 멀티 리터러시로 키우는 공부력

아침에 눈 뜨면 가장 먼저 확인하는 건 뭐야? 카톡 메시지나 인스타 피드일 거야.
학교 가는 길엔 유튜브 쇼츠를 보고, 숙제를 하다 모르면 AI에게 묻기도 하지.
갈수록 중요해지는 디지털 문해력에 대해 알아보자.

학습 키워드　#문해력 #어휘력 #독해력 #비판적읽기 #재구성
교과 연계　중1 〉 국어 〉 소통 맥락과 수용자 참여 양상을 고려하여 상호 작용적 매체를 분석한다.

디지털 세상은 마치 커다란 숲 같아. 그 숲에는 수많은 나무(정보)와 꽃(이미지), 새소리(음악) 그리고 길을 안내하는 표지판(기호)이 섞여 있지. 이 숲을 제대로 걸어가기 위해 필요한 힘이 바로 디지털 문해력이야. 이 것은 디지털 세상에서 정보를 제대로 읽고, 이해하고, 비판적으로 활용 하는 힘이지. 내가 얻은 정보가 왜 만들어졌는지, 믿을 만한 근거가 있는 지, 나한테 어떤 의미가 있는지 따져 보고, 그것을 내 언어로 다시 정리 해 표현할 수 있는 능력이 디지털 문해력literacy, 리터러시이야.

AI 리터러시

이 숲에는 숲속 안내자인 AI도 있어. 그런데 AI가 항상 정답만 알려 주는 건 아니야. 여행지 맛집을 물었는데 이미 사라진 식당을 추천하거

나 역사적 사건을 잘못 설명하는 경우도 있지. AI가 진화하면서 이런 사례는 줄고 있지만, 계속 변하는 수많은 정보를 AI가 즉각 반영할 수는 없어. 그래서 필요한 게 AI 리터러시야.

AI를 쓸 때 가장 먼저 해야 할 일은 출처 확인이야. 어디에서 온 정보인지, 믿을 만한 자료인지 살펴봐야 해. 또 최신 정보가 아닐 수도 있으니, 두 개 이상의 AI에 같은 질문을 던져서 답을 비교하는 습관도 필요하지. 마치 한 친구에게만 묻지 않고 여러 사람의 의견을 들어 보는 것처럼 말이야.

질문을 할 때는 프롬프트도 구체적으로 써야 해. "세계에서 가장 높은 산은?"이라고만 하면 오래된 답이 나올 수도 있어. 대신 "2024년 기준, 세계에서 가장 높은 산의 이름과 높이를 알려 줘."라고 구체적으로 써야 정확한 정보를 얻을 수 있어. 정보를 요청할 땐 목적, 대상, 분량, 어조까지 지정해 주면 좋아. 예를 들어 "수행 평가 과제야. 중학생 친구들이 이해할 수 있도록 두세 문장으로 친근하게 설명해 줘."라고 하면 훨씬 정확한 답을 얻을 수 있지. 또 AI에게 한꺼번에 질문하지 않고, 대화를 이어 가듯 차근차근 하나씩 묻는 것이 효과적이야. 가끔은 "네가 필요한 정보를 나에게 추가로 질문해 줘."라고 피드백을 요청할 수도 있어.

그러나 무엇보다 중요한 건, AI가 준 답을 그대로 쓰지 않는 거야. 친구가 숙제 답을 알려 줬다고 그대로 베끼면 내 공부가 안 되잖아? 마찬가지로 AI 답변은 '완성본'이 아니라 초안일 뿐이야. 초안을 내 상황에 맞게 확인하고 고치고 다듬으면서 내 것으로 만드는 과정이 꼭 필요해.

멀티 리터러시

유튜브도 마찬가지야. "하루 10분만 투자하면 수학 성적 30점 오른다!" 같은 썸네일, 본 적 있지? 조회수가 높아서 혹시 믿음이 갈지도 몰라. 그런데 막상 들어가 보면 근거는 부족하고, "이 문제집 사라."는 식의 광고가 숨어 있는 경우가 많아. 그래서 멀티 리터러시가 필요해. 유튜브 영상은 글자, 영상, 음악, 편집 효과가 뒤섞여 메시지를 만들지. 그러니까 단순히 말한 내용만 듣지 말고, 배경음악이 어떤 분위기를 전해 주는지, 편집이 과장되진 않았는지, 자막에 출처가 적혀 있는지도 함께 살펴야 해. 역시 다른 채널의 비슷한 영상을 찾아 비교해 보거나 중요한 정보는 관련 홈페이지나 책을 찾아서 재확인해야겠지?

디지털 문해력은 거창한 훈련이 아니야. 작은 습관으로도 충분히 기를 수 있어. AI가 알려 준 정보를 그냥 믿지 않고, 출처가 어디인지, 최신 정보가 맞는지 확인하기, 두 개 이상의 AI에 질문을 던져서 답을 비교하기, 프롬프트를 구체적으로 쓰기가 필요해.

유튜브도 마찬가지야. 영상 속 자막, 배경음악, 편집 효과까지 함께 살펴보고, 다른 채널의 비슷한 영상과 비교하고, 교과서나 공식 자료에서 관련 정보를 다시 확인하는 습관이 필요해.

정리하자면 디지털 문해력은 거대한 숲 전체를 보는 힘이야. 그 안에서 AI 리터러시는 인공지능이라는 나무를 다루는 기술이고, 멀티 리터러시는 숲속에서 꽃과 새소리, 표지판까지 함께 읽어 내는 능력이지. 결국 우리는 단순히 정보에 끌려다니는 소비자가 아니라 스스로 정보를 가려 보고, 재구성하고, 새로운 길을 만들어 가는 숲 속의 탐험가가 되어야 해.

1. 다음 설명의 빈 칸을 채워 보자.

> 1) 디지털 세상에서 정보를 읽고, 이해하고, 비판적으로 활용하는 능력을 ____________ (이)라고 한다.
>
> 2) AI가 알려 주는 답이 틀리거나 오래된 정보일 수도 있기 때문에, 출처를 확인하고 교차 검증하는 능력이 필요하다. 이를 __________ (이)라고 한다.
>
> 3) 유튜브 영상은 글자, 영상, 음악, 편집 효과가 함께 메시지를 만든다. 이처럼 다양한 매체가 전달하는 의미를 비판적으로 읽어 내는 힘을 __________ (이)라고 한다.

2. "AI가 준 답은 완성본이 아니라 초안이다."라는 설명과 가장 잘 연결되는 것은?

① AI의 답은 그대로 옮겨 적어도 큰 문제가 없다.
② AI의 답은 정확하므로 다시 검증할 필요가 없다.
③ AI의 답은 출처를 가끔만 확인하면 충분하다.
④ AI의 답을 내 상황에 맞게 수정하고 재구성해야 한다.
⑤ AI의 답은 참고는 되지만, 굳이 고치지 않아도 충분하다.

3. 다음 중 'AI 리터러시'의 의미와 가장 거리가 먼 것은 무엇일까?

① AI가 알려 준 정보의 출처를 확인하고 신뢰도를 따져 보기
② 하나의 AI만 쓰지 않고 여러 AI의 답을 비교해 보기
③ 질문할 때 목적, 대상, 어조 등을 구체적으로 제시하기
④ AI의 답변을 초안으로 삼아 내 상황에 맞게 고치기
⑤ AI가 제공하는 답변은 대체로 정확하다고 믿고 활용하기

4. 너의 하루를 떠올리며 디지털 문해력을 기를 수 있는 작은 습관 한 가지를 써 보자.

더 알고 싶어 119 📖 도서 ▷ 영상 🔍 사이트

▷ **AI 시대, 예일대 교수가 알려주는 편향을 깨는 사고법 (유퀴즈 온 더 블럭)**
편향적 사고와 부정적 편향을 이해하고, 자신과 다른 입장도 고려해서 생각하는 법을 알려 주는 영상이야.

글을 읽어도 도통 이해가 안 된다면

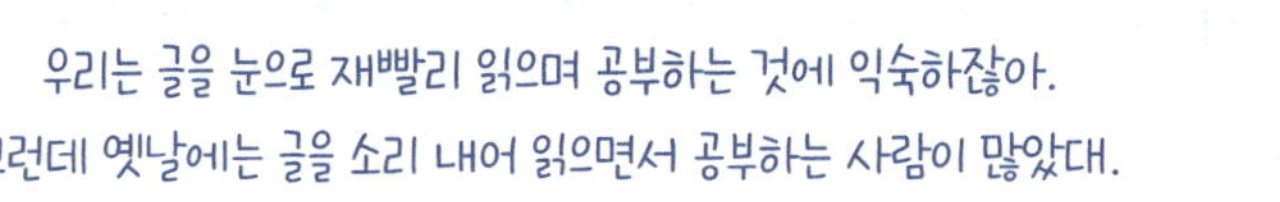

우리는 글을 눈으로 재빨리 읽으며 공부하는 것에 익숙하잖아.
그런데 옛날에는 글을 소리 내어 읽으면서 공부하는 사람이 많았대.
조선 시대 선비의 공부방이나 동네 서당에서는 언제나 글 읽는 소리가 들렸다지 뭐야.

학습 키워드 #낭독 #묵독
교과 연계 중1 〉 국어 〉 독자의 배경지식과 글에 나타난 정보 등을 활용하여 글에 드러나지 않은 의도나 관점을 추론하며 읽는다.

이 그림은 조선 시대 풍속 화가인 김홍도의 〈서당도〉야. 조선 시대 아이들은 서당에서 〈천자문〉으로 한자를 익히고, 〈사자소학〉과 〈동문선습〉을 소리 내어 읽으면서 외웠어. 훈장님이 공부하라고 하면 책을 백 번 넘게 읽어야 했지. 목소리가 다른 친구들 소리에 묻히지 않도록 목청을 한껏 높여서

↑ 김홍도의 〈서당도〉

말이야. 혹시 "서당 개 삼 년이면 풍월을 읊는다."는 말 알아? 글 읽는 소리를 매일 들으면 서당에 사는 개라도 시를 지을 수 있다는 뜻이야. 이처럼 글을 소리 내어 읽는 낭독은 말하는 사람과 듣는 사람 모두에게 효과적인 공부법이야.

그런데 근대식 도서관이 생기면서 여러 사람이 한곳에서 서로 다른 책을 읽다 보니 책을 조용히 눈으로만 읽는 묵독이 자리 잡게 됐어. 묵독은 글을 빨리 읽는 데는 좋지만, 정확하게 글을 읽고 충분히 이해하기 위해서는 낭독이 더 효과적이야. 사실 요즘 아이들은 책을 소리 내어 읽는 낭독 훈련을 충분히 하지 못하잖아. 어릴 때부터 휴대폰으로 글을 읽다 보니 짧은 글만 읽으려 하고, 어려워 보이면 대충 읽는 습관까지 생겼어. 그래서 글을 읽더라도 내용을 잘 이해하지 못하는 경우가 많아졌다고 해. 문해력은 단어와 문장을 꼭꼭 씹어서 읽고, 그 뜻을 천천히 생각하면서 이해하려고 노력해야 키워지는데 말이야. 그러니 평소에 교과서나 책을 천천히 소리 내어 읽고, 어려운 부분은 두세 번 읽으면서 내용을 곱씹어 보는 훈련이 필요해. 그래야 나중에 묵독을 하더라도 글을 꼼꼼하게 읽을 수 있어.

낭독은 적극적인 읽기 방법

글을 소리 내어 낭독하면 글자와 문장 하나하나에 집중하며 읽게 돼. 그래서 정확하게 읽을 수 있지. 글자나 문장을 건너뛰면서 읽으면 금방 티가 난다니까. 꼼꼼하게 읽어야 모르는 단어의 의미도 주변 문장을 보고 짐작할 수 있기 때문에 어휘력을 기를 수 있어. 그렇게 익힌 단어는 잘 잊어버리지 않을 거고 말이야. 낭독을 하면 산책할 때 나오는 행복 호르몬인 세로토닌이 분비되고, 뇌가 활성화돼서 기분도 상쾌해진대. 읽

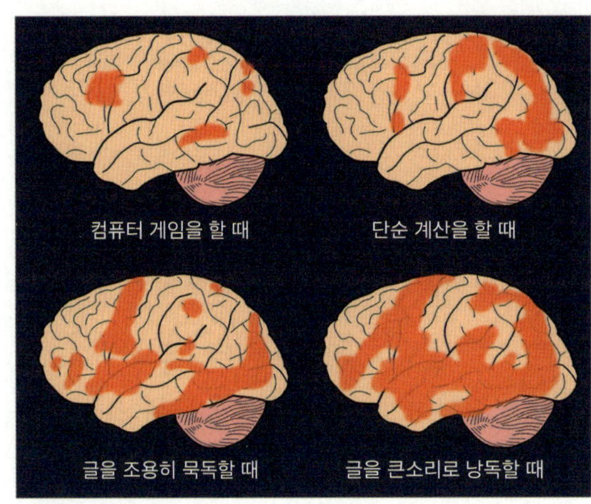

↑ 활동별 뇌의 활성도

기에 몰두하면 잡생각이 사라진다고 하니까 공부하기 싫을 때는 우선 책을 한 권 꺼내서 낭독해 보는 게 어때? 밑져야 본전이잖아.

낭독은 묵독과 달리 눈으로 읽고, 입으로 말하고, 귀로도 듣는 적극적인 읽기 방법이야. 이해 안 되는 곳을 중얼중얼 소리 내 읽거나, 반복해서 읽으면 갑자기 확 이해될 때가 있지? 낭독을 하면 묻혀 있던 배경지식이 활성화돼서 아리송했던 단어의 뜻까지 생각나지. 이렇게 낭독은 뇌의 여러 부위를 자극해서 이해를 도와. 그러니까 꼭 알아야 할 중요한 내용은 밑줄을 그어 가며 낭독하면 내용 파악도 잘되고 훨씬 오래 기억할 수 있을 거야. 특히 낭독은 수학 문장제 같은 서술형 문제를 풀 때 빛을 발해. '문제'와 '조건'을 낭독하면서 꼼꼼히 읽으면 출제자의 의도와 힌트를 정확하게 알 수 있거든. 실수도 예방할 수 있겠지? 문해력은 끈기 있게 읽고 끝까지 이해하려는 노력을 할 때 자라난다는 거 꼭 기억해.

1. 다음 문장에서 빈칸에 들어갈 알맞은 말을 써 보자.

> 1) 낭독은 눈으로 읽고, 입으로 말하고, 귀로 듣는 ○○적인 읽기 방법이다.
>
> 2) 근대식 도서관이 생기면서 여러 사람이 모여 책을 읽자 ○○이 자리 잡게 되었다.

2. 다음 설명이 맞으면 O, 틀리면 X로 표시하자.

> 1) 낭독은 글의 내용을 오래 기억하는 데 도움이 된다. (   )
>
> 2) 묵독은 글을 빨리 읽는 데는 좋지만, 정확히 이해하는 데는 낭독이 더 효과적이다. (   )
>
> 3) 수학의 서술형 문제를 풀 때는 낭독보다 묵독이 더 효과적이다. (   )

3. 다음 중 '낭독'의 특징과 효과에 대한 설명으로 가장 적절하지 않은 것은?

① 어려운 단어도 주변 문장을 통해 뜻을 추측하며 어휘력을 키울 수 있다.

② 소리 내어 읽으면 꼼꼼하게 읽게 되어 정확한 독해 습관을 기를 수 있다.

③ 낭독은 눈·입·귀를 동시에 활용하기 때문에 뇌의 여러 부위를 자극한다.

④ 낭독은 묵독보다 글을 처리하는 속도가 빨라 짧은 시간 안에 많은 정보를 파악할 수 있다.

⑤ 낭독을 하면 산책할 때처럼 세로토닌이 분비되어 집중력과 기분이 동시에 좋아진다.

더 알고 싶어 119

📖 도서   ▶ 영상   🔍 사이트

📖 『**국어머리 공부법**』 (김선, 스마트북스, 2023)
저자는 다섯 살 때 발달지체 진단을 받고 놀이치료를 받던 둘째 아이가 서울대에 입학하게 된 비결을 '낭독'이라고 말해. 이유를 자세히 알아보자.

▶ **낭독의 재발견** (EBS, 지식채널e)
낭독의 기원과 효과를 간결하게 알려 주는 영상이야.

🔍 **뇌깨비야 놀자-뇌를 깨우는 101가지 비밀, 낭독의 비밀 편** (MBC)
낭독과 묵독을 주제로 실험을 해서 낭독이 집중력과 호기심을 기른다는 것을 증명한 시사 프로그램이야.

설명할 줄 알아야
진짜 아는 거래

설명식 공부법의 효과와 방법

강의식 수업을 듣고 나면 알게 된 것이 많은 것 같지만
막상 그걸 설명해 보라고 하면 막히는 경우가 많아. 익숙한 것을 아는 거라고 착각하지 않으려면
멋진 강의안을 만들어서 수업을 직접 이끄는 선생님이 돼 보면 어떨까?

학습 키워드　#피그말리온효과　#설명식공부법　#메타인지
교과 연계　중1 〉 국어 〉 읽기 목적과 글의 구조를 고려하며 글을 효과적으로 요약한다.

　'피그말리온 효과'가 뭔지 알고 있니? 고대 그리스에 피그말리온이라는 조각가가 살았는데, 그는 순수하지 못한 주변 여인들에게 실망감을 느꼈대. 그래서 사랑스러운 여인상을 직접 조각했다지 뭐야. 그러곤 여인상에 '갈라테이아'라는 이름을 붙이고, 마치 아내를 대하듯 좋은 옷을 입히고 매일 사랑을 속삭였다고 해. 갈라테이아를 정말로 사랑하게 된 피그말리온은 여신 아프로디테에게 여인상이 사람이 되게 해 달라는 소원을 매일 빌었어. 그 정성에 감동한 여신은 그 소원을 들어 줬다고 해. 이처럼 긍정적으로 믿고 기대하면서 그것이 현실이 될 거라고 행동하면 진짜 이루어지는 현상을 피그말리온 효과라고 한단다.

　공부도 피그말리온 효과를 이용할 수 있어. 만약 너희가 스스로 훌륭한 선생님이라고 생각하고 수업을 준비한다면 교과서를 더욱 꼼꼼

하게 읽겠지? 모르는 내용은 반복해서 읽고, 중요한 내용은 공책에 요점 정리도 할 거야. 또 학생들이 쉽게 이해할 수 있도록 구체적인 사례와 학습 자료도 준비하겠지. 이런 과정을 거치면서 잘 아는 부분과 잘 모르는 부분도 파악할 수 있을 거야. 이렇게 메타인지가 향상되면서 공부법도 더 나아지게 만들 수 있을 테고 말이야. 공부한 내용을 충분히

↑ 안 루이 지로데 드 루시 트리오종 〈피그말리온과 갈리테이아〉

이해하고, 다시 되새기면서 누군가를 가르쳐 보는 경험을 하는 건 문해력을 기를 수 있는 좋은 방법이야. 이런 경험들이 쌓이면 "나도 할 수 있다."라는 자신감이 붙어서 공부에도 슬슬 재미를 붙일 수 있을 거야.

서로 설명하는 공부법의 효과

미국 행동과학연구소NTL에서는 다양한 방법으로 공부한 사람들을 대상으로 24시간 후에 공부한 내용이 어느 정도 기억에 남는지 그 비율을 조사했어. 공부법에 따라 지식이 장기 기억으로 바뀌는 정도가 어떻게 다른지 살펴본 거야. 그 결과 듣기는 5%, 읽기는 10%, 시청각 수업 듣기는 20%, 시범 강의 보기는 30%, 집단 토의는 50%, 실제 해 보기는 75%였다고 해. 그런데 '서로 설명하기'라는 공부법은 무려 90%라는 기

억률을 기록했어. 학습 내용을 스스로 설명하다 보면 기존에 알고 있던 지식과 새롭게 알게 된 지식이 연결되면서 장기 기억 창고로 이동한다는 게 밝혀진 거지. 단기 기억 속 지식은 뇌에서 몇 분 머물다가 금방 사라지지만, 장기 기억 속 지식은 언제든 꺼내서 쓸 수 있는 표현적 지식이 되거든. 그러니까 떠들썩하게 가르치며 공부하는 설명식 공부법이 문해력 향상에 효과적이겠지?

↑ 짝을 지어 설명하고 토론하는 유대인 공부법

마지막으로 '설명식 공부법'을 어떻게 실천하는지 알려 줄게.

첫째, 교과서나 참고서를 소리 내어 읽는 거야. 이해가 안 되거나 중요한 부분은 두세 번 반복해서 읽거나 다른 자료를 찾아보면서 충분히 이해해야 해. 또 내 생각과 다른 부분은 그 이유를 쓰면서 비판적으로 읽는 거야.

둘째, 글을 읽을 땐 핵심 단어에는 동그라미를, 중심 문장에는 밑줄을 그어야 해. 이렇게 표시한 부분을 중심으로 요점을 정리하면서 강의안을 만드는 거야. 구체적인 예시도 찾아서 덧붙이면 훨씬 더 좋아.

셋째, 화이트보드에 핵심 내용을 정리하면서 내용을 설명해 봐. 만약 설명할 사람이 없다면 중얼중얼하면서 자기 자신을 가르칠 수도 있어.

많은 내용을 아는 것보다, 오래 기억하고 정확하게 표현할 수 있는 지식이 진짜 내가 알고 있는 지식이야. 지금부터 문해력과 공부 실력을 함께 기르는 설명식 공부법을 함께 실천해 볼까?

1. 다음 글을 읽고 내용에 알맞게 ○안을 채워 보자.

○○○○○ 효과는 긍정적인 기대나 관심이 그 사람에게 좋은 영향을 미치는 현상이야.

2. 미국 행동과학연구소(NTL)의 연구에서 24시간 후 학습 내용이 기억되는 비율이 가장 높은 방법은 무엇이었을까?

① 듣기　　② 읽기　　③ 집단 토의　　④ 실제 해 보기　　⑤ 서로 설명하기

3. 다음 설명을 읽고, 맞은 것은 O, 틀린 것은 X표를 하자.

1) 설명식 공부법은 교과서 내용을 조용히 눈으로만 읽으며 이해하는 방법이다. (　　　)

2) 설명식 공부법에서는 핵심 단어에 표시를 하고 중심 문장에 밑줄을 그어 요점을 정리한다. (　　　)

3) 설명식 공부법은 화이트보드에 내용을 정리하며 말로 설명하거나, 중얼중얼 자기 자신을 가르치는 방식도 포함된다. (　　　)

4. 설명식 공부법이 문해력 향상에 효과적인 이유를 몇 가지 이상 설명해 보자.

더 알고 싶어 119

📖 도서　▷ 영상　🔍 사이트

📖 『공부보다 소중한 너의 미래에게』 (강성태, 2025, 다산북스)
효과적인 공부법뿐만 아니라 공부를 해야 하는 이유, 자신을 사랑하는 방법까지 알려 주는 책이야.

▷ 공부의 달인 18. 나만의 공부법을 찾아서 (EBS)
설명식 공부법으로 의사라는 꿈을 이룬 남학생의 실제 경험을 담은 영상이야.

AI 로봇보다 강력한 질문의 힘

창의력, 상상력, 공감력의 의미와 '질문'을 만드는 법

세계적인 기업들이 너도나도 인공지능 로봇 개발에 열을 올리고 있어.
SF 영화에서처럼 로봇과 인간이 공존하는 세상이 얼마 남지 않은 것 같아.
로봇을 능가하는 인간 고유의 능력을 기르기 위해서는 어떤 노력을 해야 할까?

학습 키워드　#인공지능　#창의력　#상상력　#공감력
교과 연계　중1 〉 국어 〉 독자의 배경지식과 글에 나타난 정보 등을 활용하여 글에 드러나지 않은 의도나 관점을 추론하며 읽는다.

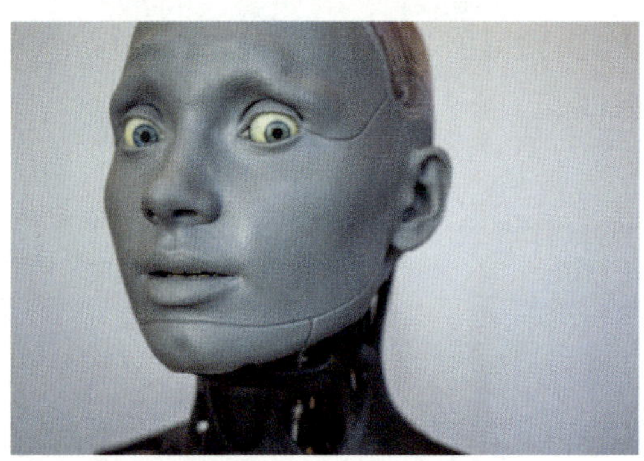

↑ 인공지능 로봇 '아메카'

오픈AI가 개발한 인공지능 로봇 '피규어01'은 "음식을 달라."는 말을 듣고 능숙하게 사과를 집어 건네줄 수 있어. 또 다른 인공지능 로봇인 '아메카'는 사람처럼 풍부한 표정을 짓기도 하지. 특히 미간을 찡그리거나 눈을 질끈 감는 모습이 사람처럼 자연스러워. 아메카에게 "가장 슬픈 일이 뭐야?" 하고 물었더니 로봇으로 태어나서 인간들이 나누는 진정한 사랑과 우정을 경험할 수 없다는 사실이 슬프다고 답했대.

이러한 인공지능 기술의 발전에 대한 우려의 목소리도 높아. 인공지능 분야를 개척한 제프리 힌턴 박사는 2023년에 자신이 평생 이룬 성과가 후회스럽다며 이렇게 말하기도 했어. "세계 기업들의 치열한 경쟁 속에 AI 기술이 점차 통제가 힘든 상태로 발전하고 있습니다. 핵무기는 추적이 가능하지만, 현재로서는 개인과 국가가 어떤 인공지능 기술을 개발하고 있는지 알 수가 없어요. 무엇보다 킬러 로봇이 개발되는 것이 가장 두렵습니다. 국제 사회가 AI 개발과 규제를 위한 국제기구를 반드시 만들어야 합니다."

로봇과 경쟁하기 위해 해야 할 것들

세계 곳곳에서 전쟁이 일어나고 있는 요즘, 힌턴 박사의 말처럼 어디선가 로봇을 무기로 사용할 수도 있겠다는 무서운 상상도 해 보게 돼. 어쨌거나 미래에는 인간과 로봇이 함께 공존하며 살아갈 거라 예상되고 있어. 로봇은 사람보다 더 나은 힘과 일 처리 능력을 갖고 있어서 실제로 많은 일자리가 로봇으로 대체되고 있지. 이런 세상에서 로봇과 경쟁하려면 우리는 어떻게 해야 할까?

첫째, 인간만 갖고 있는 '창의력'과 '상상력' 그리고 '공감력'을 키울 수 있도록 독서를 열심히 하는 거야. 창의력은 배경지식을 종합해서 새로운 아이디어나 해결책을 생각해 내는 능력이야. 상상력은 현실에 없는 것을 마음속으로 그려 보거나 새로운 상황을 만들어 내는 능력이고, 공감력은 다른 사람의 감정을 느끼고 이해하는 능력이지. 책을 읽으면 배경지식과 간접 경험이 쌓이게 돼. 이야기 속 다양한 사건을 통해 인물이 처한 상황과 배경을 상상하다 보면, 그들의 감정에 공감할 수 있거든. 그러면 창의력과 상상력, 공감력이 저절로 자라겠지?

둘째, 책을 읽고 나서 직접 질문을 만들고 답해 보는 연습도 필요해. 문해력은 결국 문제 해결력이잖아. 질문을 어떻게 만드냐고? 가장 손쉬운 방법은 '누가, 무엇을, 언제, 어디서, 왜, 어떻게'라는 육하원칙을 활용하는 거야. '누가, 언제, 어디서, 무엇'은 사실적 사고와 분석적 사고를 유도하는 질문을 만들 수 있어. 이때 '분석적 질문'은 대상을 깊이 살펴보게 만들지. 또 '무엇, 어떻게, 왜'는 다양한 생각을 이끌어 내는 '발산적 질문'을 만들 수 있어.

> • 유럽에 퍼진 페스트균이 일으킨 전염병 이름은 **무엇인가**? (사실적 질문)
> • 출산율을 높이기 위한 정부 정책에는 **무엇이 있는가**? (분석적 질문)
> • 실제로 출산율을 높이기 위해서는 **어떻게** 해야 하는가? (발산적 질문)

또 질문을 만드는 방법에 가정, 비교와 대조, 평가를 활용할 수도 있어.

> • **'만약 ~라면' 활용하기** (가정)
> 예시 만약 내가 대통령이라면 저출산 문제를 어떻게 해결하고 싶은가?
> • **공통점과 차이점 찾기** (비교와 대조)
> 예시 한국과 미국의 출산 장려 정책의 공통점과 차이점은 무엇인가?
> • **평가를 유도하는 질문** (평가)
> 예시 한국 출산 장려 정책의 효과는 어떠한가?

이렇게 책을 읽고 질문과 답변을 꾸준히 하면 창의력과 상상력, 공감력이 길러질 거야. 지금은 단순히 많은 문제를 푸는 것보다 한 가지를 깊이 생각하고 좋은 질문을 던지는 힘이 더 소중한 때야. 미래 사회에서는 바로 그 질문하는 능력이 새로운 길을 열어 줄 테니까.

1. 다음 중 글에서 설명한 인공지능 로봇의 특징으로 볼 수 없는 것은 무엇일까?

　① '피규어01'은 "음식을 달라."는 요청에 맞게 행동할 수 있다.

　② '아메카'는 사람처럼 다양한 표정을 지을 수 있다.

　③ 로봇은 창의적으로 문제를 해결하고, 다른 이의 감정에 공감할 수 있다.

　④ 제프리 힌턴 박사는 AI가 점차 통제 불가능해질 것을 걱정했다.

　⑤ 아메카는 로봇으로 태어나 사랑과 우정을 경험하지 못하는 점이 슬프다고 답했다.

2. 인간만이 지닌 능력으로 독서를 통해 길러야 한다고 강조된 세 가지는 무엇일까?

3. 아래 질문 유형과 예시를 바르게 연결해 보자.

　1) 유럽에 퍼진 페스트균이 일으킨 전　　　　　　　ㄱ. 사실적 질문
　　염병 이름은 무엇인가?

　2) 실제로 출산율을 높이기 위해서는　　　　　　　ㄴ. 분석적 질문
　　어떻게 해야 하는가?

　3) 한국과 미국의 출산 장려 정책의　　　　　　　ㄷ. 발산적 질문
　　공통점과 차이점은 무엇인가?

3. 인공지능 시대에는 단순히 문제를 많이 푸는 것보다 깊이 생각하고 질문하는 힘이 더 중요하대. 그렇다면 우리는 일상 속에서 어떤 작은 실천을 할 수 있을까? 한 가지만 떠올려 적어 보자.

 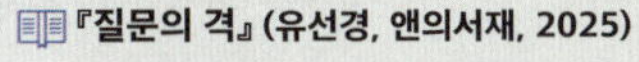

더 알고 싶어 119

📑 도서　▶ 영상　🔍 사이트

📑 『질문의 격』 (유선경, 앤의서재, 2025)
　사고력을 확장시키고, 발상을 전환하여 창의력을 끌어올리는 다양한 질문 방법이 담겨 있는 책이야.

📑 『청소년을 위한 에이트』 (이지성, 생각학교, 2021)
　사회에 나가자마자 인공지능과 업무 경쟁을 벌여야 하는 우리, 인공지능에게 대체되지 않는 나를 만들기 위한 빙법을 알려 줄 거야.

▶ SNS가 우리의 뇌를 망가뜨린다 (소셜 딜레마, 넷플릭스)
　실리콘밸리 중심 개발자들의 내부 고발을 통해 알고리즘이 어떻게 인간의 일상과 관계를 파괴하는지를 보여 주는 다큐멘터리야. 시청 후에 질문을 만들고 대화하면서 인간 고유의 능력을 길러 보자.

문해력을 기르는 훈훈한 파트너

신문 활용 교육(NIE)과 요약의 기술

교육 전문가들은 NIE를 강조하고 있어. NIE는 신문을 교육 자료로 활용하는 교육을 말해.
신문은 호기심을 자극하니까 신문을 활용해서 공부하면 요약하는 능력을 기를 수 있고,
문해력도 재미있게 키울 수 있겠지?.

학습 키워드 #NIE #비판적사고 #요약하기
교과 연계 중1 〉 국어 〉 읽기 목적과 글의 구조를 고려하며 글을 효과적으로 요약한다.

신문에는 사회적 이슈와 유용한 정보가 가득해. 신문을 꾸준히 읽으면 다양한 배경지식을 쌓고 자신의 관점도 세울 수 있지. 특히 신문은 요약하기, 비판적 읽기, 자신의 의견을 글로 표현하기, 토론하기 등 교육 자료로 활용하기에 좋아. 요즘은 여러 어린이 신문사에서 만든 'NIE 자료'를 온라인으로 쉽게 다운받아서 활용할 수도 있어.

기사를 읽고 나면 먼저 내용을 요약하자. 요약하기는 핵심 정보만 빼내는 과정이야. 내용 요약 연습을 하면 글의 흐름을 이해하면서 핵심 내용을 정리할 수 있어서 독해력이 빠르게 길러질 거야. 독해력이 좋아지면 교과서나 비문학, 논술 지문을 정확하게 읽어 낼 수 있어서 공부 자신감도 얻을 수 있어.

글을 요약하는 요령

이제 요약하는 순서를 살펴볼게. 한 편의 글은 여러 문단으로 이루어져 있어. 그리고 한 문단은 하나의 중심 문장과 근거와 사례를 설명하는 여러 뒷받침 문장으로 이뤄져 있지. 그러니 요약을 하려면 먼저 문단별로 중심 문장을 찾아야 해. 중심 단어는 동그라미 표시를 하고, 중심 문장에는 밑줄을 긋는 거야. 또 이유나 사례가 담긴 보충 문장은 〈 〉 표시를 해 놓자. 비슷한 사례는 하나의 사례로 묶어 놓고 말이야. 요약을 잘하는 네 가지 기술을 소개해 볼게.

요약하기의 네 가지 기술

- **선택하기**: 각 문단에서 중심 문장을 골라 표시하기
- **삭제하기**: 반복된 말은 삭제하고, 구체적으로 예를 든 부분은 간단하게 줄이기
- **구조 파악**: 문단별로 주장과 근거, 설명과 예시, 문제 제시와 해결 방안, 시간 순서, 원인과 결과, 비교와 대조 등의 관계 파악하기
- **재구성하기**: 중심 문장이 드러나지 않은 문단은 핵심 내용을 묶어서 새로운 문장 만들기, 구체적인 내용은 상위 개념으로 묶어서 표현하기

  예시 우리는 살면서 슬픔, 기쁨, 분노, 두려움, 설렘 등을 경험합니다.
  → 우리는 일상에서 다양한 감정을 느낍니다.

앞에서 문단별로 중심 문장을 찾았다면 이것들을 모아서 짧은 글로 정리해 보자. 짧은 글을 통해 드디어 핵심 단어로만 구성된 글의 뼈대가 드러났어. 이제 작성한 요약문을 가능할 때까지 계속 반으로 줄여 보자. 이 과정을 반복하면서 기사 내용을 담백한 한두 문장으로 쓸 수 있다면 요약의 달인이 될 수 있을 거야.

NIE 활동은 신문뿐만 아니라 시사 잡지나 TV 교양 프로그램을

이용할 수도 있어. 〈위즈키즈〉, 〈시사원정대〉, 〈독서평설〉, 진로 잡지 〈MODU〉, 〈과학 소년〉, 〈과학 동아〉, 〈과학 잡지 뉴턴〉 같은 유익한 잡지들이 무척 많아. 수능 언어영역은 A4 한 장 분량이 넘는 생소한 지문이 나오는데, 이런 문제는 글을 읽고 중심 내용을 빠르게 파악해야 풀 수 있으니까 NIE에 도전해 보자.

● 다음 기사를 읽고 다음 문제에 답해 보자.

한국 인구 감소, 중세 흑사병 때보다 심각

최근 뉴욕타임스(NYT)의 칼럼니스트 로스 다우댓은 '한국은 소멸하나'라는 제목의 칼럼을 실었다. 그는 "한국이 현재 출산율 상태라면 흑사병에 강타당했던 중세 유럽보다 더 큰 폭의 인구 감소를 겪게 될 것"이라고 말했다. 한국의 저출산 문제를 최악의 감염병인 '중세 흑사병'에 빗댄 것이다.

통계청이 지난달 발표한 '9월 인구 동향'에 따르면 3분기 합계출산율(여성 1명의 평생 출생아 수)은 0.7명으로 역대 최저치를 기록했다. 작년 한국의 합계출산율은 0.78명으로 OECD(경제협력개발기구) 회원국 중 최하위권이다. 한국의 1960~2021년 합계출산율 감소율도 86.4%로 217개 국가·지역 중 가장 심각했다. 다우댓은 출산율 0.7명을 유지하는 국가는 한 세대의 200명 인구(부부 100쌍)가 다음 세대에는 70명으로 줄어든다는 것을 의미한다며, 이는 14세기 흑사병이 유럽에 가져온 인구 감소보다 더 빠른 것이라고 말했다. 그는 한국은 두 세대가 지나면 200명이던 인구는 25명 이하로 떨어질 것이라고 예견했다.

흑사병은 14세기 유럽 지역에 퍼진 병이다. 페스트균이 일으키는 급성 전염병으로 고열과 두통 증상이 나타나다가 의식이 흐려지며 사망에 이른다. 당시 유럽에서 7500만~2억 명의 목숨을 앗아갔으며, 한 지역에서만 인구 10명 중 5~6명이 사망했다고 한다. 즉 유럽 인구의 최대 절반이 흑사병으로 목숨을 잃은 것이다. 그만큼 한국의 인구 감소 정도가 심하다.

현재 국내 인구는 5156만 명이다. 다우댓은 2060년대 말까지 한국 인구가 3500만 명 미만으로 급락할 것이라고 말했다. 그렇게 되면 한국 사회는 노인 세대의 방치, 황폐화한 고층 빌딩, 고령층 부양 부담을 진 젊은 세대의 해외 이민 현상이 나타날 것이다. 이를 위해 정부는 국내 저출산 문제를 두고 전문가들과 자문 회의를 하며 대책을 마련하고 있다.

- 조선일보 2023년 12월 4일자 기사를 재구성함

---

1. 위 기사에서 문단별 중심 문장을 찾은 후 이들을 연결하여 네 문장 요약문으로 써 보자.

---

2 앞에서 요약한 글을 한두 문장으로 줄여 보자

더 알고 싶어 119   📖 도서 ▷ 영상 🔍 사이트

📖 『중등 필독 신문』 (이현옥 외, 체인지업, 2024)
　청소년들의 비판적 사고력을 길러 주는 신문 기사를 모았어. 이 책을 읽고 요약하면서 문해력과 사고력을 길러 보자.

🔍 어린이 조선일보 'NIE논술교실'
　사이트 내에 있는 'NIE논술' 코너에서 '고학년 및 중등 NIE 교실'을 찾아 봐. 기사를 읽고 제시된 문제를 꾸준히 풀면 문해력이 높아지겠지?

교과서 속 개념어는 모조리 한자

문해력을 높이기 위한 한자 공부법

교과서 속 개념어는 90% 이상이 한자어야.
한자를 모르면 교과 내용을 이해하고 기억하기 어렵지.
복잡하게 생긴 한자, 도대체 어떻게 공부해야 할까?

학습 키워드　#한국어 #한글 #고유어 #한자어 #외래어
교과 연계　중2 > 국어 > 국어의 음운 체계와 문자 체계를 이해하고 국어 생활에 활용한다.

한국어는 한국에서 사용되는 언어로 '고유어, 한자어, 외래어' 세 가지로 이루어져 있어. '고유어'는 한국어에서 원래부터 사용되어 온 단어야. 사람, 물, 밥, 사랑 같은 자연과 감정, 일상생활 속 단어가 많고 한국인의 문화와 전통이 담겨 있는 게 대부분이지. '한자어'는 중국어에서 들어온 단어로, 주로 학문적, 기술적, 철학적인 개념을 나타내는 데 사용되는 말이야. 한자어는 한국어 어휘를 훨씬 풍부하고 다양하게 만들어 주었어. '외래어'는 다른 나라에서 온 단어로, 현대 사회가 발전하면서 새로 들어오거나 생긴 말이야. 특히 컴퓨터, 인터넷, 커피처럼 영어에서 온 외래어가 많고 기술과 문화, 생활용품 등을 나타내는 데 사용되고 있어.

한자어는 전체 한국어의 절반 이상을 차지하고 있어. '인간人間, 혈액형血液型, 산소酸素'처럼 한자를 바탕으로 만들어진 한자어가 53%이고,

'전셋집傳貰+집, 귓병귀+病, 휴대폰携帶+phone, 메뉴판menu+板, 스키장ski+場' 처럼 한자어와 고유어, 한자어와 외래어가 합쳐져서 만들어진 혼종어는 20% 정도야. 교과서에서 쓰이는 중요한 개념어도 90% 이상이 한자어지.

한자를 많이 알면 좋은 이유

한자어는 고유어보다 의미를 더욱 정확하고 자세하게 표현할 수 있어. 예를 들어 '옷'이라는 말은 상황이나 직업에 따라 정장正章, 제복制服, 작업복作業服, 간호복看護服, 수술복手術服 등으로 나눠서 나타낼 수 있지.

한자를 많이 알면 문해력을 높일 수 있는 이유는 한자의 음과 뜻을 알고 있으면 처음 보는 단어라도 그 뜻을 대충 짐작할 수 있기 때문이야. 대명사代名詞의 대代는 '대신하다'라는 의미를 지녀. 대명사는 명사(사람, 나무, 공원처럼 대상의 이름을 가리키는 말), 즉 이름 대신 나타내는 말이란 뜻이지. 대명사에는 '이것, 저것, 그것, 여기, 저기, 거기'가 있는데, 물건과 장소, 이름 대신 가리킬 때 사용해. 한자를 많이 알면 사자성어도 쉽게 이해할 수 있어. 많은 한자어를 알고 있으면 어휘력과 독해력이 높아지고 결국 문해력을 키우는 결과로 이어지지. 그래서 문해력의 토대는 한자 실력이라고 말하는 거야.

그렇다면 한자를 어떻게 공부해야 할까? 문해력을 기르기 위한 한자 공부는 한자의 획순과 부수를 외우고, 글자 쓰는 연습을 하는 게 아니야. 자주 쓰이는 한자의 음과 뜻을 알고, 그 단어가 일상생활과 공부할 때 어떤 뜻으로 쓰이는지 파악할 수만 있으면 돼. 예를 들어 볼게. '문해력'이란 단어가 생소하다면, 한자 '文(글 문)'과 '力(힘 력)'을 떠올리면서 이렇게 생각하면 돼. '아, 글자와 관련된 힘이구나.' '解(풀다 해)'까지 안다면, 문해력이 '글자와 관련된 문제 해결 능력'이라는 걸 알아차릴 수 있을 거야. '독해력'의 독은 '읽을 독讀'이니까 '글을 읽고 이해하는 능력'이란 것도 알 수 있지.

그렇다면 어떤 한자를 얼마만큼 공부해야 할까? 교육부에서는 중학 교용 한자를 900자로 정해 놓았어. 공부할 양이 많아서 한자 공부가 부담스럽다면, 2019년 교육부에서 제시한 초등 교과서 속 한자 총 300자도 있어. 한국어문회 6급 시험의 배정 한자 300자와 거의 비슷하지. 이 300자는 자주 사용되니까 알아 두면 문해력을 높이는 데 큰 도움이 될 거야.

다시 말하지만 문해력을 기르기 위한 한자 공부는 한자어를 읽고, 소리와 뜻을 연결시킬 수만 있다면 충분해. 목표로 삼은 한자를 꾸준히 반복해서 보는 것이 효과적이지. 매일 조금씩 공부해서 300자나 600자를 익히거나, 여름과 겨울방학 때 150자씩 나눠서 공부해도 좋아. 온라인에는 한자의 모양과 뜻을 재미있게 풀어 놓은 한자 영상 무료 학습 사이트가 많으니까 복습용으로 영상을 보는 것도 좋겠지? 아직 늦지 않았으니까 오늘부터 한두 글자씩 도전해 볼까?

1. 다음 글을 읽고 내용에 알맞게 ○안을 채워 보자.

> 한국어는 우리나라에서 원래부터 사용되어 온 ○○○(와)과 중국어에서 들여온 단어인 ○○○, 중국이 아닌 다른 언어에서 유입된 단어인 ○○○(으)로 이뤄져 있어.

2. 다음 물음에 답해 보자.

> 1) 한국어 어휘 중 한자어가 차지하는 비율은 (   )%이고, 교과서 개념어의 (   )% 이상이 한자어이다.
> 2) '전셋집(傳貰+집)', '귓병(귀+病)', '휴대폰(携帶+phone)'처럼 서로 다른 성격의 단어가 결합해 만들어진 어휘를 (   )라고 한다.

3. 다음 중 모두 한자어가 아닌 묶음은 어느 것일까?

① 품사, 감탄사　　　② 노년층, 국토 발전　　　③ 광합성, 태양계

④ 미안, 포도　　　⑤ 사랑, 호랑이

4. 한자를 알면 문해력을 높일 수 있는 이유로 가장 알맞은 것은?

① 고유어보다 한자어가 더 많기 때문이다.

② 한자는 쉽게 암기할 수 있기 때문이다.

③ 한자의 획순과 부수를 익히면 글자의 구조를 잘 이해할 수 있기 때문이다.

④ 한자는 글자 수가 적어서 금방 익힐 수 있고 다양하게 활용되기 때문이다.

⑤ 처음 보는 단어도 한자의 음과 뜻을 통해 의미를 유추할 수 있기 때문이다.

더 알고 싶어 119

📖 도서　▷ 영상　🔍 사이트

📖 『청소년이 꼭 알아야 할 최소한의 한자 300』(권승호, 감, 2025)
중고등학교 교과서에 등장하는 공통 한자를 추려서 청소년이 반드시 알아야 할 최소한의 한자 300개를 선별한 책이야. 잘 활용하면 짧은 시간에 한자 실력을 키울 수 있을 거야.

▷ **하루 한자** 설명이 자세하고 그림까지 곁들여져 있어서 하루 한 자씩 한자를 재미있게 공부할 수 있어.

문해력을 위한
나만의 필살기

단어의 의미 관계와 국어 단어장 만들기

단어를 많이 알고 있으면 생각을 분명하고 정확하게 전달할 수 있어.
어휘력을 늘리려면 새로운 단어를 끊임없이 익히고, 반복해서 공부해야 해.
새로 알게 된 어휘를 단어장에 꾸준히 정리하면 분명 도움이 되겠지?

학습 키워드 #유의어 #반의어 #상의어 #하의어
교과 연계 고1 〉 국어 〉 과거 및 현재의 국어 생활에 나타나는 국어의 변화를 이해하고 국어 문화 발전에 참여한다.

우리는 매일 다양한 글을 읽고 있어. 근데 교과서나 책, 신문 기사를 읽을 때 처음 보는 모르는 단어가 나오면 어떻게 하니? 앞뒤 문장을 살피면서 뜻이 뭘까 떠올려 본다고? 좋아. 그래도 뜻이 뭔지 짐작이 안 가면 어떻게 하지? 맞아! 사전에서 뜻을 찾아보면 돼. 사전을 찾아보는 일은 분명 번거로운 일이야. 하지만 이렇게 정성을 들여야 정확한 뜻을 알 수 있고 기억에도 오래 남을 거야. 뭐든지 어렵게 배워야 오래 남는 게 세상 이치니까. 단어뿐만이 아니야. 책을 읽다가 새롭게 알게 된 개념이나 전문적인 용어도 단어장에 따로 정리해 둔다면 어휘와 배경지식을 익히는 데 도움이 될 거야. 단어장에 정리해 둔 어휘는 언제든 꺼내서 활용할 수 있잖아. 중고등학교 서술형 수행평가를 준비할 때나 글쓰기 글감을 찾을 때도 나만의 단어장을 활용하면 좋아.

중학생이 되면 교과서 말투가 '-습니다'에서 '-다'로 바뀌게 돼. 추상적인 한자어가 많아지면서 글을 읽을 때 훨씬 딱딱한 느낌이 들어. 어려운 단어나 용어가 늘어나니까 사회나 과학 수업이 어렵다고 하는 친구들도 늘어나지. 그래서 교과 선생님들은 단어 뜻부터 설명하느라 진땀을 흘리신대. 그러니까 미리 어휘력을 키우고 배경지식을 많이 쌓아놔야 해. 지금부터 교과서나 책, 참고서를 읽다가 모르는 단어가 나오면 그냥 지나치지 말고, 사전에서 뜻을 찾아서 정리하는 습관을 들여 보자.

국어 단어장 만들기

단어는 '유의어, 반의어, 상의어, 하의어' 등으로 뜻이 서로 연결되어 있어. 단어장을 만들 때, 이렇게 의미 관계를 설명해 둔다면 더 많은 단어를 체계적으로 공부할 수 있지. '유의어'가 뭐냐고? 유의어는 의미가 비슷하거나 같은 단어지만 상황에 따라 약간 분위기가 다른 말을 뜻해. '크다'와 '거대하다'는 같은 뜻이지만, 신문 기사에는 간결하게 '크다'를 사용하고, 소설에서는 '거대하다'라고 써서 더 생생하게 전달하는 거야. '반의어'는 뜻이 정반대인 단어야. 두 단어의 특성을 비교해서 공부하면 뜻이 더 명확해져. '높다'와 '낮다'를 함께 놓으면 각 단어의 뜻을 더 정확하게 알 수 있잖아. '상의어'는 보다 넓고 포괄적으로 쓰이는 개념이야. 사과, 바나나, 오렌지의 상의어는 무엇일까? 맞아. '과일'이야. 또 반대로 '하의어'는 구체적인 개념을 뜻하는 단어야. '과일'의 하의어는 '사과, 바나나, 오렌지'인 거지.

이제 단어장을 만들어 볼까? 일반 공책보다는 바인더처럼 속지를 넣고 뺄 수 있는 것이 오래 두고 활용하기 편해. 단어를 추가하기 수월하거든. 'ㄱ, ㄴ, ㄷ' 순으로 바로 분류할 수도 있지만 일단 주제별로 먼저 분류하자. 예를 들어 '인문(문학), 사회, 과학, 예술, 기술, 기타'나 '국어, 수학, 사회, 과학, 기타'로 크게 분류한 뒤에 'ㄱ, ㄴ, ㄷ' 순으로 단어를 모으는 거지. 이렇게 하면 나중에 단어장이 두꺼워지더라도 찾기 쉽고, 글을 쓸 때도 비슷한 주제로 묶어 놓았으니 활용하기 편할 거야.

단어장에 일단 단어를 쓰고, 사전적인 의미를 기록하자. 그런 다음 옆에는 유의어나 반의어, 상의어나 하의어를 적자. 또 이 단어를 활용한 예시 문장을 사전 속에서 찾거나 스스로 만들어서 적어 두면 오래 기억할 수 있을 거야.

국어 단어장 만들기 예시

단어	뜻	기타 (유의어, 반의어 등)
문해력	글을 이해하고, 재구성할 수 있는 능력	(유의어) 독해력
	예문 한글을 단순히 읽고 쓰는 것뿐만 아니라 생각을 정확하게 표현하는 문해력을 길러야 한다.	

문해력을 기르는 과정은 마라톤과 닮았어. 마라톤 선수들은 경기를 위해 쉬지 않고 훈련을 반복하거든. 하루에 수십 킬로미터를 달리면서 체력을 기르고, 근력 운동과 유연성을 기르는 스트레칭도 꾸준히 하지. 그래서 마라토너들은 굳이 연습을 하지 않아도 단거리와 중거리 달리기 정도는 일반인보다 훨씬 더 잘 뛸 수 있어. 문해력도 마찬가지야. 책 한 권 읽었다고 문해력이 확 좋아지지는 않아. 꾸준히 책을 읽으면서 어휘력과 배경지식을 쌓고, 이를 단어장에 기록해서 여러 번 읽거나 그 단어가 쓰인 말과 글을 자꾸 표현할 때 자라는 거야. 결국 문해력을 기르는 열쇠는 '꾸준히'와 '반복'이라는 거지. 고등학생이 되면, 내신과 수능 성적을 챙기느라 무척 바빠질 거야. 이때부터는 꾸준히 정리한 과목별 노트와 단어장이 큰 도움이 될 거야.

1. 다음 글을 읽고 내용에 알맞게 ○안을 채워 보자.

> 단어는 의미 관계를 이루는데, 뜻이 비슷하거나 같은 말인 ○○○ (와)과 의미가 정반대인 말인 ○○○, 어떤 말보다 일반적이고 넓은 의미의 말인 ○○○, 어떤 말보다 자세하고 구체적인 뜻인 ○○○로 나눌 수 있다.

2. 다음 중 글에서 제시한 단어장 학습 방법으로 알맞지 않은 것은?

① 단어를 기록하고 사전적 의미를 적는다.
② 단어를 주제별로 분류하여 정리한다.
③ 단어를 활용한 예문을 찾아 적는다.
④ 유의어·반의어·상의어·하의어를 함께 정리한다.
⑤ 단어를 적을 때 뜻은 생략하고 발음만 기록한다.

3. 다음 단어 관계에 알맞게 말을 써 보자.

| 반의어 | 높다 : ( ) | 하의어 | 과일 : ( ) |
| 유의어 | 크다 : ( ) | | |

4. 글에서 제시한 내용을 바탕으로 단어장을 만들어 기록하면 좋은 점을 두 가지 이상 설명해 보자.

더 알고 싶어 119

📖 도서　▷ 영상　🔍 사이트

📖 『**읽자마자 문해력 천재가 되는 우리말 어휘 사전**』 **(박혜경, 보누스, 2024)**
헷갈리는 어휘와 유용하지만 어려운 말들을 쉽게 풀어서 설명했어. 2024년 하반기 올해의 청소년 교양 도서로 선정된 책이야.

📖 『**뿌리깊은 초등국어 독해력, 어휘편**』 **(마더텅 편집부, 마더텅, 2018)**
국어 학습에 꼭 필요한 사자성어와 속담, 관용어를 재미있는 지문과 함께 공부할 수 있는 어휘 중심의 교재야.

🔍 **Quizlet(다양한 주제의 플래시 카드를 통해 어휘를 학습할 수 있는 플랫폼)**
AI를 기반으로 다양한 어휘를 낱말 게임으로 학습할 수 있는 애플리케이션이야.

내 손으로 만드는 지식의 지도

문해력을 키우는 분산 학습과 노트 정리법

사람의 기억력은 마치 과일 바구니 같아.
가득 찬 바구니에 새 과일을 담으려면 원래 들어 있던 과일을 빼내야 해.
우리 뇌도 중요한 것과 덜 중요한 것을 나름대로 선택해서 기억하거나 잊어버려.
중요한 정보를 오래 기억하는 방법은 무엇일까?

학습 키워드   #망각 #핵심개념정리법 #마인드맵 #자기주도학습
교과 연계   중2 › 국어 › 복합양식 자료를 활용하여 내용을 생성하고 글의 유형을 고려하여 내용을 조직하며 글을 쓴다.

    중요한 약속이나 가족 생일을 깜박 잊어버려서 난감할 때가 있어. 그럴 때마다 스스로를 탓하지만, 사실 기억한 내용을 잊어버리는 건 뇌의 입장에서는 자연스러운 현상이야. 19세기 후반 독일의 심리학자인 에빙하우스는 망각 곡선 그래프라는 것으로 시간이 지남에 따라 우리가 기억하는 정보가 어떻게 줄어드는지 설명했어. 그에 따르면 사람은 학습한 지 20분이 지나면 기억한 내용을 40% 이상 잊어버리고, 하루가 지나면 70% 가까이 망각한다고 해. 그 후에도 느린 속도로 정보가 조금씩 기억 속에서 사라진다는 거야. 결국 배운 내용을 오래 기억하려면 중요한 정보일수록 빨리 기록한 후 반복 학습하는 것이 중요함을 강조했어.

    시간을 아끼면서 효과적으로 복습하려면 직접 정리한 공책이 유용해. 내가 알기 쉬운 단어로 공부한 내용을 정리하고, 요약한 거라 기억

한 정보가 쉽게 생각나거든. 전에 이해했던 내용을 다시 읽으면서 선생님이 강조한 부분을 중심으로 내용을 잘 정리하면 오래 기억할 수 있지. 중요한 정보를 바로 찾기도 쉽고, 지식에 대한 새로운 관점이나 호기심도 생겨날 수 있어. 궁금한 내용은 교과서나 참고서를 보면서 더 자세히 공부하면 되지.

공책 정리는 정보나 지식을 이해한 다음 재구성해서 표현하는 것이라서 문해력을 기르는 활동 그 자체라고 할 수 있어. 중요한 내용을 가려내면서 이해하고, 모르는 내용은 찾아보면서 스스로 기록하면 장기 기억에 저장되어서 언제든 꺼내 쓸 수 있기 때문이야. 무엇보다 학습 내용을 직접 정리하다 보면 공부에 대한 자신감과 의욕이 저절로 생길 거야. 수업을 듣기 전에, 지난 시간에 정리한 노트를 꺼내 읽고 새로 배울 내용을 훑어본다면 수업의 흐름을 미리 파악할 수도 있을 테고 말이야.

공책 정리를 하면서 학습 과정을 관리하는 학생과 그렇지 않은 학생의 학습 격차가 큰 이유는 앞에서 말한 망각 때문이야. 공책 정리가 망각을 줄이는 효과가 있는 거지.

두 가지 공책 정리법

그렇다면 공책 정리는 어떻게 해야 할까? 가장 대표적인 '핵심 개념 정리법'과 '마인드맵 정리법'에 대해 살펴볼게. 먼저 '핵심 개념 정리법'은 개념, 즉 키워드를 통해 빠르게 내용을 복습할 수 있고, 질문을 만들어서 내용을 요약하기 때문에 학습 효과를 높일 수 있어.

이제 공책 정리를 시작해 볼까? 우선 시각 효과를 높이기 위해서 삼색(검정, 빨강, 파랑)펜과 형광펜(색연필도 가능)을 준비하자. 반듯하게 밑줄을 긋는 자도 필요해.

영역 1 단원명	영역 1 학습 목표	영역 1 학습 날짜
영역 3 (수업 후 적기) 중심 개념	영역 2 (수업 중 필기 영역) • 중심 내용을 파악해서 간략히 적기 • 강조할 내용은 빨강 펜과 형광펜 사용 • 그림이나 간단한 기호 활용하기 • 칸이 부족하면 포스트잇 활용하기	
영역 4 (수업 후 적기 또는 복습 시 활용하기) • 학습 목표에 대한 답 적기 • 스스로 문제 만들고 답하기 • 수업 내용 한두 문장으로 요약하기 • 수업 소감 적기		

먼저 맨 위쪽 〈영역 1〉에 검정 펜으로 단원명과 학습 목표, 학습 날짜를 적어. 그다음 〈영역 2〉에는 중심 내용을 간략히 적는 거지. 구체적인 내용을 쓸 때는 '1, -(줄표), 1), ①'을 순서대로 활용하고 한 칸씩 들여 쓰면 돼. 중요한 내용은 빨강 펜과 형광펜으로 강조하고, 그림이나 그래프를 그리거나 간단한 기호를 활용하면 더 효과적이야. 또 풀이 방법이나 추가로 설명하는 말을 쓸 때 적는 칸이 부족하면 포스트잇을 써서 붙이면 돼.

수업이 끝나면 중심 개념을 〈영역 3〉에 적어. 개념을 파랑 펜으로 쓰면 한눈에 파악할 수 있어. 마지막으로 〈영역 4〉는 복습하는 부분이야. 무엇을 배웠는지 한두 문장으로 쓰면 돼. 학습 내용을 바탕으로 질문을 만들어도 좋아. 또 공부한 소감을 쓰면서 어떤 내용이 어려웠고, 앞으로 무엇을 더 배우고 싶은지에 대한 배움 일기를 쓸 수도 있어. 복습은 〈영역 2〉를 가리고 수업 내용을 강의하듯 설명하거나 〈영역 4〉를 보면서 자신이 만든 문제를 풀 수도 있어.

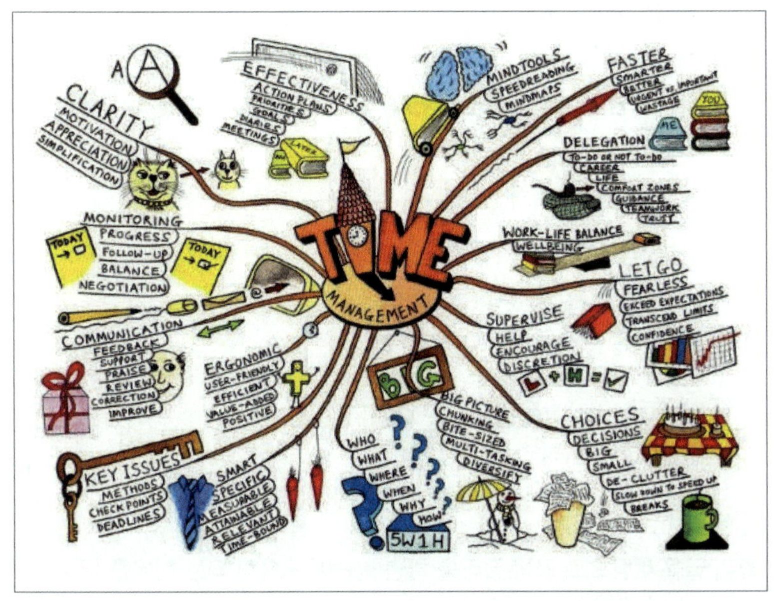

↑ 마인드 맵

　'마인드맵 정리법'은 생각을 지도처럼 표현하는 정리법이야. 네모와 동그라미 같은 간단한 도형과 연결선, 그림을 이용해서 기억할 내용을 한눈에 파악하도록 기록하는 거지. 사람의 뇌세포가 생각을 옮기는 과정처럼 핵심 정보를 이미지로 기억할 수 있게 도와주는 원리야. 방법은 다음과 같아. 먼저 가운데에 도형을 그리고 중심 개념을 쓰는 거야. 옆으로 가지를 그려서 관련 개념을 이어서 적으면 돼. 이때 상위 개념의 가지는 두껍게 그리고, 작은 가지는 얇게 그려야 해. 가지별로 색을 다르게 칠하거나 또 글자가 아닌 그림 혹은 숫자를 쓰면 이해하고 기억하기 훨씬 쉽겠지?

1. 다음 중 글의 내용과 일치하지 않는 것은?

① 사람은 학습 후 20분이 지나면 40% 이상을 잊어버린다.

② 공책 정리는 글을 재구성하는 활동으로 문해력을 기르는 데 도움이 된다.

③ 복습은 스스로 문제를 만들고 답해 보는 활동으로도 할 수 있다.

④ 중요한 정보를 오래 기억하려면 가능한 빨리 기록하는 것이 효과적이다.

⑤ '핵심 개념 정리법'은 중심 개념을 그림과 색깔을 활용해 가지처럼 연결하는 방법이다.

2. 아래 설명과 알맞은 정리법을 연결해 보자.

1) 키워드를 중심으로 간단히 정리하고 질문을 만들어 학습 효과를 높이는 방법 ·   · ㄱ. 핵심 개념 정리법

2) 그림, 색, 선을 이용해 생각을 지도처럼 표현하는 방법 ·   · ㄴ. 마인드맵 정리법

3. 이 글을 바탕으로 공책 정리를 하면 학습에 도움이 되는 이유를 두 가지 이상 설명해 보자.

____

____

____

____

____

더 알고 싶어 119　　　　📖 도서　▷ 영상　🔍 사이트

📖 『**초등 노트 필기의 기술**』 (서휘경 외 3명, 멀리깊이, 2020)
오답 노트에서 영단어 암기 노트까지 시험을 완벽하게 커버하는 노트 필기법이 담긴 책이야.

📖 『**중학생을 위한 필기법**』 (박현수, 사람in, 2025)
자기주도학습을 할 수 있도록 과목별 노트 필기법을 구체적으로 담은 책이야.

▷ **의대생이 알려 주는 깔끔한 노트정리 방법**
깔끔하게 노트를 정리하는 실제적인 과정을 볼 수 있는 영상이야.

▷ **필기 장인의 과목별 노트 정리법**
과목별로 효과적인 노트 정리 방법을 배울 수 있는 영상이야.

아이비(IB)와 오레오(OREO)가 과자라고?

글 속에 담긴 주제에 대해 깊이 생각하고 새로운 생각을 만들어 기록하는 글쓰기는 문해력을 완성하는 과정이야. 글쓰기와 관련된 달콤한 두 단어, 아이비(IB)와 오레오(OREO)에 대해 알아보고 글쓰기 연습도 해 보자.

학습 키워드   #주장 #근거 #사례 #고쳐쓰기
교과 연계   중1 〉 국어 〉 주장을 뒷받침하는 타당한 근거를 들고 적절한 표현을 사용하여 주장하는 글을 쓴다.

챗GPT가 등장하면서 지식 위주의 교육 방식에 대한 반성이 시작됐어. 얼마나 많은 것을 아느냐가 아니라 얼마나 남과 다르게 생각하고 문제를 해결할 수 있느냐가 좋은 인재를 가르는 중요한 기준이 됐지. 이 때문에 요즘에는 아이비^{IB} 교육이 떠오르고 있다고 해.

'아이비' 하니까 'IVY' 크래커가 생각날지 몰라. 하지만 IB는 'International Baccalaureate(국제 바칼로레아)'의 약자야. 55년 역사를 지닌 국제적인 교과과정이자 대학 입학 자격시험이지. 현재 160여 개국 6,000여 개 학교에서 IB를 적용하고 있어. 한국도 많은 시도 교육청이 IB 본부와 협약을 맺었고 공교육에 도입하려고 노력 중이지. IB는 토론식 수업과 논술형 평가가 핵심이야. 학생이 직접 탐구 자료를 찾아서 분석한 다음 자료를 만들어 발표하는 수업이 많아. 또 고등학교 과정을 이수하려

면 4,000단어 분량의 에세이를 작성하고 과목별 평가도 치러야 해. 이해한 내용에 자신의 의견을 넣어서 표현해야 하니까 문해력이 꼭 필요하겠지? IB는 넓고 얕은 지식을 외워서 문제의 답을 적는 공부 방식이 아니라 깊이 있는 생각을 요구하는 탐구형 교육과정이야.

OREO 글쓰기

요즘 중·고등학교 수행평가에 논술형이 많아졌어. 그런데 막상 글을 쓰려고 하면 막막하지? 글쓰기가 타고난 재능이라고? 아냐, 문장을 간결하게 쓰고, 객관적이고 타당한 자료를 찾아서 예시로 사용하면 누구나 좋은 글을 쓸 수 있어.

중학교 논술형 수행평가 예시

국어	독서 신문 제작, 전기문 작성하기, 직업인 면담하기, 의미 있는 경험 쓰기
사회	미래 자서전 쓰기, 폭력 예방 논술, 지역 문제 토의, 동아시아 문화권 탐구 논술
수학	분수와 순환소수 논술, 이차방정식 수리 논술, 일차방정식 신문 기사 만들기
영어	자기소개, 여행 계획 세우기, 나의 하루 쓰기, 벼룩시장 홍보, 리더십 유형 논술
과학	파동의 특징 논술, 암석과 광물의 특징 구별 논술, 지구온난화 해결 방안 논술

한 번 알아 두면 오래 우려먹을 수 있는 'OREO 글쓰기'를 소개할게. OREO 글쓰기는 하버드 대학교에서 150년 동안 가르쳐 온 글쓰기 기법으로 유명해. 미국 아이들은 이 OREO 4줄 공식으로 말하기와 글쓰기를 항상 연습한다고 해. 오레오의 앞 글자를 따서 기억하기도 쉬워.

OREO 4줄 공식의 의미

- **Opinion**: 의견 주장 "하고 싶은 이야기가 뭐야?"
- **Reason**: 이유 설명, "이 말을 하는 이유는?", "왜냐하면 ~ 때문이다"

- **Example**: 사례 들기 "그래? 예를 들어 줄래?"
- **Opinion**: 의견 강조 "그렇구나, 다시 한번 말해 줄래?"

OREO 공식의 예

- **Opinion**: 나는 9월 학기제를 찬성한다.
- **Reason**: 왜냐하면 세계 많은 나라들이 9월 학기제를 시행하기 때문이다.
- **Example**: 예를 들면 미국도, 유럽도 모두 9월에 새 학기를 시작한다.
- **Opinion**: 그래서 나는 우리나라도 9월 학기제를 하면 좋겠다.

OREO 공식을 활용한 다섯 문단 글쓰기

- **서론**: 문제 상황, 나의 주장(O)
- **본론1**: 근거 1(R) + 사례 1(E)
- **본론2**: 근거 2(R) + 사례 2(E)
- **본론3**: 근거 3(R) + 사례 3(E)
- **결론 내용 요약 및 강조**(O)

오레오 글쓰기는 주장에 대한 근거를 들면서 독자를 설득하는 글쓰기 방식이야. 구체적인 사례로 공감도 이끌어 내고 결론에는 처음에 했던 주장에 약간의 변화를 줘서 강조하는 말을 보태야 해. 아참, 한 문단에는 주제가 한 개라는 것은 알고 있지? 독자가 내용을 문단별로 요약하면서 이해하고 문단이 끝나면 잠시 멈춰 숨돌리고 읽을 수 있도록 문단 구별은 꼭 해야 하는 것도 잊지 마.

좋은 글은 문장이 매끄럽고 구조에 짜임새가 있어. 그러니까 고칠수록 글의 완성도는 올라가겠지? 쓴 글을 소리 내어 다시 읽어 보고 고쳐 써야 해. 친구와 글을 바꿔 읽고, 서로의 글에서 장단점을 찾아서 이야기하는 '합평'도 좋은 고쳐쓰기 방법이야. 자기 글에 객관적인 시각이 더해지면서 글쓰기 실력을 나아지게 할 수 있을 거야.

1. 다음은 OREO 글쓰기의 단계와 순서를 나타낸 것이다. 빈칸에 알맞은 단계를 써 보자.

의견 주장 ➡ (　　　　　) ➡ (　　　　　) ➡ 의견 강조

2. OREO 글쓰기의 장점으로 거리가 먼 것은 무엇일까?

① 구조가 간단해 기억하기 쉽다.
② 문단마다 주제를 하나씩 정리할 수 있다.
③ 창의력과 상상력을 발휘해 설명문을 쓸 수 있다.
④ 주장에 근거와 사례를 들어 독자를 설득할 수 있다.

3. 다음 중 '고쳐쓰기'의 필요성을 바르게 설명하지 못한 것은 무엇일까?

① 고쳐쓰기를 하면 글의 완성도가 높아진다.
② 고쳐쓰기를 통해 부족한 근거를 보완할 수 있다.
③ 친구와 글을 바꿔 읽고 합평을 하면 더 나은 시각을 얻을 수 있다.
④ 처음 쓸 때 집중해서 쓰면, 굳이 다시 읽지 않아도 충분하다.

4. OREO 공식으로 '학생들의 바른 성장과 건강을 위해 체육 시간을 늘려야 한다.'라는 주제의 글을 써 보자.

O(주장)	
R(근거)	
E(예시)	
Q(주장 강조)	

더 알고 싶어 119

📖 도서　▷ 영상　🔍 사이트

📖 『초등학생을 위한 150년 하버드 글쓰기 비법』 (송숙희, 유노라이프, 2020)
글쓰기 실력을 길러 주는 가장 간단하고도 확실한 방법을 쉽고 재미있고 빠르게 배울 수 있는 책이야.

▷ 고정욱의 글쓰기 수업
어린이와 청소년의 시선에 맞춰 글쓰기의 기본 원리를 쉽게 설명한 영상이야.

책, 무엇을 어떻게 읽을까?

독서를 효과적으로 하는 방법

문해력을 꾸준히 키우려면 독서가 필수야.
문제집 푸느라 책 읽을 시간이 없다고? 책만 펴면 눈꺼풀이 무겁다고?
책을 어떻게 읽어야 할까, 책 수다를 늘어놔 보자.

학습 키워드 #독서하는이유 #메모하며책읽기
교과 연계 중3 〉 국어 〉 진로나 관심 분야에 대한 다양한 책이나 자료를 스스로 찾아 읽는다.
중2 〉 국어 〉 자신의 독서 상황과 수준에 맞는 글을 선정하고 읽기 과정을 점검·조정하며 읽는다.

왜 책을 꼭 읽어야 할까? 학교 수행평가와 학원 숙제만 해도 하루가 빠듯하고 스마트폰에 정보가 넘쳐 나는데 말이야.

하지만 스마트폰에서 얻은 지식은 시간이 조금만 지나도 금방 사라져. 영상이 너무 빨리 지나가니까 요약하기도 쉽지 않고 말이야.

정보가 필요할 때 책만큼 체계적이고 자세하게 정리된 매체는 없어. 책을 꼼꼼하게 읽다 보면 그 분야의 전문가가 된 듯한 자신감도 생기지.

무엇보다 독서는 흔들린 마음을 다잡아 주고, 메마른 일상에 감성과 여유를 불어넣어 주지. 건강을 지키기 위해 영양제를 매일 챙겨 먹듯이 마음의 비타민인 책도 자주 읽어야 해. 느긋한 마음으로 읽은 책 한 권은 마치 도끼처럼 굳어 버린 마음과 편견, 고정관념, 게으름을 찍어 내릴 수 있어. 『변신』의 작가 프란츠 카프카가 말했지.

　　"우리를 찌르고 상처를 만들어 내는, 마치 머리 한 대를 얻어맞은 것처럼 우리를 깨뜨리는 책을 읽어야 한다. 그런 독서는 우리를 행복하게 한다. 즉 책은 우리 내부의 얼어붙은 바다를 깨뜨리는 도끼임에 틀림없다."

　　도끼처럼 날카롭고 강렬하게 마음을 흔드는 책, 읽어 본 적 있니? 책 속에 실린 글 덕분에 삶이 바뀌었던 경험은 없었어? 책을 읽으면서 나를 더 잘 이해하게 되거나, 부족한 점이나 강점을 찾은 적은? 마치 흐릿한 세상을 안경을 쓰고 또렷하게 바라보는 순간처럼, 한 권의 책은 나를 새롭게 보게 하고 세상을 다르게 보게 해. 이런 경험을 몇 번 하다 보면, 독서가 얼마나 소중한지 그 가치를 제대로 알게 될 거야.

책을 효과적으로 읽는 방법

　　책을 많이 읽은 친구들은 왠지 또래보다 생각이 깊고, 인생과 세상을 보는 시야가 넓어. 그 이유는 책 속에 담긴 이야기와 인물들의 삶을 간접 경험하면서 그것을 자기 것으로 받아들였기 때문이야.

　　고등학생이 되기 전에 한국문학전집과 동서양 고전을 읽어 보면 좋아. 깊이 있는 책을 다양하게 접하다 보면 세상을 관찰하는 눈을 키울 수 있고, 다양한 지식을 섞고 비틀 때 생기는 창의력도 높아질 거야. 문학, 역사, 철학, 과학처럼 여러 분야의 배경지식을 쌓아 두면 진짜 든든해. 수행평가에서 글을 쓸 때는 예시가 술술 떠오르고, 수능 국어 문제를 풀 때도 머릿속에서 연결되는 게 많아서 독해가 훨씬 쉽겠지?

　　또 어려운 분야라면 두꺼운 책 대신 그 분야의 대표 잡지를 읽거나, 그림이 많은 책부터 시작하면 돼. 그러다 익숙해지면 비슷한 주제의 더 깊은 책으로 넘어가 보는 거야. 학년이 올라갈수록 교과 공부 때문에 책

읽을 시간이 줄어들 거야. 그러니까 연초에 일 년의 독서 계획을 따로 세워 두고 틈날 때마다 읽는 습관을 들이는 게 좋아. 책을 읽을 때 이런 기호들을 활용해서 메모해 봐. 그냥 읽을 때보다 훨씬 이해가 잘 되고, 기억에도 오래 남을 거야.

책을 메모하며 읽을 때 활용하는 기호

기호	의미	기호	의미	기호	의미
(밑줄)	중심 문장	★	주제 혹은 핵심 내용	×	반대 의견, 비판할 때
!	공감될 때	V	기억하고 싶은 내용	?	모르는 단어, 배경지식

독서는 시간을 쪼개서 일주일에 한 권 이상 읽는 것을 추천해. 하루에 30분씩 짬을 내서 독서하고, 나머지는 주말에 마저 읽으면 충분히 가능하거든. 아마 학교에 독서 수업도 있을 거야. 고등학교에 가서도 한 달에 한두 권씩 책을 읽으면, 생각이 넓어지고 나만의 관점도 생기지. 실제로 진로와 관련된 책을 읽어 두면 자기소개서 쓰기나 교과별 세특(세부 능력 및 특기사항)을 남길 때, 또 대입 면접을 준비할 때 큰 도움이 됐다는 선배들이 많아. 그러니까 책은 미래를 위한 '치트키' 같은 거지.

1. 앞의 글에서 스마트폰 지식과 책의 지식을 비교한 설명으로 가장 적절한 것은 무엇일까?

　① 스마트폰 지식은 오래 기억되지만 책은 금방 잊힌다.
　② 스마트폰 지식은 체계적이고 자세하지만 책은 단편적이다.
　③ 책은 체계적이고 깊이 있지만 스마트폰 지식은 쉽게 잊힌다.
　④ 책은 요약하기 어렵지만 영상은 정리하기 쉽다.
　⑤ 스마트폰 지식은 신뢰할 만하고 책은 확인이 필요하다.

2. 앞의 글에서 제시한 독서 방법으로 적절하지 않은 것은 무엇일까?

　① 책을 단기간에 몰아서 많이 읽는다.
　② 비슷한 주제의 책을 점점 더 깊이 읽는다.
　③ 연초에 독서 계획을 세워 꾸준히 읽는다.
　④ 글을 읽으면서 메모 기호를 활용한다.
　⑤ 어려운 분야는 잡지나 그림이 많은 책부터 시작한다.

3. 앞의 글에서 제시한 메모 기호와 의미의 연결이 옳지 않은 것은 무엇일까?

　① ★ - 주제나 핵심 내용　　　　② ! - 공감될 때
　③ × - 반대 의견이나 비판할 때　　④ V - 기억하고 싶은 내용
　⑤ ? - 중요한 문장을 강조할 때

4. 책을 꾸준히 읽기 위해 네가 실천할 수 있는 방법을 한 가지 써 보자.

더 알고 싶어 119

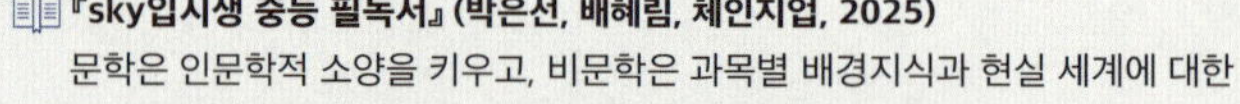
📖 도서　▷ 영상　🔍 사이트

📖 『sky입시생 중등 필독서』 (박은선, 배혜림, 체인지업, 2025)
　　문학은 인문학적 소양을 키우고, 비문학은 과목별 배경지식과 현실 세계에 대한 이해를 높이지. 일러스트와 재미있는 설명을 곁들여 독서를 한층 즐겁게 이끌어 줄거야.

📖 『중고생이 꼭 읽어야 할 한국단편소설 75 상,하』 (성낙수 외, 리베르, 2022)
　　중고등학생이 알아 두면 좋을 단편 소설이 실려 있는 책이야. 국어 과목 내신과 수능 언어 영역 성적을 올리는 데 큰 도움이 될 거야.

▷ 서울대생이 추천하는 중·고등학교 때 꼭 읽어 보면 좋을 책
　　똑똑한 선배들에게 큰 영향을 줬던 책을 진솔하고 생생하게 소개하는 영상이야.

이야기로 세상을 엮는 마법사, 소설가

"창밖은 고요합니다. 고요한 날에도 한 문단의 글을 읽고 잠들어야 마음이 편안해집니다." 노벨문학상을 수상한 한강 작가의 말이야. 읽기에 대한 열정은 반드시 쓰기를 불러오지. 한강 작가의 이 말에 공감한다면 너희에겐 소설가의 피가 흐르고 있는 거야. 소설가에 대해 알아보자.

하는 일

소설가는 이야기를 전개할 인물과, 갈등을 일으키는 사건, 시대와 공간적 배경을 구상한 후 이야기를 실감 나고 생생하게 창조하는 사람이야. 작품 속에는 작가의 생각이 담겨 있는데, 이를 주제라고 해. 독자는 작가의 생각이 담긴 글을 읽으며 다양한 감동과 교훈을 느끼지. 소설가는 인물과 사건, 줄거리를 쓸 때, 사실감을 더하기 위해 역사적 사건을 조사하거나 현장 답사를 해. 관련 인물을 인터뷰하기도 하고 말이야. 이렇게 정보를 치밀하게 분석하고 정리해서 작품에 활용하지.

소설가는 작품을 각종 문예지나 잡지, 신문 등에 발표하고 책으로 엮어 출판하거나 인터넷에 연재하기도 해. 대표적인 문예지로는 『문학과 사회』, 『창작과 비평』, 『문학동네』가 있어. 소설가는 작가의 취향에 따라 사회, 역사, 추리, 무협, 애정, 전쟁, 과학 등 다양한 분야를 다루고 작품을 출간한 후에는 독자와 소통하며 소설에 대한 피드백을 받아. 또 저술에 대한 인세, 원고료, 저작권료를 계약하는 업무도 하지. 작품 활동에만 전념하는 작가도 있지만, 도서관이나 문화센터 등에서 강의를 하기도 하고 출판업을 겸하는 작가들도 많아.

노벨상을 수상한 한강 작가는 소설 쓰기란 질문

↑ 한강 작가

하는 일이라고 말했어. 질문을 품고 계속 생각하고 서성이고 고민하고 또 질문하고 길을 잃고 우회하고 되돌아오면서 대답을 찾는 일이라고. 정답을 찾는 게 아니라 그 질문의 끝에 다다를 만큼 충분히 사색하고 노력했다고 느낄 때에야 다음 질문으로 넘어간대. 결국, 소설은 작가의 호기심에 대한 답을 이야기로 풀어내는 과정인 거지.

갖추면 좋은 자질

첫째, 독창적인 이야기를 만들어 내는 창의력과 상상력이 필요해. 때론 현실을 뛰어넘는 창의적인 발상 혹은 현실을 실감 나게 표현해 내는 상상력이 소설 속 세계를 풍부하게 만들거든. 둘째, 계속 글을 쓸 수 있는 끈기와 열정을 갖추는 게 좋아. 글쓰기는 긴 시간 동안 살아 있는 이야기를 만들기 위해 혼자서 외롭게 싸우는 과정이거든. 신체적, 정서적, 환경적인 어려움이 생기더라도 포기하지 않고 계속 글을 쓸 수 있는 인내심이 필수야.셋째, 상황과 마음을 이해하는 공감력과 이를 세심하게 보는 관찰력, 또 이것을 생생한 이야기로 만들 수 있는 감수성이 필요해.

직업의 장단점

장점은 자신의 상상력을 마음껏 펼쳐 그 이야기로 많은 사람들에게 감동을 줄 수 있다는 점이야. 하지만 글이 안 써지는 스트레스와 고독한 작업 환경에서 오는 스트레스도 커. 또 수입이 불안정해서 생활고에 시달리기도 하지. 경기가 나빠지면 창작 작품의 판매량이 떨어지고, 기업의 후원도 줄어서 문예지 시장이 위축되거든. 하지만 최근에는 종이책 말고도 인터넷과 모바일 등에 소설을 업로드해서 대중들에게 쉽게 알릴 수 있어. 이처럼 채널이 다양해지고 있으니 취미로 도전해 봐도 좋겠지.

소설가가 되는 방법

단연 글쓰기 실력을 키워야 해. 풍부한 문장력과 어휘력, 상상력을 기르려면 어떻게 해야 할까? 맞아. 너도 알고 있듯이 많은 소설을 읽는 거야. 다양한 문체와 이야기 구조를 알 수 있거든. 또 책을 읽은 후에 자기 생각을 글로 표현하면 글쓰기 연습이 될 거야. 그래서 많은 예비 작가들이 브런치나 블로그에 글을 꾸준히 쓰면서 독자의 반응을 살피고, 또 자기 스타일을 찾고 있지. 대학교에서 국어국문학이나 문예창작학을 전공해서 교육을 받아도 되고, 사설 기관의 문학 교실, 창작 교실, 개인 지도를 통해서도 글쓰기 피드백을 받을 수 있어.

소설가가 되는 두 가지 방법이 있어. 첫 번째는 신문사(조선, 중앙, 동아, 한국일보 등)에서 개최하는 신춘 문예에 응모해서 당선된 후, 문예지에 글을 싣는 방법이야. 당선자는 시, 소설, 평론 등 부문별 1명이야. 문예지도 매년 1~2회 신인상 제도를 운영하고 있어. 또 다른 방법으로는 각종 기관에서 주최하는 문학 대회에서 상을 받는 방법이야. 하지만 이 경우 등단으로 인정되지 않는 경우도 있으니, 신춘문예나 문예지 신인상을 준비하는 게 더 현실적이야. 이밖에도 출판사 등에서 개최하는 신인문학상 공모에 당선되는 것도 하나의 방법이지.

두 번째는 자신이 직접 출판사에 투고해서 책을 발간하는 거야. 최근에는 인터넷 소설 전문 사이트에 글을 올려서 작가로 활동하는 경우도 있어. 몇몇 유명 작가 중에는 인터넷 소설가로 인기를 끈 뒤에 책을 출판하는 경우도 있지.

청소년을 위한 조언

소설가를 꿈꾼다면 지금부터 다양한 경험을 쌓아서 글감을 만들고, 글쓰기를 꾸준히 연습하는 것이 필요해. 좋아하는 책을 많이 읽고, 생각과 감정을 글로 표현한 후, 주변 사람들에게 피드백을 받아 봐. 내가 세상에서 사라져도 내 작품은 영원히 살아 숨쉬고 내 상상력으로 세상을 변화시킬 수 있지. 그만큼 소설가는 가치 있는 직업이야.

더 알고 싶어 119

📖 『조앤 롤링, 스토리텔리의 힘을 보여 줘』 (최가영, 탐, 2013)
해리포터를 창조한 작가, 조앤 롤링의 어린 시절 과 어려움을 이겨 내고 작가의 꿈을 이룬 이야기가 감동적으로 그려진 책이야.

📖 『동화, 청소년 소설 쓰기의 모든 것』 (한정영, 다른, 2024)
단순한 아이디어가 스토리보드와 플롯보드가 되고, 퇴고와 합평을 거쳐 소설책으로 출간되기까지의 모든 과정을 쉽고도 생생하게 설명하는 책이야.

📖 『청소년을 위한 SF단편소설 쓰기』 (배찬효 외 1명, 고위드북스, 2022)
엉뚱한 상상력이 소설로 태어나는 과정을 세세하게 들여다볼 수 있는 책이야.

📖 『팬픽으로 배우는 웹소설 쓰는 법』 (차윤미, 지노, 2019)
소설가이자 글쓰기를 가르치는 선생님이 청소년들이 흥미롭게 접근할 수 있는 아이돌 팬픽을 소재로 누구나 쉽고 재미있게 소설 글쓰기에 다가갈 수 있도록 펴낸 책이야.

국어 문해력을 위한 문학

시 감상이 만만해지는 세 가지 질문

시를 감상하는 세 가지 열쇠

시는 감정과 생각을 표현한 짧은 글이야. 시어에는 뜻이 숨어 있거나 많은 의미를 담고 있어서 해석하기 어려워. 그러니 시도 수학처럼 풀이 공식이 있다면 좋겠지? 다행히 교과서 속 시는 공식이 있어. 지금부터 살펴볼까?

학습 키워드 #정서 #시적대상 #화자 #함축

교과 연계 중2 〉 국어 〉 작품에 반영된 사회`문화적 상황을 이해하며 작품을 감상한다.

시는 많은 뜻을 함축(의미가 겉으로 드러나지 않음)적으로 담아서 감정이나 분위기를 표현하는 글이야. 시 속에는 인생의 기쁨과 노여움, 슬픔과 즐거움, 삶의 진실과 깨달음이 화자의 목소리에 녹아 있어. 시인은 시 속에서 순수한 아이나 부드러운 여성, 강인한 남성의 어투로 다양한 감정을 표현하지. 김소월의 〈진달래꽃〉에는 "나 보기가 역겨워 가실 때에는/ 말없이 고이 보내 드리오리다."라는 구절이 나와. 순종적인 여성의 목소리가 들리는 듯하지만 사실 김소월 시인은 남성이야. 이처럼 시인은 정서를 효과적으로 전하기 위해, '화자'를 통해 감정을 표현해.

시 감상이 어려운 이유는 뭘까? 화자의 정서를 함축적인 언어로 표현하다 보니 막연한 느낌을 주기 때문이야. '행복, 즐거움' 같은 감정은 '학교, 지하철'처럼 구체적인 이미지가 없어. 또 수업 시간에 배우는 시 속

의 화자가 처한 상황과 정서를 우리가 공감
하기 어렵기도 해. 우리는 일제강점기, 전쟁,
독재정권 시대를 어렴풋이 상상만 할 뿐, 그
비참함을 제대로 느낄 수는 없잖아. 윤동주
(1917~1945)의 〈서시〉를 읽으면서 시를 쉽게
감상하기 위한 세 가지 질문을 던져 보자.

죽는 날까지 하늘을 우러러

한 점 부끄럼이 없기를

잎새에 이는 바람에도

나는 괴로워했다.

별을 노래하는 마음으로

모든 죽어가는 것을 사랑해야지.

그리고 나한테 주어진 길을

걸어가야겠다.

오늘 밤에도 별이 바람에 스치운다.

첫째, **'반복해서 나오는 단어는 무엇인가?'**야. 이 질문으로 '시적 대상'
을 찾을 수 있어. 시에서 화자가 중요하게 바라보는 대상, 또는 시에서
화자가 주로 이야기하는 것이 시적 대상이야. 시에서 가장 많이 나오는
단어나 제목에 나온 단어, 또는 시 마지막에 강조한 단어가 중심 소재이
고 시적 대상이야. 여기서는 '별, 바람'이 각각 두 번씩 나왔어. 시가 짧
으면 두 번만 나와도 중심 소재지. 바람 부는 날, 하늘의 별을 보고 있는
누군가가 그려지지?

둘째, **'정서나 생각을 나타내는 단어는 무엇인가?'**야. 정서는 '기쁨, 즐거움, 감탄, 사랑, 행복, 설렘, 슬픔, 절망, 기다림, 그리움, 외로움' 같은 감정이나 분위기를 말해. 시 속에서 이런 단어를 찾아야 해. 보통 '비나 밤'은 어둡고 슬픈 분위기를, '해나 낮'은 밝은 분위기를 풍기지. 또 '~해라'라는 말로 끝나면 명령하는 분위기를 '~하리라'라는 말로 끝나면 의지적인 느낌이 나. 〈서시〉는 앞부분에 '부끄럼, 괴로움'이 나왔고, 뒤에는 '별(순수), 사랑, 노래'라는 시어가 나왔어. 이곳에 동그라미를 치고 가만히 생각해 봐. 일단 뒤에 있는 시어가 대부분 더 중요해. 한국인은 중요한 말을 뒤에 하면서 강조하는 습관이 있으니까. 결국 이 시는 '괴롭지만 사랑하겠다'는 정서와 생각을 담고 있다는 걸 알 수 있어. 이렇게 두 가지만 분석해도 이 시의 주제를 알 수 있지.

셋째, **'시대 상황과 시인의 삶은 어땠는가?'**야. 배경지식을 토대로 시를 이해하면 내용이 명확해지거든. 윤동주 시인이 살았던 시대는 나라를 일제에게 빼앗긴 민족 수난기였어. 희망을 꿈꿀 수 없을 때, 윤동주 시인은 시 속에서 조국의 광복을 노래했고, 지식인으로서 순수와 양심을 지키겠다고 썼어. 생전에 그는 이런 말도 했다고 해. "이 나라 조국에는 아픈 사람이 너무 많다. 다들 환자다. 그 병을 나의 시로 치유해 주고 싶다." 윤동주 시인은 이렇게 순수와 사랑, 의지, 자기희생 등에 대한 시를 쓰다가 일본에 반대하는 사상범으로 몰려 체포됐고, 결국 해방을 보지도 못하고 젊은 나이에 감옥에서 돌아가셨어.

앞에서 시의 주제를 "바람 부는 날 별을 보면서 괴로워도 사랑하겠다."고 정리했잖아. 이를 시대 상황과 시인의 삶과 연결해 보면 "일본이 탄압해도 광복을 꿈꾸며 민족을 사랑하겠다."고 명확하게 정리가 되는 거지. 어때? 세 가지 질문을 활용하면 시를 이해할 수 있는 길이 열리겠지?

1. 다음 글을 읽고 내용에 알맞게 ○안을 채워 보자.

> 시는 정성스럽게 다듬은, 많은 의미를 담은 ○○적인 언어야. 감정이나 분위기인 ○○를 표현하지. 시 속에는 인생의 기쁨과 노여움, 슬픔과 즐거움, 삶의 진실과 깨달음이 시인의 대리자인 ○○의 목소리로 녹아 있어.

2. 다음 시를 읽고 문제를 풀어 보자.

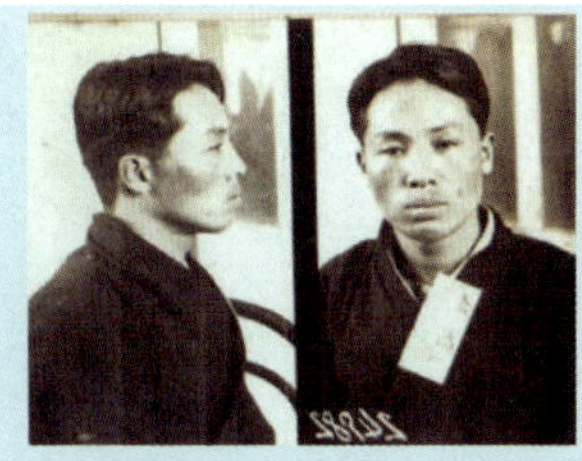

↑ 이육사 시인

> 까마득한 날에 하늘이 처음 열리고
> 어데 닭 우는 소리 들렸으랴
> 모든 산맥들이 바다를 연모해 휘달릴 때도
> 차마 이곳을 범(犯)하던 못하였으리라
> 끊임없는 광음(光陰)을 부지런한 계절이 피어선 지고
> 큰 강물이 비로소 길을 열었다
> 지금 눈 내리고 매화 향기 홀로 아득하니
> 내 여기 가난한 노래의 씨를 뿌려라.
> 다시 천고(千古)의 뒤에 백마 타고 오는 초인(超人)이 있어
> 이 광야에서 목 놓아 부르게 하리라
> —이육사, 〈광야〉

✓ 일제강점기라는 시대 상황과 독립운동가였던 이육사 시인의 생애를 이 시와 관련지어 생각할 때 '광야'와 '초인', '가난한 노래의 씨'가 의미하는 것은 무엇일까?

더 알고 싶어 119　　　📑 도서　▷ 영상　🔍 사이트

📑 **『국어교과서 작품 읽기 '중·고등 시'』 (남호섭 외, 창비, 2024)**
　개정된 국어 교과서에 실린 시들을 학년별로 한 권씩 모아서 만든 책이야. 시 읽는 즐거움을 맛보면서 자연스럽게 국어 실력을 기를 수 있어.

▷ **영화 〈동주〉** 일제강점기, 끝까지 시로 세상을 밝히려 했던 윤동주의 짧은 생을 담은 작품이야. 흑백 화면 속에서 말과 꿈이 한 사람을 얼마나 단단하게 만드는지 조용히 느끼게 해 주지.

🔍 **윤동주문학관** 서울 종로구, 윤동주가 거닐던 인왕산 자락에 있는 작은 문학관으로 한쪽에는 시 육필 원고와 사진이 전시되어 있어 시인의 숨결을 가까이에서 느낄 수 있어.

상처마저 아름답게 만드는 시의 마법

시 언어 속 다양한 수사법

시는 삶 속에 숨겨진 진실을 발견하고 얻은 깨달음과 감정을 언어로 표현한 예술이야.
시인은 시를 시답게 만들기 위해 다양한 표현 기법을 사용하지.
이것을 잘 활용하면 우리도 평소에 시처럼 생생하고 오래 기억에 남는 말을 할 수 있어.

학습 키워드 #수사법 #비유 #역설 #심상 #도치법 #설의법
교과 연계 고1 〉국어 〉문학 소통의 특성을 고려하며 문학 소통에 참여한다.

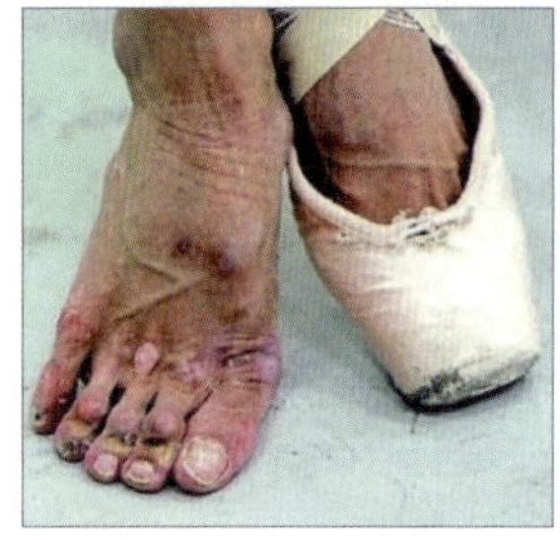
↑ 발레리나 강수진의 발

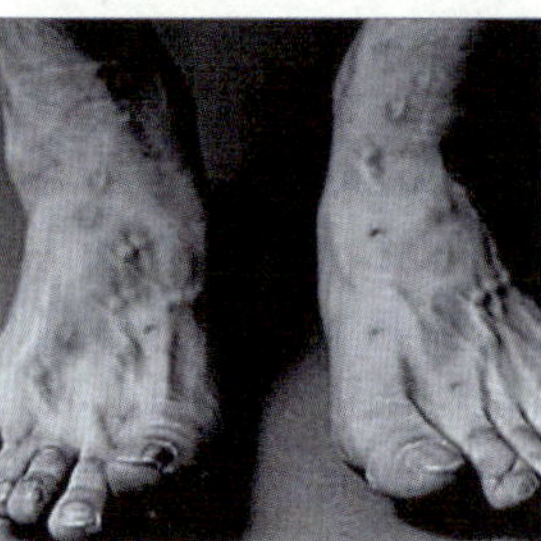
↑ 박지성 선수의 발

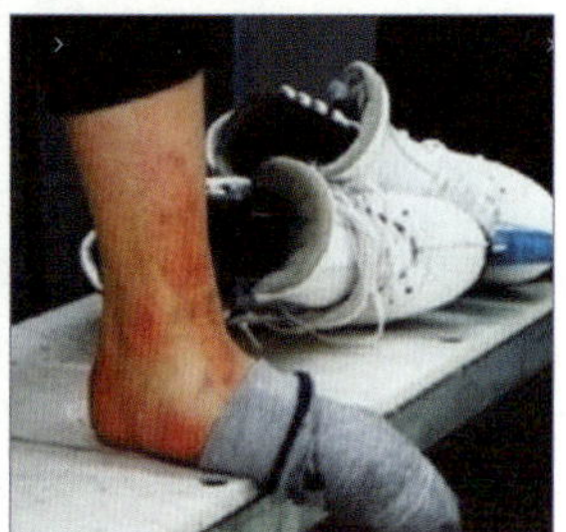
↑ 김연아 선수의 발

사진 속 발은 세계적인 발레리나 강수진, 축구 선수 박지성, 피겨스케이팅의 여왕 김연아 선수의 발이야. 굳은살이 박히고, 검붉은 상처가 곳곳에 남아 있어. 바라보기만 해도 아픔이 전해지는 이 상처를, 어떤 시인은 오히려 아름답다고 표현했어. 왜 그랬을까? 유안진 시인의 〈상처가

더 꽃이다〉를 함께 감상하며 그 뜻을 생각해 보자.

어린 매화나무는 꽃 피느라 한창이고

사백 년 고목은 꽃 지느라 한창인데

구경꾼들 고목에 더 몰려섰다

둥치도 가지도 꺾이고 구부러지고 휘어졌다

갈라지고 뒤틀리고 터지고 또 튀어나왔다

진물은 얼마나 오래 고여 흐르다가 말라붙었는지

주먹만큼 굵다란 혹이며 패인 구멍들이 험상궂다

거무죽죽한 혹도 구멍도 모양 굵기 깊이 빛깔이 다 다르다

새 진물이 번지는가 개미들 바삐 오르내려도

의연하고 의젓하다

사군자 중 으뜸답다

꽃구경이 아니라 상처 구경이다

상처 깊은 이들에게는 훈장(勳章)으로 보이는가

상처 도지는 이들에게는 부적(符籍)으로 보이는가

백 년 못 된 사람이 매화 사백 년의 상처를 헤아리랴마는

감탄하고 쓸어 보고 어루만지기도 한다

만졌던 손에서 향기까지 맡아 본다

진동하겠지, 상처의 향기

상처야말로 더 꽃인 것을

사실 이 시 속의 구경꾼들은 막 피어난 하얀 매화꽃을 보러 온 거야. 그런데 곧 꽃보다 고목에 눈길이 머물지. 고목에는 주먹만 한 혹이 돋아

있고, 깊게 팬 자국에는 진물이 흘러 벌레가 오르내리고 있어. 그런데도 구경꾼들은 대견하다는 듯 그 상처를 매만지고 향기까지 맡아 보지. 그렇다면 그 상처는 무엇을 의미할까? 앞에 소개한 세 발의 주인공을 떠올려 보면 쉽게 알 수 있어. 이들은 이 상처 덕분에 세계 최고의 자리에 설 수 있었던 거야. 혹독한 연습을 하면서 매일 실력을 쌓았기 때문이지. 그래서 이 상처는 단순한 흉터가 아니라 '성장을 위한 인내'를 보여 주는 증거인 거지. 그러니 상처가 꽃처럼 숭고하고 아름답게 느껴지는 건 어쩌면 당연한 일 아닐까?

시에 쓰인 다양한 표현 기법

작가는 '상처는 아름답다'는 삶의 진실을 드러내기 위해 다양한 표현 기법을 활용했어. 먼저 제목 "상처가 더 꽃이다"에는 '역설'과 '비유'가 담겨 있지. '역설'은 겉으로 보기엔 말이 되지 않는 표현이야. 일반적으로 상처는 아픔의 흔적이니까 부정적인 이미지로 받아들여지지. 그런데 시인은 그 상처를 아름다움의 상징인 꽃이라고 불렀어. 역설은 예상 밖의 연결을 통해 우리 머릿속에 강한 물음표를 던져 주지. 하지만 조금만 더 깊이 생각해 보면 상처가 왜 아름다운지 알 수 있어. 상처를 꽃에 비유한 것은 이 물음표를 통해 상처의 의미를 다시 생각하게 하고, 그 속에 담긴 아름다움을 더 강하게 드러내려는 거야.

시인은 상처의 모습을 "갈라지고, 뒤틀리고, 터지고, 또 튀어나왔다"처럼 아주 생생하게 묘사했어. 이런 표현을 보면 눈앞에 그림처럼 그 장면이 떠오르지? 이렇게 실제로 보지 않아도 마음속에 그림처럼 그려지는 표현을 시각적 심상이라고 해.

심상이란 실제 감각 경험이 없어도 머릿속에서 보고, 듣고, 맡고, 만지고, 맛보는 듯 떠올려지는 이미지야. 그래서 시에는 시각, 청각, 후각, 미각, 촉각 그리고 감각을 섞어 쓰는 공감각적 심상까지 있지.

예를 들어 "감탄하고 쓸어 보고 어루만지기도 한다"라는 구절은 독자가 상처를 직접 만지는 듯한 느낌을 주는데, 이건 촉각적 심상이야. 또 "만졌던 손에서 향기까지 맡아 본다. 진동하겠지, 상처의 향기"라는 부분은 상처에서 향기가 퍼지는 듯한 이미지를 떠올리게 하잖아? 이건 바로 후각적 심상이지. 그렇다면 정말 상처에서 어떤 향기가 날까? 시인은 그 답을 우리 스스로 생각해 보길 바라는 거야.

"진동하겠지, 상처의 향기" 이 구절을 가만히 들여다보자. 문장의 순서가 바뀐 것 같지 않아? "상처의 향기가 진동하겠지."처럼 주어가 앞으로 오는 게 정상인데, 여기서는 '상처의 향기'를 강조하기 위해 말의 순서를 바꾸는 '도치법'을 썼어.

마지막으로 '설의법'도 사용되었어. "상처 깊은 이들에게는 훈장勳章으로 보이는가, 상처 도지는 이들에게는 부적符籍으로 보이는가" 설의법은 실제로 궁금해서 묻는 것이 아니라 어떤 의미를 강조하기 위해 의문형을 쓰는 표현법이야. 당연한 사실을 질문하는 형식을 빌려 읽는 사람이 스스로 그 뜻을 생각하게 만드는 거지.

어때? 시에 담긴 언어는 단어와 구절 하나하나가 특별하지? 앞으로 시를 감상할 때는 수수께끼를 풀 듯이, 단어 하나하나에 숨어 있는 진짜 의미를 찾아보자. 오늘 배운 수사법을 너희가 일상생활 속에서 써 먹을 수 있다면 훨씬 재미있겠지? 시인이 되는 건 아무나 할 수 없지만, 시인처럼 표현하는 것은 누구나 할 수 있으니까 말이야.

1. 다음 글을 읽고 내용에 알맞게 ○안을 채워 보자.

> 시인은 삶의 진실을 효과적으로 나타내기 위해 다양한 ○○○ ○(을)를 활용해. 이는 시의 정서와 주제를 강조하고, 의미를 풍부하게 만들지.

2. 다음 문장에 사용된 표현 기법은 무엇일까?

- 소리없는 아우성 속에 내 마음이 울고 있다. ______________
- 수놓였다. 밤하늘 별들이. __________________
- 이 꽃을 보고도 감탄하지 않을 사람이 있을까? ____________

3. 다음 중 후각적 심상을 활용한 구절을 골라 보자.
 ① 새콤한 레몬 맛이 혀끝에 감돌았다.
 ② 붉은 꽃잎이 바람에 흩날린다.
 ③ 시린 바람이 온몸을 파고든다.
 ④ 종소리가 마을 어귀에 울려 퍼졌다.
 ⑤ 만졌던 손에서 향기까지 맡아 본다.

 더 알고 싶어 119

📑 도서　▷ 영상　🔍 사이트

📑 『청소년을 위한 시 쓰기 공부』 (박일환, 지노, 2018)
　　다양한 사례를 들어 시라는 게 무엇이고, 사람들이 왜 시를 쓰고 읽는지, 시와 일상은 서로 어떻게 연결되고 있는지, 나아가 실제로 시를 쓸 때 도움이 되는 이론과 방법까지 조곤조곤 풀어낸 책이야.

▷ 세상에서 가장 완벽한 하루 (EBS 재미있는 상식) 최고의 발레리나 강수진 씨의 삶을 들여다 볼 수 있는 영상이야.

바나나 먹으면
나한테 반하나 안 반하나?

운율을 만드는 방법과 반어적 표현

운율은 곧 리듬이어서 말에 생동감을 불어넣어 줘.
물론 운율은 일상적인 대화에서도 활용할 수 있지.
〈바나나 먹으면 나한테 반하나〉라는 곡을 통해 운율 만드는 방법을 알아보자.

학습 키워드 #운율 #수미상관 #반어
교과 연계 중1 〉 국어 〉 운율, 비유, 상징의 특성과 효과에 유의하며 작품을 감상하고 창작한다.

시는 리듬이 있는 노래와 같아. 리듬은 규칙적이고 반복적인 패턴을 말하지. 심장 고동 소리, 발소리, 매미 울음소리에도 모두 리듬이 숨어 있어. 시에서는 이 리듬을 '운율'이라고 부르는데, 운율이 있기에 시에 곡조를 붙이면 노래로 변할 수 있는 거야. 하마가파우치의 〈바나나 먹으면 나한테 반하나〉를 들으면서 리듬감을 느껴 볼까?

나한테 반 반 반하지 마

자꾸 나만 만 쳐다보지 마

웃지 마 웃지 마 하지 마 하지만

나도 모르게 내 맘 설레이잖아

나한테 카톡 보내지 마

떨리는 내 맘 들키기 싫어

오지 마 오지 마 내 곁에 오지 마

바나나 향이 나는 니가 좋아지잖아

바나나 난 좋아 좋아

어떡해 넌 짜릿짜릿해 넌

바나나 난 좋아 좋아

바나나 먹으면 반하려나

'반, ~마, ~아, 바나나, 난'과 같은 비슷한 소리가 반복되면서 기분이 들뜨고 즐거워져. 운율 덕분에 훨씬 더 귀엽고 재치 있는 느낌이 난달까? 또 '사과 먹으면서 사과할까? 우린 사이다 마시는 사이다. 자가용이 작아용. 안주는 더 안 주나?' 같은 말장난은 음이 같지만 뜻은 다른 동음이의어를 활용해서 말의 재미를 살렸어. 이처럼 시에서 운율은 비슷한 소리를 반복할 때 생기고 단어, 문장 구조, 글자 수, 마디 수를 반복해도 만들어져. 같은 단어나 말을 반복하는 것 이외에도 운율이 만들어지는 다양한 방법을 알아보자.

첫 번째, 글자 수를 반복하면 운율감이 생기는데, 이를 '음수율'이라고 해. 시조나 가사 같은 우리나라의 고전 시가는 주로 3.4나 4.4조의 음수율을 지켰어. 즉 세 글자나 네 글자를 반복해서 시를 지은 거야. 현대 시에서는 음수율이 거의 사라졌지만, 가끔은 7글자와 5글자를 반복하는 7·5조 형태로 운율을 살리기도 해.

예시 1 **3.4조와 4.4조의 음수율**

태산이/ 높다 하되/ 하늘 아래/ 뫼이로다

오르고/ 또 오르면/ 못 오를 리/ 없건마는

예시 2 7.5조의 음수율

산 너머 남촌에는/ 누가 살길래/ 해마다 봄바람이/ 남으로 오네

두 번째, 일정한 마디 수를 반복해서 운율감을 만드는데, 이를 '음보율'이라고 해. 주로 세 번과 네 번으로 끊어 읽는, 3음보와 4음보가 있어. 특히 조선 시대의 대표 시가인 '시조'는 모두 4음보의 율격을 가지고 있지.

예시 2 4음보(4마디로 끊어 읽기)

이 몸이/ 죽고 죽어/ 일백 번/ 고쳐 죽어
백골이/ 진토되어/ 넋이라도/ 있고 없고

세 번째, '수미상관 구조'야. 시의 처음과 마지막 구절이 서로 닮은 형태로 대응하는 것을 말하지. 이렇게 수미상관 구조를 쓰면 운율감이 살아날 뿐만 아니라 시 전체에 통일성이 생겨서 주제를 더욱 또렷하게 강조할 수 있어.

네 번째, '의성어와 의태어'를 활용하는 거야. '의성어'는 '찰싹찰싹'처럼 소리를 흉내 내는 말이고 '의태어'는 '쿵쿵'처럼 모양이나 움직임을 흉내 내는 말이야. 이런 말들이 반복되면 자연스럽게 리듬이 생기고 운율이 살아나지.

운율이 어떻게 만들어지는지 이제 감이 좀 잡혔지? 이렇게 운율이 형성되는 방법을 알게 되었으니, 앞으로 좋아하는 노래를 들을 때도 리듬감이 어떻게 생겨났는지 직접 느끼고 찾아볼 수 있을 거야.

1. 다음 글을 읽고 내용에 알맞게 ○안을 채워 보자.

> 시에서 운율은 비슷한 소리를 ○○할 때 형성되지.

3. 김소월 시인의 〈진달래꽃〉에 나타난 운율을 형성하는 요소를 있는 대로 찾아보자.

> 나 보기가 역겨워 가실 때에는
> 말없이 고이 보내 드리우리다.
>
> 영변에 약산 진달래꽃
> 아름 따다 가실 길에 뿌리우리다.
>
> 가시는 걸음걸음 놓인 그 꽃을
> 사뿐히 즈려밟고 가시옵소서.
>
> 나 보기가 역겨워 가실 때에는
> 죽어도 아니 눈물 흘리우리다.

더 알고 싶어 119   📖 도서 ▷ 영상 🔍 사이트

📖 『**너를 만나는 시 1,2**』 (육기엽 외, 창비교육, 2023)
청소년이 공감할 만한 시를 각각 '성장'과 '관계'라는 키워드를 중심으로 추려서 엮은 시 선집이야. 운율을 느끼면서 읽어 보자.

🔍 **국어 시험에 꼭 나오는 필수 개념, 운율이란?** (신미래 선생님의 스마트 클래스)
운율의 예시와 형성법을 체계적으로 설명한 영상이야. 운율을 이해하는 데 도움이 될 거야.

마음속에
어떤 고래를 키우고 있니?

시 해석을 풍부하게 만드는 상징법

드라마 〈이상한 변호사 우영우〉에서 고래는 주인공의 복잡한 내면을 효과적으로 드러내는
상징적인 존재였어. 고래는 한편으로는 자유를, 또 한편으로는 외로움을 상징했지.
그렇다면 〈고래를 위하여〉에서 등장하는 고래는 어떤 의미를 지닐까?

학습 키워드　#상징　#추상적　#구체적
교과 연계　중1 〉 국어 〉 운율, 비유, 상징의 특성과 효과에 유의하며 작품을 감상하고 창작한다.

　　안치환은 시를 노래로 만들어서 맛깔나게 부르기로 유명한 가수야.
그가 불러서 널리 알려진 시 노래로는 〈수선화에게〉(정호승 시인), 〈고래
를 위하여〉(정호승 시인), 〈소금 인형〉(류시화 시인), 〈귀뚜라미〉(나희덕 시인)
등이 있어. 이제 안치환이 부른 정호승 시인의 시 〈고래를 위하여〉를 감
상해 보자.

　푸른 바다에 고래가 없으면

　푸른 바다가 아니지

　마음속에 푸른 바다의

　고래 한 마리 키우지 않으면

　청년이 아니지

푸른 바다가 고래를 위하여

푸르다는 걸 아직 모르는 사람은

아직 사랑을 모르지

고래도 가끔 수평선 위로 치솟아 올라

별을 바라본다

나도 가끔 내 마음속의 고래를 위하여 밤하늘 별들을 바라본다

　푸른 바다 위에서 파란 고래가 펄떡이며 뛰노는 장면이 떠오르는 시야. 이 시를 감상하면 '내 마음속에는 어떤 고래가 살고 있을까?'라는 질문을 하게 돼. 너희는 마음속에 어떤 고래를 품고 있니? 또 그 고래를 위해 얼마나 어두운 밤하늘을 견디고 있니? 선생님은 너희들이 가슴을 두근거리게 만드는 꿈을 하나씩 간직하면 좋겠어. 꿈이 있어야 어두운 밤을 끝까지 버틸 수 있으니까. 또 한 가지 바람이 있다면, 그 꿈이 단지 너희만이 아니라 다른 사람들까지 함께 행복하게 만드는 의미 있는 꿈이었으면 좋겠어. 그래야 포기하지 않고 끝까지 그 길을 보람차게 걸어갈 수 있을 테니까.

　이제 '상징'에 대해 이야기해 볼게. 〈고래를 위하여〉에서 고래는 무엇을 의미할까? 푸르다고 했으니까, 청춘일까? 아니면 희망이나 꿈일까? 시 속에 '사랑'이라는 말이 있으니 고래는 사랑하는 연인을 뜻할까? 모두 정답이야. '고래'는 다양한 의미로 해석할 수 있거든. 이처럼 상징은 추상적인 사물이나 생각을 구체적인 사물로 나타내는 표현법이야. '청춘, 희망, 꿈, 사랑'은 보고 만질 수 있는 형체가 없는 막연한 개념들이잖아. 이렇게 경험할 수 없는 막연한 개념을 추상적이라고 해. 상징은 이렇게 추

상적인 대상을 구체적인 사물로 나타내는 표현 기법이야.

또 상징은 독자에 따라 다양한 의미로 해석할 수 있어. 지금 누군가를 짝사랑하고 있다면, 고래는 내가 좋아하는 그 사람이 될 수 있어. 또 유럽 여행을 간절히 꿈꾸는 누군가에게 고래는 유럽행 비행기 티켓이 될 수 있겠지? 전쟁 속에서 살아가는 어린이에게 고래는 곧 안전과 평화의 상징이 될 거야.

우리는 모두 상상의 바다를 춤추듯 유영하는 자유로운 고래 한 마리를 마음속에 품고 살고 있어. 비유와 상징은 왠지 닮았지? 그래서 상징과 비유를 혼동하는 친구들이 많아. 상징과 비유를 구별하는 질문 두 가지가 있으니까 알려 줄게.

〈상처가 더 꽃이다〉에서는 상처를 아름다운 꽃에 빗댔었잖아. '비유'는 어떤 대상을 다른 현상이나 사물에 빗대어 표현하는 방법이야. 상처는 곧 아름다운 꽃이고, 다른 의미로 해석할 수 없어. 여기서 상처는 표현하고자 하는 대상, 즉 원관념이고, 꽃은 비유한 대상인 보조관념이야. 이처럼 비유는 작품 속에 원관념이 있어야 해. 하지만 상징은 작품 속에 원관념, 즉 상징하는 대상을 찾을 수 없어. 그래서 독자마다 다양하게 해석할 수 있지. 이 때문에 상징 기법이 비유보다 시의 의미를 더 깊고 풍부하게 만들어 주는 거야.

1. 다음 글을 읽고 내용에 알맞게 ○안을 채워 보자.

> 상징은 ○○○인 사물이나 생각을 ○○○인 사물로 나타내는 표현법이야.

2. 류시화 시인의 〈소금인형〉이야. 이 시에서 소금인형의 상징적 의미는 무엇일까?

> 바다의 깊이를 재기 위해 / 바다로 내려간 / 소금인형처럼
>
> 당신의 깊이를 재기 위해 / 당신의 피 속으로 / 뛰어든 나는
>
> 소금인형처럼 / 흔적도 없이 / 녹아버렸네

3. 다음 중 상징에 대한 설명으로 알맞은 것은 무엇일까?

① 항상 하나의 의미로만 해석된다.
② 주로 소리나 모양을 흉내 내는 표현법이다.
③ 원관념이 반드시 작품 속에 드러나 있어야 한다.
④ 구체적인 사물로 추상적인 개념을 나타내는 표현법이다.
⑤ 비교 대상을 통해 의미를 드러내며, 해석의 폭이 제한적이다.

4. 시 〈고래를 위하여〉에서 '고래'는 다양한 의미로 해석될 수 있어. 글에서 제시한 고래
   의 상징적 의미를 두 가지 이상 써 보자.

더 알고 싶어 119　　　　　📑 도서　▷ 영상　🔍 사이트

▷ **안치환, 정호승을 노래하다** 정호승 시인의 작품에 곡을 붙인
안치환의 노래를 들을 수 있어.

▷ **세상을 선명하게 보게 해 주는 상징의 힘 (창비TV)**
상징 기법을 통해 세계와 문화, 인간을 이해할 수 있게 돕는 유
익한 영상이야.

🔍 **정호승 문학관** 시인이 어린 시절을 보낸 경남 하동에 있는 장소로 그의 삶과 작품을 가까이에서 만날 수 있어.

인생의 아이러니
〈운수 좋은 날〉

소설을 이루는 요소는 인물, 사건, 배경

소설 〈운수 좋은 날〉의 주인공인 김 첨지는 일제강점기 가난하게 살아가던 서민이야.
인력거를 끌면서 근근이 생계를 유지하지. 비가 추적추적 내리는 날,
아픈 아내를 두고 일하러 나와야 했던 그에게 어떤 운수 좋은 일이 생겼을까?
〈운수 좋은 날〉을 읽으면서 소설을 감상하는 방법을 알아보자.

학습 키워드　#소설　#인물　#사건　#배경
교과 연계　초6 〉국어 〉소설이나 극을 읽고 인물, 사건, 배경을 파악한다.
　　　　　　　중1 〉국어 〉갈등의 진행과 해결 과정을 파악하며 작품을 감상한다.

　　소설은 가상의 인물이 겪는 사건을 통해 독자가 다양한 경험을 할 수 있게 해 주는 문학 장르야. 모든 이야기에는 인물과 사건, 배경이 꼭 들어 있지. 그중에서 '인물'은 이야기를 이끌어 가는 존재야. 그들의 성격, 소망, 갈등이 이야기를 만들어 내거든. 그래서 주인공과 주변 인물들의 성격과 상황, 외모는 주제를 잘 드러내기 위해 치밀하게 짜여 있어. 예를 들어 작가는 주제에 따라 주인공을 수줍음 많은 아이로 정할 수 있고 결혼을 앞둔 청년으로 설정할 수도 있지.

　　소설은 '사건'의 문학이야. 사건은 이야기를 움직이게 하는 핵심이자 인물들이 겪는 갈등이 담겨 있지. 소설 속 인물이 어떤 선택과 행동을 하느냐에 따라 사건의 결과가 달라져. 즉 어떤 문제 때문에 인물이 어떤 갈등을 겪고, 그 갈등을 어떻게 풀어 가는지를 그려 내는 것이 소설이야.

'배경'은 이야기가 진행되는 시간과 장소를 말해. 인물의 행동, 사건의 전개 그리고 이야기의 분위기를 설정하는 데 중요한 역할을 하지. '인물'은 사건을 통해 이야기를 이끌어 가고, '사건'은 인물의 성장이나 변화를 만들어 내. 또 배경은 이 모든 요소를 감싸면서 이야기의 분위기를 만들어 주지. 그래서 소설을 제대로 읽으려면 '인물, 사건, 배경'을 꼼꼼히 살펴보는 게 중요해.

〈운수 좋은 날〉은 1924년 『개벽』이라는 문예지에 실린 현진건의 단편소설이야. 일제강점기 하층민의 비참한 삶을 반전 있게 그린 작품이지.

지는 고함을 지르다가 금방 껄껄거리며 웃어댔다. 그러다가 마누라가 죽었다며 목 놓아 울기도 하며 법석을 떨었다. 마누라가 먹고 싶다는 설렁탕을 사 가지고 집으로 돌아가는 길, 궂은비는 여전히 추적추적 내렸다.

집이라야 남의 행랑방이었다. 너무 조용했다. 다만 어린애의 빈 젖 빠는 소리만 날 뿐이었다. 불길한 침묵을 고함 소리로 내쫓았다. 방문을 열며 이렇게 호통을 쳤다. "이 오라질 년, 주야장천(晝夜長川) 누워만 있으면 제일이야! 남편이 와도 일어나지를 못해." 김 첨지는 발길로 누운 이의 다리를 몹시 찼다. 그러나 발길에 채이는 건 사람의 살이 아니고 나무 등걸과 같은 느낌이었다. 아이가 물었던 젖을 빼어놓고 운다. 울다가 울다가 목도 잠겼고 또 울 기운조차 없는 것 같다. 남편은 아내의 머리맡으로 달려들어 그야말로 까치집 같은 환자의 머리를 껴들어 흔들면서 "이년아, 말을 해, 말을! 입이 붙었어, 이 오라질 년!"

"이년아, 죽었단 말이냐, 왜 말이 없어?"

이러다가 누운 이의 흰 창이 검은 창을 덮은, 위로 치뜬 눈을 알아보자마자,

"이 눈깔! 이 눈깔! 왜 나를 바로 보지 못하고 천장만 바라보느냐, 응."

하는 말끝엔 목이 메이었다. 산 사람의 눈에서 떨어진 닭똥 같은 눈물이 죽은 이의 뻣뻣한 얼굴을 어룽어룽 적시었다. 문득 김 첨지는 미친 듯이 제 얼굴을 죽은 이의 얼굴에 한데 비벼대며 중얼거렸다.

"설렁탕을 사다 놓았는데 왜 먹지를 못하니, 왜 먹지를 못하니…… 괴상하게도 오늘은 운수가 좋더니만…."

– 현진건, 〈운수 좋은 날〉을 편집하여 작성한 줄거리

가장 비극적인 날을 '운수 좋은 날'이라 부른 건 바로 반어법이야. 반어법은 겉으로는 반대되는 말을 하면서 의미를 더 강하게 드러내는 표현법이지. 아내가 죽은 날이 '운수 좋은 날'이라니, 김 첨지의 비참한 상황이 더 선명하게 느껴지지? 먼저 이 작품의 '인물'부터 살펴볼게. 〈운수 좋은 날〉의 주인공은 김 첨지야. 그는 가난한 인력거꾼이고 어린아이와

아픈 아내를 둔 가장이지. 말은 거칠지만 아내가 먹고 싶어 하는 설렁탕을 사 주기 위해 열심히 일하는 순박한 인물이야. 그는 인력거를 끌면서도 온종일 아내가 죽었을지 모른다는 불안감에 시달려. 결국 슬픈 예감은 적중했고, 아내의 시체 앞에서 닭똥 같은 눈물을 흘리고 말지.

다음은 '사건'이야. 사건은 인물 간의 갈등을 통해 전개되는데, 이 작품에는 인물 사이의 갈등이 잘 보이지 않아. 아픈 아내가 자신의 죽음을 직감하며 오늘은 일하지 말라고 말렸는데도 김 첨지는 먹고 살기 위해 일을 나가야 했어. 병원비가 없어서 의원을 갈 수 없는 형편인 아내는 병명도 모른 채 한 달을 누워 있고, 어린아이는 배고파도 힘이 없어 울지도 못해. 이 모든 상황이 하층민의 가난하고 비참한 상황을 그린 거야.

마지막은 '배경'이야. 〈운수 좋은 날〉의 시간적 배경은 일제강점기의 어느 하루이고, 공간적 배경은 비 오는 거리와 빈민촌이야. 김 첨지는 추적추적 내리는 비를 맞으면서 일을 하는데 이런 상황은 음산하고 쓸쓸한 분위기를 자아내고 있어. 아내가 죽는 불행한 결과를 암시하면서 김 첨지의 불안한 마음을 표현하기도 하지. 이처럼 배경은 작품의 분위기를 조성하고 사건과 주제를 강조하는 역할을 해.

그렇다면 작가는 독자에게 이 소설을 통해 어떤 메시지를 전하고 싶었을까? '주제'는 보통 사건의 원인과 그것이 해결되는 과정을 통해 나타나게 돼. 주인공은 생계를 위해 아내가 죽을 것을 알면서도 일을 해야 했고, 결국 아내는 죽고 말았지. 계속 불안해하다가 아내의 주검 앞에서 오열하는 김 첨지를 보면서 어떤 생각이 들었니? 일제강점기 서민들의 삶이 안타깝다는 생각이 들었지? 바로 이것이 〈운수좋은 날〉의 주제라고 할 수 있어.

1. 다음 글을 읽고 내용에 알맞게 ○안을 각각 채워 보자.

> 소설에서 ○○(은)는 사건을 통해 이야기를 이끌어가고 ○○(은)는 인물의 성장이나 변화를 만들어 내곤 해. 또 ○○(은)는 이 모든 요소를 감싸면서 이야기의 분위기를 제공하지.

2. 〈운수 좋은 날〉의 시간적·공간적 배경으로 알맞은 것은 무엇일까?

① 해방 이후의 농촌 마을과 들판
② 현대 서울의 번화가와 시장
③ 조선 시대 서울의 궁궐과 서당
④ 고려 시대 궁궐과 시골 마을
⑤ 일제강점기의 어느 하루, 비 오는 거리와 빈민촌

3. 〈운수 좋은 날〉의 제목에 쓰인 반어법의 효과로 가장 알맞은 것은 무엇일까?

① 전통 설렁탕의 맛과 향을 강조한다.
② 일제강점기 서민들의 생활을 풍자적으로 드러낸다.
③ 김 첨지의 삶에 작은 기쁨이 있다는 사실을 강조한다.
④ 아내가 죽은 날을 '운수 좋은 날'이라 표현해 비극성을 더 두드러지게 한다.
⑤ 주인공이 비 오는 날 인력거를 많이 끌어서 돈을 많이 번 사실을 알려 준다.

더 알고 싶어 119

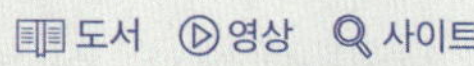

▷ 운수 좋은 날, 자본주의의 노예가 된 첨지
작품을 생생한 애니메이션과 실감나는 해설과 함께 감상할 수 있어.

🔍 〈운수 좋은 날〉 (공유 마당)
이곳에서 원문을 다운받아서 읽을 수도 있어. 김 첨지의 비참한 삶을 실감나게 느낄 수 있을 거야.

소설에 감칠맛을 더하는 시점의 마법

이야기를 바라보는 네 가지 시점

같은 사건이라도 누가 이야기하느냐에 따라 보는 눈이 달라져. 소설도 마찬가지야. 서술자가 어디에 있는지 사건과 인물에 대한 태도가 긍정인지 부정인지에 따라 사건의 초점이 달라지거든. 소설에 감칠맛을 더해 주는 시점을 함께 살펴보자.

학습 키워드　#시점 #관점 #서술자

교과 연계　중2 〉 국어 〉 보는 이나 말하는 이의 특성과 효과를 파악하며 작품을 감상한다.

소설에는 이야기를 들려주는 사람인 '서술자'가 있어. 서술자는 작품 속에서 자기 이야기를 직접 하기도 하고, 옆에서 지켜본 일을 전달하기도 해. 또 멀리서 관찰한 내용을 알려 주거나 모든 것을 다 아는 듯이 인물과 사건을 독자에게 설명해 주기도 하지.

소설은 서술자의 위치에 따라 관점이 달라져. 작가는 다음 네 가지 중 주제를 가장 효과적으로 전달하는 시점을 선택해서 소설을 쓰지.

일인칭 주인공 시점

〈동백꽃〉은 산골 마을에 사는 '나'와 점순이의 풋풋한 연애 이야기야. 이야기가 '나'의 시선으로 펼쳐지다 보니 독자는 '나'를 친근하게 느끼고 '나'의 어리숙한 모습에 웃음을 터뜨리게 돼.

일인칭 주인공 시점의 특징

- 소설 지문에 '나, 우리' 같은 1인칭 주어가 등장한다.(단, 모든 소설의 대사 안에는 '나'가 나온다.)
- 서술자인 '나'가 소설 속 주인공이어서 사건을 주관적으로 전달한다.
- '나'의 감정과 생각이 솔직하고 구체적으로 나타난다.

일인칭 관찰자 시점

〈사랑 손님과 어머니〉의 서술자는 여섯 살 여자아이야. 하지만 실제 주인공은 과부인 어머니와 죽은 남편의 친구였던 사랑방 손님이지. 독자는 순진하고 어리숙한 아이의 시선을 통해 두 사람 사이의 미묘한 애정 관계와 마음속 갈등을 짐작하게 돼. 어린아이의 맑고 천진한 해석 덕분에 두 사람의 상황이 더 애달프게 느껴지는 특별한 맛이 있지.

하면서 **나**를 잡아끌었습니다. 그러나 정말로는 무슨 그리 분주하지도 않은 모양이었어요. 그러기에 **나**더러 가란 말도 않고 그냥 **나**를 붙들고 앉아서, 머리도 쓰다듬어 주고 뺨에 입도 맞추고 하면서,

"요 저고리 누가 해 주지?…… 밤에 엄마하고 한 자리에서 자니?"

하는 둥 쓸데없는 말을 자꾸만 물었지요.

-주요섭, 〈사랑 손님과 어머니〉

일인칭 관찰자 시점의 특징

- 소설 지문에 '나, 우리' 같은 1인칭 주어가 등장한다.
- 서술자가 소설 안에 있지만 주인공은 아니다.
- 사건이 전개되는 상황을 옆에서 관찰하며, 자신의 생각을 곁들여 서술한다.

삼인칭 관찰자 시점

이 시점은 일종의 보여 주기 기법이야. 인물의 행동과 상황이 구체적으로 묘사되지. 〈소나기〉는 상황을 섬세하게 그려 내면서 소년과 소녀의 순수하지만 이루어질 수 없는 사랑을 담담하게 전해 줘. 그래서 독자에게 강한 여운을 남기는 서정적인 작품이야.

엄청나게 물이 불어 있었다. 빛마저 제법 붉은 흙탕물이었다. 뛰어 건널 수가 없었다. **소년**이 등을 돌려댔다. **소녀**가 순순히 업히었다. 걷어 올린 **소년**의 잠방이까지 물이 올라왔다. **소녀**는 '어머나' 소리를 지르며 **소년**의 목을 끌어안았다. 개울가에 다다르기 전에 가을 하늘이 언제 그랬는가 싶게 구름 한 점 없이 쪽빛으로 개어 있었다.

-황순원, 〈소나기〉

삼인칭 관찰자 시점의 특징

- 소설 지문에 '나'가 등장하지 않는다. (단, 대사 속에는 '나'라는 말이 나올 수 있다.)
- 작품 속 인물을 '그, 그녀, 소년, 소녀' 혹은 '이름'으로 지칭한다.

삼인칭 전지적 작가 시점

〈메밀꽃 필 무렵〉은 시장을 떠돌며 물건을 파는 장돌뱅이 허 생원의 사랑과 가족을 향한 그리움을 서정적으로 그린 작품이야. 작품에서 서술자는 주인공의 행동은 물론 마음속 생각까지 자세히 전해 주는 전지전능한 존재지. 여기서 밑줄 친 부분은 바로 인물의 내면을 그대로 보여 주는 대목이야.

동이의 탐탁한 등허리가 <u>뼈에 사무쳐 따뜻했다. 물을 다 건넜을 때에는 도리어 서글픈 생각에 좀 더 업혔으면도 하였다.</u>

"진종일 실수만 하니 웬일이오, 생원?"

조 선달은 **허 생원**을 바라보며 기어코 웃음을 터트렸다. 〈중략〉 **허 생원**은 젖은 옷을 웬만큼 짜서 입었다. <u>이가 덜덜 갈리고 가슴이 떨리며 몹시도 추웠으나, 마음은 알 수 없이 둥실둥실 가벼웠다.</u>

－이효석, 〈메밀꽃 필 무렵〉

삼인칭 전지적 작가 시점의 특징

• 설명글(서술 부분)에 '나'가 등장하지 않는다(단, 대사 속에는 '나'라는 말이 나올 수 있다).

• 작품 속 인물을 주로 '이름'으로 지칭한다.

• 서술자는 작품 밖에 있으며 사건에 직접 관여하지 않는다.

• 전지전능한 신처럼 사건의 원인과 과정은 물론 인물의 속마음까지 모두 알고 글 속에 드러낸다.

이제 시점이 무엇인지 감이 오지? 그런데 꼭 하나의 시점만 쓰이는 건 아니야. 한 작품 안에서도 여러 시점이 섞여 쓰이기도 한단다.

1. 다음 설명에 해당하는 시점은 무엇일까?

> 1) 서술자가 소설 속 주인공이며, 자신의 감정과 생각을 직접 드러낸다.
> 2) 서술자가 작품 속에 등장하지만 주인공은 아니며, 사건을 옆에서 지켜본다.
> 3) 서술자가 작품 밖에서 사건을 객관적으로 묘사하며, 인물의 마음속까지는 알 수 없다.
> 4) 서술자가 작품 밖에서 전지적 존재로, 인물의 속마음과 사건의 모든 과정을 설명한다.

---

2. 다음은 어떤 시점일까?

> 나는 그날 하루 종일 비를 맞으며 인력거를 끌었다. 온몸은 젖었지만 아픈 아내 생각에 발걸음을 멈출 수 없었다.

---

3. 다음 중 3인칭 전지적 작가 시점의 특징으로 알맞은 것은 무엇일까?

① '나'라는 1인칭 주어가 서술 부분에 자주 등장한다.

② 사건을 옆에서 지켜본 인물이 자신의 생각을 곁들여 전달한다.

③ 인물의 행동만 묘사하고 속마음은 드러나지 않는다.

④ 서술자는 작품 밖에 있으며, 인물의 생각과 사건의 전 과정을 모두 알고 있다.

⑤ 독자는 오직 대사와 행동을 통해서만 인물의 감정을 유추해야 한다.

 **더 알고 싶어 119**　　　　　📖 도서　▶ 영상　🔍 사이트

📖 **『소설쓰기의 모든 것』** (제임스 스콧, 다른, 2018)
소설 창작의 이론과 기본기를 명쾌하게 배울 수 있는 실제적인 가이드북이야. 소설에 관심이 있다면 참고해도 좋아.

▶ **작가가 알려 주는 글 쓸 때 1인칭 vs 3인칭 (작가 친구들)**
시점별 특징을 작가의 시점에서 알려 줘서 귀에 쏙쏙 들어오는 영상이야.

목숨을 건 랩 배틀, 〈하여가〉와 〈단심가〉

시조의 형식과 종류 알아보기

시조는 조선 시대에 유행한 한국 고유의 정형시야. 단 세 줄로 자신의 생각을 간결하게 표현하지.
반복되는 리듬에 맞춰 읊는 모습은 요즘의 랩(rap)과도 비슷해.
그렇다면 조선 시대에 펼쳐진 대표적인 랩 배틀 한번 감상해 볼까?

학습 키워드　#시조　#정형시　#사설시조　#관념적
교과 연계　중2 〉 국어 〉 작품에 반영된 사회·문화적 상황을 이해하며 작품을 감상한다.

현대시는 형식과 내용에 제한이 없어서 어떤 정서라도 자유롭게 표현할 수 있어. 그래서 '자유시'라고 부르지. 하지만 시조는 달라. 시조는 초장, 중장, 종장이라는 세 부분으로 나뉘고, 네 마디로 끊어 읽는 4음보의 율격을 따르지. 또 일정

초장	3 4	3 4 ── 기(起)
	전구	후구
중장	3 4	3 4 ── 승(承)
	전구	후구
종장	**3** 5	4 3
	전구	후구
	전(轉)	결(結)

한 글자 수를 반드시 지켜서 써야 했어. 무엇보다 종장의 첫 마디는 반드시 세 글자로 써야 해. 이렇게 형식에 맞춰 쓴 시가 '정형시'야.

평시조는 주로 양반들이 즐겨 지었기 때문에 현실의 삶과 동떨어진 관념적인 주제를 담은 경우가 많아. 주로 임금에 대한 충성이나 부모님에

대한 효심, 혹은 자연의 아름다움을 예찬하는 것이었지. 다음은 달을 소
재로 임금에 대한 충성심을 노래한 대표적인 평시조야.

조선 후기로 갈수록 일반 백성들도 시조를 지어 불렀어. 양반들의 잔
치나 술자리에서 춤을 추던 기생들도 시조를 지었고 말이야. 그러다 보
니 형식이 점점 파괴되고 내용도 자유로워졌어. 특히 중장은 계속 길어
져서 평시조의 세 배를 넘기도 했지. 양반의 횡포로 고통받으며 굶주린
백성들은 할 말이 정말 많았어. 그래서 탐관오리를 비판하는 시조가 많
이 생겨났지. 이처럼 평시조보다 훨씬 길어진 시조를 '사설시조'라고 해.

시조는 반복적인 리듬에 맞춰 노래하듯 말하는 랩과 거의 비슷해.
그런데 이런 랩 배틀이 고려 후기에도 있었다지? 태조 이성계의 아들인
이방원의 〈하여가〉와 고려의 충신 정몽주의 〈단심가〉가 바로 그 주인공
이야. 몽골의 침략과 귀족 간의 다툼 때문에 고려는 점점 몰락하고 있었
지. 이성계와 정몽주는 나라를 개혁하고 싶었지만, 방법이 완전히 달랐
어. 이성계는 새로운 나라를 건설하고 싶었고, 정몽주는 고려 왕조를 지
키고 싶어 했지. 결국 둘은 적이 되고 말았어. 이성계가 말에서 떨어져
큰 부상을 당해 지방에 내려간 사이, 정몽주는 이성계 일파를 제거하려
고 했어. 정몽주는 이성계의 병문안을 핑계로 호랑이 굴을 직접 방문했
지. 이성계는 평소와 다름없이 오랜 친구를 대하듯 정몽주를 맞이했지만
이방원의 생각은 아버지와 달랐어. 이방원은 술상을 차려 놓고 정몽주의

마음을 떠 보려고 〈하여가何如歌〉를 읊조렸어.

이런들 어떠하리 저런들 어떠하리

만수산 드렁칡이 얽혀진들 어떠하리

우리도 이같이 얽혀서 백 년까지 누리리라

몰락해 가는 고려 왕조가 아닌 같은 편이 되어 새 나라인 조선을 건국한 후, 함께 잘살아 보자는 내용이야. 하지만 정몽주는 이에 대한 답가로 〈단심가丹心歌〉를 읊었어.

이 몸이 죽고 죽어 일백 번 고쳐 죽어

백골이 진토되어 넋이라도 있고 없고

님 향한 일편단심이야 가실 줄이 있으랴

죽더라도 고려 왕조만을 섬기겠으니 더 이상 나를 설득하지 말라고 단호하게 경고했지. 정몽주의 마음을 돌릴 수 없다고 생각한 이방원은 자객을 보내 집으로 돌아가는 정몽주를 선죽교에서 죽였어. 선죽

↑ 선죽교

교에는 당시 정몽주가 흘렸던 빨간 핏자국이 지금까지 선명하게 남아 있다고 해. 고려 왕조를 향한 그의 변치 않는 충성심처럼 말이야. 결국 3개월 뒤, 이성계는 공양왕을 폐위하고 스스로 왕위에 올라 조선을 세웠어.

1. 다음 중 평시조의 특징으로 알맞은 것은 무엇일까?

① 글자 수와 형식의 제한이 거의 없다.

② 현실 생활을 사실적으로 묘사한 작품이 많다.

③ 고려 후기에 시작되어 조선 중기 때 사라졌다.

④ 백성들의 불만과 풍자를 담은 작품이 많다.

⑤ 임금에 대한 충성, 부모에 대한 효, 자연 예찬 등 관념적 주제가 많다.

2. 다음 빈칸에 알맞은 말을 써 넣어 보자.

> 평시조는 ___________, ___________, ___________ 세 장으로 이루어져 있으며, ___________ 율격을 따른다.

3. 평시조보다 형식이 길어지고 자유로워져, 백성들의 고통과 탐관오리 비판을 담은 시조를 무엇이라고 부를까?

4. 〈하여가〉에서 이방원이 정몽주에게 전하려 한 메시지는 무엇일까?

① 고려 왕조를 끝까지 지켜야 한다.　　② 새로운 조선을 세워 함께 번영하자.

③ 백성들의 고통을 노래하여 알리자.　　④ 부모에 대한 효심을 지키고 강조하자.

⑤ 자연의 아름다움을 즐겁게 예찬하자.

5. 정몽주는 〈단심가〉에서 "님 향한 일편단심"을 통해 무엇에 대한 충성을 강조했을까?

 더 알고 싶어 119

📖 도서　▶ 영상　🔍 사이트

▶ 대하 드라마 〈정도전〉, '피로 물든 선죽교'
고려의 진정한 충신인 정몽주가 죽는 순간과 그에 얽힌 부자간의 갈등을 생생하게 표현한 영상이야.

▶ 드라마 〈육룡이 나르샤〉, '하여가 vs 단심가' 36화
〈하여가〉와 〈단심가〉를 대화로 나누는 장면이 특이하고 인상적인 영상이야.

웃음, 대리만족, 교훈의 완전체 〈흥부전〉

판소리계 소설 속 해학과 풍자

서민들의 오락인 판소리에는 웃음 포인트가 많아.
비극적이고 슬픈 대목에서조차도 말이야. 우리 조상들은 가난의 서러움과 차별받는 울분을 한바탕
웃음으로 털며 견뎌 냈거든. 〈흥부전〉을 통해 해학과 풍자의 실체를 탐구해 보자.

학습 키워드　#판소리　#판소리계소설　#권선징악　#풍자　#해학
교과 연계　고1 〉국어 〉갈래에 따른 형상화 방법의 특성을 고려하며 작품을 수용한다.

　〈흥부전〉은 착한 사람은 복을 받고 나쁜 일을 한 사람은 벌을 받는다는 권선징악적인 교훈이 담겨 있는 판소리계 소설이야. 판소리계 소설에는 수많은 '풍자와 해학'이 녹아 있어. '풍자'는 잘못된 대상을 날카롭게 비판해 차가운 웃음을 주고 '해학'은 대상을 우스꽝스럽게 표현해 동정심과 친근감을 느끼게 하는 따뜻한 웃음을 만들어 내지.

　흥부는 형에게 재산을 모두 빼앗기고 무려 자식 29명을 데리고 가난하게 살아가는 인물이야. 늘 굶주리며 살지만 착한 마음만은 잃지 않는 흥부의 상황과 성격 속에서 '해학'이 드러나지. 반면 놀부는 부자이면서도 욕심이 많고 심술궂어. 양식을 구하러 온 동생을 매질하며 쫓아 낼 만큼 인정도 없지. 다음은 그런 놀부의 성격을 풍자한 대목이야.

제비와의 만남과 행동

흥부는 구렁이를 피하려다 둥지에서 떨어져 다친 제비를 정성껏 치료하고 보살폈어. 그 보답으로 제비는 큰 재물을 가져다주었지. 이를 통해 착한 일을 하면 복을 받는다는 권선징악의 교훈을 얻을 수 있어.

다음은 놀부가 제비를 대하는 장면이야. 흥부를 질투한 놀부는 일부러 제비를 잡아 다리를 부러뜨리고 결국 벌을 받게 돼. 탐욕을 부리면 벌을 받는다는 교훈과 함께 놀부의 어리석음을 재미있게 풍자하고 있어.

박 타는 장면

놀부는 부자가 될 거라 기대했지만 정반대의 결과를 얻고 말지. 놀부가 박을 타는 대목은 놀부의 탐욕과 어리석음을 비판하면서 무엇이 사람의 도리인지 강렬하게 알려 주는 대표적인 풍자 장면이야.

1. 다음 중 해학의 예로 알맞은 것은 무엇일까?

① 놀부가 흥부를 매질하며 쫓아내는 장면
② 놀부가 제비 다리를 일부러 부러뜨린 장면
③ 놀부가 박을 타고 재앙을 맞는 장면
④ 백성들이 탐관오리를 비판하는 장면
⑤ 흥부가 자식 29명을 데리고 가난하게 살아가는 모습

2. 다음 문장의 빈칸에 알맞은 말을 써 보자.

> 〈흥부전〉은 착한 사람은 복을 받고 나쁜 일을 한 사람은 벌을 받는다는
> ______________적인 교훈을 담고 있다.

3. 놀부의 성격을 묘사한 부분을 읽고 해학과 풍자 중 어떤 기법이 사용됐는지 이유를 들어 말해 보자.

> 다 된 밥에 재 뿌리고, 의원 보면 침 도둑, 똥 누는 놈 주저앉히고, 곱사등이 뒤집어 놓고, 앉은뱅이 택견하고, 엎어진 놈 뒤통수치고 달리는 놈 다리 걸고, 삼거리 길에 구덩이 파고, 애 낳는 데 개를 잡고, 혼사에 훼방 놓기 애호박에 말뚝 박고, 이삭 여문 벼 포기째 뽑고, 된장 그릇에 똥 싸고, 간장 그릇에 오줌 싸기, 눈먼 봉사 이끌어서 개천물에 빠트리고 길 가는 나그네들 재울 듯이 붙들었다 해 다 지면 쫓아낸다.

더 알고 싶어 119

📖 도서　▷ 영상　🔍 사이트

📖 『흥부전』 (류정월, 서해문집, 2023)
　가난하지만 따뜻한 마음을 지닌 흥부를 통해, 선한 선택이 결국 어떤 결실을 맺는지 보여 줄거야.

▷ 고전으로 배우는 인생 (사피엔스 스튜디오) 고전 속 인물들의 선택과 흔들림을 통해, 지금 우리 삶의 고민을 함께 생각해보는 인문학 영상이야.

🔍 〈흥부전〉 전문 운율과 반복되는 표현이 많아서 판소리의 흥을 느낄 수 있을 거야.

서자를 영웅으로 설정한 까닭은?
〈홍길동전〉

〈홍길동전〉의 인기 비결과 영웅소설의 특징

〈홍길동전〉은 교과서에 빠지지 않고 등장하는 단골 소설이야.
〈홍길동전〉의 꾸준한 인기 비결은 대체 무엇일까?
우리나라를 대표하는 고전 소설 〈홍길동전〉의 매력을 탐구해 보자.

학습 키워드　#언문 #영웅소설 #전기적 #탐관오리 #적서차별
교과 연계　중3 〉 국어 〉 문학을 통해 타자를 이해하고 공동체의 문제에 참여하는 태도를 지닌다.

　〈홍길동전〉은 우리나라 최초의 한글 소설이야. 그전에는 양반을 위해 한문으로만 소설을 썼거든. 하지만 허균은 많은 백성이 읽을 수 있도록 '언문(속된 글)'이라 무시당하던 한글로 소설을 썼어. 또 그는 〈홍길동전〉을 통해 조선 시대 신분제도의 모순과 탐관오리의 횡포를 고발한, 시대를 앞서간 혁명가였지.

〈홍길동전〉의 인기 비결

　원래 이 책은 조선 중기부터 읽어서는 안 되는 금서禁書로 지정됐었어. 그럼에도 400여 년간 끊임없이 널리 읽혔지. 〈홍길동전〉의 식지 않는 인기 비결은 뭘까? 첫째, 시대를 앞선 작가의 통찰력과 용기 때문이야. 허균은 양반 가문에서 태어나 한때 높은 관직에 올랐고, 중국 외교 사절

로도 활약했어. 그는 중국에서 귀국할 때 4,000권의 책을 수레에 실어 올 정도로 독서광이었지. 하지만 출세를 포기하고 관료 사회의 부패와 비리를 폭로하는 사회 개혁가로 변신했어. 〈홍길동전〉에는 적서 차별 제도(정실 부인과 첩의 아들을 차별하던 제도)를 비판하고 탐관오리를 벌하는 내용이 적나라하게 드러나 있어. 부조리한 봉건 현실과 맞지 않았던 이 자유로운 혁명가는 50세 나이에 처형당하고 말았지. 하지만 그의 작품 속 홍길동은 가난한 백성들을 도우며 고난을 극복한 뒤, '율도국'이라는 이상 국가를 건설했어. 그리고 오늘날까지도 널리 읽히며 개혁가들에게 대리만족을 주었고, 서민들에게는 울분과 서러움을 풀어 주는 힘이 되어 왔어.

둘째, 〈홍길동전〉의 인기 비결은 전기적(현실에서 일어나기 어려운 신기하고 비범한 사건이나 능력)인 요소 때문이야. 홍길동은 뛰어난 무술 실력과 함께 다양한 도술을 부리지. 천 근 무게의 돌을 들고 수십 걸음을 걸어서 도적 떼의 대장이 된 것이나, 도둑질을 자신이 했다고 직접 글을 써 붙인 것, 둔갑법(몸을 숨기거나 변신하는 것)과 축지법(먼 거리를 빨리 가는 도술)을 써서 군사들을 따돌린 것, 분신술을 활용해 허수아비 8개를 홍길동 8명으로 만든 것, 도술로 쇠밧줄을 끊고 도망치는 모든 장면은 전기적인 요소로 독자에게 즐거움을 줘. 이 또한 〈홍길동전〉이 널리 읽히는 인기 비결이 아닐까?

〈홍길동전〉의 영웅 소설적 특징

허균은 홍길동이라는 영웅을 통해 억눌려 있던 백성들에게 희망과 위로를 전했지. 조선 후기에는 전쟁 때문에 신분제가 무너져 돈을 주고 관직을 사는 경우가 많았어. 자신들의 욕심을 채우려고 백성들을 괴롭히는 탐관오리도 많았는데, 돈을 적게 빌려 주고 많이 돌려받거나 돈을 안

주면 매를 때리고 옥에 가두기도 했지. 그런 탐관오리의 횡포를 못 이긴
백성들은 집과 땅을 버리고 산속으로 도망쳤고, 스스로 도적이 되었어.
백성이 몰락하면서 조선의 질서도 빠르게 무너지기 시작했지. 홍길동은
천한 신분에도 불구하고 자신의 능력으로 벼슬을 얻어 성공한 인물이야.
허균은 신분이 아닌 노력과 재능만으로도 자기 운명을 개척할 수 있다
는 희망을 백성들에게 주고 싶었을 거야. 또한 가난한 사람들을 돕는 홍
길동을 통해 서로 돕고 함께 살아가는 삶의 가치도 일깨웠어. 결국 〈홍길
동전〉은 탐관오리와 신분제도에 맞서 싸운 영웅의 일생 구조를 지닌 작
품이야. 고귀한 혈통, 비정상적인 출생, 비범한 지혜와 능력 발휘, 잦은
위기와 극복, 큰 목표를 달성한다는 '영웅의 일생 구조'와 맞아떨어지지.

영웅의 일생 구조 순서

- **고귀한 혈통의 인물**: 홍 판서의 아들

- **비정상적인 잉태 혹은 태생**: 노비인 춘섬에게서 서자로 태어남.

- **비범한 지혜와 능력**: 특별히 총명하고 도술에 능함.

- **어려서 위기를 겪고 죽을 고비에 이름**: 초란의 음모로 생명의 위기를 겪음.

- **구출. 양육자를 만나서 위기를 벗어남**: 자객을 죽이고 위기를 벗어남.

- **자라서 다시 위기에 부딪힘**: 나라에서 길동을 잡아들이려 함.

- **투쟁으로 위기를 극복하고 승리자가 됨**: 부정한 권력과의 싸움에서 이겨 마침내 율도국의 왕이 됨.

우리나라에는 건국 신화부터 조선 후기까지 영웅의 일생을 그린 고
전 작품이 많았어. 이런 작품에는 영웅을 통해 암울한 현실을 이겨 내고
위로받고 싶었던 당시 사람들의 간절한 소망이 담겨 있었지.

1. ⟨홍길동전⟩의 작가인 허균은 이 작품을 통해 어떤 사회적 문제를 고발했을까?

- -

2. 다음 빈칸에 알맞은 말을 써 넣자.

> 홍길동은 천근의 돌을 들고 수십 걸음을 걷거나, 둔갑법·축지법 등을 사용하는
> ____________인 능력을 가진 인물로 그려진다.

3. ⟨홍길동전⟩이 오늘날까지 꾸준히 사랑받는 이유로 알맞지 않은 것은?

① 허균의 시대를 앞선 통찰력
② 신분제와 탐관오리를 비판하는 내용
③ 영웅 이야기가 주는 희망과 용기
④ 봉건적 질서와 신분제를 강화하려는 내용
⑤ 백성들에게 위로와 대리만족을 주는 이야기

4. 다음 작품은 ⟨홍길동전⟩처럼 조선 후기 탐관오리의 위선을 풍자한 사설시조야. 두꺼
   비와 파리, 송골매는 각각 누구를 의미할까?

> 두꺼비가 파리를 물고 두엄 위에 뛰어 올라가 앉아
> 건너편 산을 바라보니 흰 송골매가 떠 있기에 가슴이 섬뜩하여 펄쩍 뛰어 내닫다
> 가 두엄 아래 자빠졌구나
> 마침 날랜 나였기에 망정이지 하마터면 다칠 뻔하였구나

- -

 **더 알고 싶어 119**　　　　📖 도서　▶ 영상　🔍 사이트

📖 **『홍길동전』** (허균, 서해, 2021)
홍길동은 불의에 맞서 세상을 바꾸려 한 사회개혁가였어. 원문을 읽다 보면, 남들이 정해 놓은 한계를 넘
어 옳은 길을 선택하는 용기가 조용히 깨어날 거야.

▶ **벌거벗은 한국사-홍길동 편** (사피엔스 스튜디오)
조선 사회의 모순과 신분 차별을 역사 자료를 바탕으로 분석하며, 홍길동이 어떤 인물로 기
록되고 전해졌는지를 객관적으로 보여 줘서 역사를 깊이 이해하도록 도와줄 거야.

이제부터 작품 감상은 내 마음대로

문학을 감상하는 네 가지 방법

왜 우리는 다양한 문학 작품을 공부해야 할까?
그건 문학 감상법을 익혀서 어떤 작품이든 제대로 감상하고,
일상에서도 자기 생각을 멋들어지게 표현하기 위해서야. 다양한 작품 감상법을 알아보자.

학습 키워드　#반영론 #표현론 #효용론 #절대론
교과 연계　중3 > 국어 > 근거를 바탕으로 작품을 해석하고 다른 해석들과 비교하여 자신의 해석을 평가한다.

김훈의 〈칼의 노래〉는 단순히 '용감한 장군 이순신'이 아니라 '고뇌하는 인간 이순신'을 그려 내 많은 독자의 공감을 얻었어. 이제 〈칼의 노래〉를 통해 문학 작품을 감상하는 네 가지 방법을 함께 살펴보자.

첫째, '반영론적 관점'이야. 문학은 당시 현실과 사람들의 삶, 그리고 생각을 그대로 비추어 보여 줘. 우리는 작품을 통해 시대 상황을 이해하는 데 초점을 두고 감상

↑ 영화 〈노량〉 포스터

할 수 있어. 〈칼의 노래〉의 시대적 배경은 임진왜란이 일어나던 시기야. 이순신은 신하들의 모략 때문에 1597년 2월에 한산에서 체포되어 옥고를 치렀어. 하지만 연이은 패전 끝에 결국 풀려난 이순신은 4월에 다시 전쟁에 참여했지. 그리고 그해 9월 명량해전에서 승리한 후 1598년 11월 노량해전에서 생을 마감했어.

당시 상황을 살펴볼게. 선조 임금은 무능력한 군주로 묘사되고 명나라 군사는 남의 나라에서 적당히 전공만 세우고 뇌물만 받아먹는 이기적인 인물로 묘사되고 있어. 조정의 신하들은 전쟁 중에도 추악한 권력 다툼을 계속하지. 또 작품은 병사들의 죽음을 사실적으로 묘사해서 전쟁의 잔인성을 폭로했어. 목이 잘려 허무하게 죽어 나가는 사람들이나 또 승진을 위해 시체의 목을 잘라 보관해서 전공을 세우려는 모습에는 인간의 탐욕이 적나라하게 드러나 있지.

> 여수 바닷가에서 목 잘린 조선 수군의 시신을 보면서 뼛속 심연에서 징징징, 칼이 울어대는 울음이 들리는 듯했다. (p.13)
>
> 나를 죽이면 나를 살릴 수 없기 때문에 임금은 나를 풀어 준 것 같았다. 그러므로 나를 살려 준 것은 결국은 적이었다. 살아서 나는 다시 나를 살려 준 적 앞으로 나아갔다. 세상은 뒤엉켜 있었다. (p.157)

둘째, '표현론적 관점'이야. 문학은 작가의 감정과 상황, 심리를 작품에 투영한 결과물이야. 현실에 상상력을 더해 사건을 재구성한 터라 작품에는 작가의 관점과 가치관이 반영될 수밖에 없지. 그러므로 작가에 대해 먼저 알아본 후 이를 작품과 연관 지어 감상하면 작가의 의도를 중심으로 작품을 깊이 감상할 수도 있어. 한 인터뷰에서 김훈 작가는 전쟁 직후 가난하게 살았던 어린 시절을 회상하며 〈칼의 노래〉를 창작했다고 언급했어. 언젠가는 이순신 장군의 이야기를 통해 '생명의 소중함과 전쟁의 고통'을 표현하겠다는 다짐을 했다고 말했지.

셋째, '효용론적 관점'이야. 독자는 작품을 읽으면서 어떤 감동이나 깨달음을 얻지. 독자가 느끼는 개인적인 반응을 중심으로 작품을 감상할 수 있어. 〈칼의 노래〉는 평화로운 현실을 살고 있는 우리에게 전쟁이 얼마나 비참하고 참혹한지 알려 주지. 또 인간이 얼마나 덧없는 존재인지를 일깨워 주면서 우리가 어떻게 살아야 할지 깊이 고민하게 만드는 작품이야.

　　마지막으로 '절대론적 관점'이야. 이는 작품을 외부 요소(시대, 작가, 독자)와 연결 짓지 않고, 그 자체로서 감상하는 유일한 방법이야. 〈칼의 노래〉는 이순신 장군의 회상을 통해 시간과 공간을 넘나드는 독특한 구조로 이뤄져 있어. 또 문체가 간결하고 묘사가 생생해서 시를 읽듯 리듬감을 느낄 수 있어. 일인칭 주인공 시점 덕분에 주인공의 감정과 생각을 독자가 구체적으로 알 수 있지. 덕분에 독자들은 이순신 장군에게 친밀감을 느끼며 공감하게 되는 거야. 무엇보다 〈칼의 노래〉는 상징적 표현이 돋보여. 여기서 '칼'은 단순히 베는 도구가 아니야. 책임, 결단, 두려움, 생존 그리고 자기 성찰을 상징하는 의미를 담고 있어. 정답은 하나가 아니지. 너라면 '칼'을 어떤 의미로 받아들였을지 생각해 보자.

> 나는 종을 시켜 칼을 갈았다. 시퍼런 칼은 구름 무늬로 어른거리면서 차가운 쇠 비린내를 풍겼다. 칼이 뜨거운 물건인지 차가운 물건이지를 나는 늘 분간하기 어려웠다. 나는 **칼**을 코에 대고 쇠 비린내를 몸속 깊이 빨아 넣었다. 이 세상을 다 버릴 수 있을 때까지 이 방책 없는 세상에서 살아 있으라고 **칼**은 말하는 것 같았다.
>
> (p.30)

　　문학을 감상하는 길은 한 방향이 아니야. 줄거리를 따라가며 문체나 인물의 마음을 살펴봐도 되고, 작가의 생각이나 시대 배경을 중심으로 읽어도 좋아. 네 삶에 작품을 대입해서 생각할 수도 있지. 무엇에 초점을 맞출지는 네 자유야.

1. 다음 글을 읽고 내용에 알맞게 ○안을 채워 보자.

> 문학을 감상하는 네 가지 방법에는 작품을 통해 시대 현실을 살펴보는 ○○론적 관점, 작가의 생애와 가치관에 초점을 두고 읽는 ○○론적 관점, 독자의 깨달음과 교훈에 초점을 두는 ○○론적 관점, 작품 자체에만 초점을 두는 ○○론적 관점이 있어.

2. 김훈 작가는 자신의 어린 시절 어떤 경험 때문에 〈칼의 노래〉를 쓰게 되었다고 했을까?

3. 다음 중 '효용론적 관점'으로 〈칼의 노래〉를 읽을 때 얻을 수 있는 깨달음으로 가장 알맞은 것은?
   ① 이순신 장군의 내면 심리를 사실적으로 알 수 있다.
   ② 전쟁의 참혹함과 인간 존재의 덧없음을 깨닫게 된다.
   ③ 작가의 어린 시절 경험이 작품에 반영되었음을 알 수 있다.
   ④ 작품 속 구조와 문체가 지닌 아름다움을 감상할 수 있다.
   ⑤ 조선 시대 신분제의 모순을 고발하는 것을 확인할 수 있다.

4. 〈칼의 노래〉에서 '칼'은 단순한 무기가 아니라 다양한 의미를 지닌 상징적인 소재야. 네가 생각하는 '칼'의 상징적 의미는 뭐야?

더 알고 싶어 119

📖 도서　▷ 영상　🔍 사이트

📖 『칼의 노래』 (김훈, 문학동네, 2014)
이순신 장군의 기록과 역사적 사실을 바탕으로, 전쟁 속에서 한 인물이 어떤 선택을 하고 어떤 책임을 감당했는지를 보여 주는 작품이야. 원하는 관점으로 자유롭게 감상해 보자.

▷ 영화 〈명량〉, 〈노량: 죽음의 바다〉
책에서는 이순신의 내면과 사고의 과정을, 영화에서는 해전의 전략과 상황을 입체적으로 확인할 수 있어 역사적인 이해가 더 깊어질 거야.

🔍 〈칼의 노래〉 작가 김훈을 만나다 (오마이뉴스)
김훈 작가의 인터뷰 전문을 읽으면, 표현론적 관점에서 〈칼의 노래〉를 더 구체적으로 감상할 수 있겠지?

목소리로 세상을 밝히는 아나운서

화려한 외모에 또렷한 말솜씨까지 갖춘 아나운서는 참 매력적이지. 최근에는 개인 SNS를 통해 자신만의 브랜드를 만들고 실시간으로 정보를 전하는 경우가 많아.

하는 일

아나운서는 지상파 혹은 케이블 등의 텔레비전이나 라디오에서 뉴스와 프로그램을 진행하는 사람이야. 프로그램 성격에 따라 앵커, 스포츠 캐스터, 기상 캐스터, MC, DJ 등 다양하게 불리지. 앵커는 뉴스를 진행하고 취재기자와 연결하며 특정 인물과 인터뷰를 해. 또 프로그램 MC는 회의에 참석해서 PD의 기획 의도를 파악하고 대본을 분석하면서 자료 조사도 하지. 라디오 DJ는 대본을 읽고 분석하고, 방송분을 녹음하거나 생방송을 진

행해. 다양한 기회와 자유로운 근무 환경을 위해 프리랜서를 선언하는 아나운서도 많아.

아나운서라는 직업의 장단점

장점은 매일 다른 사람들과 이야기할 수 있다는 점이야. 유명인을 인터뷰할 수도 있어. 또 부모님을 비롯한 주변 사람들이 좋아하시니 효도하기 좋은 직업이 아닐까? 단점이라면 아나운서도 회사원이라 정해진 시간에 얽매여야 하고 방송 중 돌발 상황이 발생하면 긴장을 피하기 어렵다는 거야. 바쁜 스케줄과 스트레스로 번 아웃이 오는 경우도 있어. 자기 관리가 정말 중요하지.

아나운서에게 필요한 자질

첫째, 카메라 테스트를 하니까 매력적인 외모는 물론 정확한 표준어 발음과 안정감 있는

목소리 톤이 중요해. 상황에 맞는 감정 표현도 필요하고 말이야.

둘째, 성실함은 기본이야. 돌발 상황에서 침착함을 유지하려면 재치 있게 말할 수 있는 순발력도 필요하지. 또 매번 새로운 촬영 현장에 적응하려면 변화를 즐길 줄 아는 유연한 마음과 체력도 필요해.

셋째, 프로그램을 진행하려면 주제에 대한 폭넓은 교양과 지식이 필요해. 그러니까 평소에 사회, 경제, 문화 등 다양한 분야에 대한 호기심이 있어야 해.

넷째, 중요한 것은 배려하고 협력할 줄 아는 성품이야. 방송은 여러 사람과 협업하는 일이고, 또 갑자기 누구와도 자연스럽게 대화할 수 있어야 하잖아.

아나운서가 되는 방법

전공 제한은 없지만 국어국문학과, 정보미디어학과, 방송연예과, 언론정보학과, 신문방송학과, 어문 계열 학과 등에서 기초 지식을 쌓는 게 좋아. 또 학창 시절에 방송 동아리 활동을 하면서 실무 경험을 쌓는 것도 필요하지. 각 방송사에서 운영하는 아카데미와 사설 학원에서 표준어 구사법, 발성법, 호흡법 등 내용을 전달하는 데 필요한 능력을 배워 두는 게 좋아. 보통 지상파 방송사는 연 1회 공개 채용을 하는데, '서류 전형-필기시험(교양, 논술)-카메라 및 음성테스트-면접' 등의 단계를 거쳐 선발하고 있어. 이때 한국어능력시험 성적과 토익, 토플, 텝스 등의 공인 영어시험 성적을 요구하기도 하지.

아나운서를 꿈꾸는 청소년을 위한 조언

아나운서는 입사 후에도 진행자로 캐스팅되기 위해 매번 평가를 받게 돼. 경쟁에 자주 노출되고 구설수에 휘말리게 될 때도 있지. 이를 이겨 내려면 자신의 강점을 알고 발전시켜서 타인에게 휘둘리지 않는 자신감과 평정심을 길러야 해. 평소에 재치 있고 논리적으로 말하는 습관을 들이고, 다양한 도전을 해야겠지.

더 알고 싶어 119

📖 『**아나운서 절대로 하지 마라**』 (유지수 외 4명, 흔들의자, 2020) 현직 아나운서 5인의 경험담을 통해 아나운서라는 직업의 화려한 면모 뒤에 가려진 고충, 현실적인 삶의 무게 그리고 실질적인 준비 노하우를 냉철하게 담아낸 안내서야.

📖 『**당연히 아나운서니까**』 (박세정, 씽크스마트, 2024) 아나운서 지망생과 후배들에게 냉철하고 잔인할 만큼 솔직한 현실과 구체적인 노하우를 담아 낸 '매운맛 Q&A 모음집이야.

📖 『**아나운서는 어때?**』 (윤지영, 토크쇼, 2023) 어린이와 청소년의 눈높이에 맞춰 아나운서가 하는 일, 필요한 자질 그리고 방송 현장의 생생한 이야기를 따뜻하고 친절하게 전달하는 직업 탐색 이야기야.

3부
국어 문해력을 위한
의사소통

일제강점기 친일 행위가 정당방위라고?

토론의 과정과 준비하는 방법

토의와 토론은 의견을 잘 듣고 자신의 생각을 논리적으로 말하는 소통 방식이야.
'토의'는 최선의 해결 방법을 찾기 위한 협력적인 말하기이고, '토론'은 서로 다른 주장을 펼쳐
상대를 설득하는 말하기지. 자, 토론 잘하는 법에 대해 알아볼까?

학습 키워드 #토론 #토의 #논제 #경청

교과 연계 중1 〉 국어 〉 토의에서 다양한 의견을 교환하여 대안을 마련하고 문제를 해결한다.
중3 〉 국어 〉 토론에서 반론을 고려하여 타당한 논증을 구성하고 논리적으로 반박한다.

찬반 토론에서는 찬성과 반대 팀을 구별해서 각각 주장을 말하고 마지막에는 배심원의 판결에 따라 승자와 패자를 가려. 그렇다면 토론을 잘하려면 어떻게 해야 할까? 자료를 조사해서 근거를 확보하고 상대 팀이 말할 때 귀 기울여 들으면서 반박할 수 있는 주장과 근거를 찾아내야 해. 가장 쉬운 토론이 말꼬리 잡기인 이유는 잘 듣지 않고 깊이 생각하지 않기 때문이야. 토론자는 잘 들은 후에 자신이 할 말을 정리하고, 논리적으로 주장을 펼쳐야 해. 결국 토론을 잘하는 열쇠는 다음 세 가지야.

- 타당하고 풍부한 근거 마련하기
- 상대의 주장에 집중해서 메모하며 듣기
- 상대의 논리적 허점을 공략하며 자신의 주장을 강화하기

이제부터 영화 〈말모이〉를 소재로 찬반 토론을 해 볼게. '말모이'는 말을 모으는 운동이자 조선어학회 학자들이 편찬하려고 했던 조선어 사전의 이름이야. 일제는 조선 민족의 정체성을 없애기 위해 우리말 사용을 금지하고 1942년에는 조선어학회 학자들을 감옥에 가뒀어. 영화 〈말모이〉는 이 사건을 배경으로 제작됐지. 영화를 본 후 가장 먼저 할 일은 '논제 정하기'야. 찬반 토론을 위한 논제는 다음 다섯 가지 요건을 갖춰야 해.

찬반 토론 논제의 요소

- 흥미로운 주제여야 한다.
- 찬성과 반대의 쟁점이 뚜렷해야 한다.
- 양측 주장을 뒷받침할 근거가 풍성해야 한다.
- 평서문으로 진술하기(의문형이 아닌, '−다'로 끝맺기)
- 긍정문으로 진술하기(논제가 찬성 팀의 주장이 되도록 하기)

〈말모이〉의 토론거리는 '지역 방언의 가치', '비속어의 효과와 필요성', '친일 행위에 대한 정당성' 등이 있어. 이 중에서 '친일 행위의 정당성'을 토론 주제로 골라서 논제를 "일제강점기 생명과 정의를 지키기 위한 친일 행위는 정당하다."로 했지. 논제를 정했다면 찬성과 반대 팀, 사회자를 뽑아야지? 또한 토론자들은 논제를 더 구체화한 쟁점을 두 문장 정도 상의해서 정해야 해. 위 논제를 구체화해서 정한 쟁점 두 가지는 다음과 같아.

1. 가족과 자신의 생명보다 소중한 것은 없다.
2. 친일 행위는 조선의 언어와 문화를 보존하기 위해 필요했다.

자, 이제 자료를 조사해야겠지? 영화 속 장면과 대사를 근거로 활용할 수 있어. 또 친일 행위를 다룬 신문 기사나 뉴스, 책, 전문가 의견 등을 살펴보며 논리적이고 객관적인 근거를 다양하게 모아야겠지? 다음과 같은 토론 개요서를 만들어서 준비하자.

논제	일제강점기 생명을 지키기 위한 친일 행위는 정당하다.			
용어 정의	친일 행위의 범위를 규정 (예) 창씨개명의 친일 행위 포함 여부 정하기			
쟁점	1. 가족과 자신의 생명보다 소중한 것은 없다. 2. 친일 행위는 조선의 언어와 문화를 보존하기 위해 필요했다.			
입장	찬성 팀		반대 팀	
쟁점 1	주장	가족과 자신의 생명이 가장 소중하다.	주장	공동체와 정의를 위해서는 희생을 감수해야 한다.
	근거	풍부한 근거 수집하기	근거	풍부한 근거 수집하기
쟁점 2	주장	독립 운동가의 부분적인 친일 행위는 자기 생명을 지키고, 말모이 사전을 만들기 위해 필요했다.	주장	친일 행위는 식민지 지배를 정당화해 결국 조선의 정체성을 해쳤다.
	근거	풍부한 근거 수집하기	근거	풍부한 근거 수집하기

토론 개요서를 작성하고 근거 자료를 충분히 모았다면 이제 '입론 → 반론 → 재반론 → 최종 결론' 순에 따라 토론을 하면 돼.

과정	순서	주의 사항
입론	찬성 팀 입론 후 반대 팀 반론	- 쟁점 1, 2에 대한 팀의 주장과 근거 말하기 - 상대 팀 발언에 대한 확인 질문만 가능함
반론	반대 팀 반론 후 찬성 팀 반론	- 상대 팀 입론에서 허점을 찾아 반론하기 - 각 팀별로 반론을 주장과 근거로 말하기
재반론	자유 토론	- 서로 질문하고 답변하기 - 발언 시간(3분)을 지키며 자유롭게 토론하기
최종 결론	반대 팀 최종 결론 후 찬성 팀	- 상대 팀 주장의 허점을 강조하기 - 쟁점1, 2에 대한 주장 강화하기 - 결론 후반부에 인상적인 표현을 사용하기

이렇게 직접 자료를 찾아서 말하고, 상대 의견을 논리적으로 반박하며 토론하다 보면 문제해결력, 즉 문해력이 쑤욱 올라갈 거야.

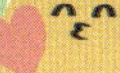

1. 다음 글을 읽고 내용에 알맞게 ○안을 채워 보자.

> ○○(은)는 최선의 해결 방법을 찾는 협력적인 말하기지만 ○○(은)는 서로 다른 주장을 펼쳐 상대방을 설득하는 말하기야.

2. '일제강점기 생명을 지키기 위한 친일 행위는 정당하다'라는 논제에서 찬성 팀의 쟁점으로 제시된 내용은 무엇일까?

① 친일 행위는 조선의 정체성을 해쳤다.
② 가족과 자신의 생명보다 소중한 것은 없다.
③ 친일 행위는 외세의 지배를 강화했다.
④ 공동체와 정의를 위해 희생을 감수해야 한다.
⑤ 친일 행위는 조선의 독립을 앞당겼다.

3. 토론을 잘하기 위해 필요한 세 가지 방법을 빈칸에 알맞게 채워 보자.

> 1) ________________ 근거 마련하기
> 2) 상대의 주장에 집중하며 ______________하기
> 3) 상대의 논리적 ______________(을)를 공략하며 자신의 주장 강화하기

4. '일제강점기에 생명을 지키기 위한 친일 행위는 정당하다.'는 논제로 찬성과 반대 팀을 정하고 각각의 근거를 조사하여 친구와 토론을 해 보자.

힌트 본문의 토론 개요서를 참고하여 근거를 수집해 보자.

더 알고 싶어 119

📖 도서　▷ 영상　🔍 사이트

📖 『**청소년을 위한 나의 첫 토론 수업**』(홍진아, 슬로디미디어, 2024)
　우리 사회의 뜨거운 이슈를 중심으로, 청소년들이 비판적 사고와 논리적인 말하기 능력을 기를 수 있도록 디베이트의 모든 것을 담아 낸 실질적인 토론 지침서야.

▷ **영화 〈말모이〉**
　"말이 곧 민족의 정신이다!" 일제강점기, 우리말 사용이 금지된 암울한 시대에 까막눈이었던 평범한 사람과 조선어학회 지식인이 힘을 모아 목숨을 걸고 우리말 사전을 완성하려 했던 감동 실화를 그린 영화야.

▷ **우리들의 민주주의 (국회방송)** 청소년의 눈높이에 맞는 주제를 가지고 토론 과정을 생생하게 보여 줘. 정치 참여와 비판적 사고의 중요성을 느낄 수 있어.

어쩌면 말보다 훨씬 강력한 이것

비언어적 표현과 준언어적 표현

우리는 언어로 생각과 감정을 주고받지. 하지만 대화할 땐 비언어적 표현과 준언어적 표현이 더 중요해. 말로는 상대를 속일 수 있지만 표정과 눈빛까지 연기하는 것은 어려운 일이니까. 이들의 특징을 역사적인 사건을 곁들여서 살펴볼게.

학습 키워드 #비언어적표현 #준언어적표현
교과 연계 초4 〉 국어 〉 상황에 적절한 준언어·비언어적 표현을 활용하여 듣고 말한다.

'비언어적 표현'은 말이나 목소리가 아닌 시선이나 손짓, 몸짓, 표정, 의상처럼 의미를 전달하는 요소를 뜻해. 이것들은 생각이나 감정을 더욱 또렷하게 전달하는 역할을 하지. 누군가가 슬픈 이야기를 할 때, 참담한 표정으로 눈물을 흘리면 감정이입이 훨씬 잘 되잖아. 비언어적 표현은 감정 전달뿐 아니라 사람 사이의 신뢰를 형성하는 중요한 역할도 해.

'준언어적 표현'은 언어와 관련 있지만 음성 자체가 아닌 목소리 톤이나 속도, 강약, 성량(음성의 크기) 그리고 발음 등을 뜻해. 목소리 톤이나 속도에 따라 그 의미가 달라지는 경우가 있어. "정말 잘했어!"를 기쁜 톤으로 말하면 칭찬과 격려가 되지만, 비꼬듯 말하면 상대를 비난하는 말로 들리지. 이렇게 준언어적 표현도 감정을 더욱 뚜렷하게 드러내는 역할을 해. 슬픈 이야기를 할 때 보통 목소리가 떨리거나 톤이 낮아지지. 희망을 말할 때는 따뜻하고 부드러운 톤으로, 분노와 결단력을 요구하는 부분에서는 강하고 힘찬 어조를 사용해야 해. 또 중요한 순간에는 목소리를 크게 높이거나 힘을 주면서 강조하고, 속도를 느리게 조절하면 청중의 관심을 끌 수 있지. 크고 천천히 말하면 그만큼 말에 힘이 실리기 때문이야. 그렇다면 역사적으로는 언제 비언어적 표현이나 준언어적 표현이 효과적으로 쓰였을까?

체코슬로바키아의 프라하의 봄

1968년, 사회주의 국가인 체코슬로바키아에 민주화 바람이 불었어. 정부를 비판할 수 있게 되고, 시장 경제를 조금씩 받아들이며 서유럽과도 교류할 수 있었지. 또 정부의 언론 통제까지 금지되기 시작했어. 하지만 소련은 무력으로 이런 상황을 막아 체코슬로바

⬆ 바츨라프 광장에서 무력 시위를 하는 청년들

키아를 강력한 공산국가로 만들려고 했어. 그래서 소련 탱크들이 프라하 시내로 대거 진입했다고 해. 소련은 당시 대통령이던 '둡체크'를 끌어내리고 '후삭'이라는 공산주의자를 지도자로 앉혔어. 이때 시위대는 비폭력으로 저항 의지를 드러냈지. 시위 중에는 손을 들어 평화의 제스처를 취했고, 깃발을 조용히 흔들며 비언어적 표현으로 군사적 억압에 맞섰던 거야. 또 구호를 외칠 때는 중요한 부분에서 목소리를 더욱 높여 저항의 뜻을 분명히 보여 주었어. 비록 이 저항은 실패로 끝났지만 그들의

민주화를 향한 열망은 세계인을 감동시켰고 지금까지도 많은 이들의 기억 속에 남아 있어.

인도의 비폭력 저항 운동

↑ 비폭력 저항 운동을 주도했던 간디

간디가 주도했던 비폭력 저항 운동도 비언어적 표현과 준언어적 표현의 힘을 잘 보여 주는 역사적 사례야. 인도는 20세기 초 영국 식민지 통치에 맞서 독립운동을 벌였어. 간디는 '사티야그라하(진리를 찾기 위한 노력)'라는 이름으로 '비폭력적인 저항'을 실천했어. 그는 평화적 저항을 상징하기 위해 간단하고 수수한 면직물 의상을 입었지. 또 그의 추종자들은 손을 모은 채 조용히 단합해서 행동하며 저항의 뜻을 드러냈어. 무엇보다 대규모 행진을 통해 강력한 독립 의지를 보여 주었지. 또 간디는 연설할 때도 늘 부드럽고 차분한 톤으로 말했어. 그의 느리고 명확한 말은 청중이 깊이 생각하게 만들었고, 설득력을 더했지. 이런 비폭력적이고 온화한 방식은 전 세계 인권 운동에 큰 영향을 끼쳤고, 결국 인도의 독립을 이끄는 데 중요한 힘이 되었어.

1. 다음 글을 읽고 내용에 알맞게 ○안을 채워 보자.

> ○○○○ 표현은 말을 할 때 언어나 음성 외에 의미를 전달하는 요소로 시선, 손짓, 몸짓, 표정, 의상 등이 있어. 또 ○○○○ 표현은 언어와 관련 있지만 음성 자체가 아닌 목소리 톤이나 속도, 강약, 성량 그리고 발음 등을 말해.

2. 1968년 체코슬로바키아의 프라하의 봄에서 시위대는 어떤 방식으로 저항 의지를 표현했을까?

3. 간디가 실천한 비폭력 저항 운동의 이름은 무엇일까?

4. 여러분이 회장 선거에 나간다면 비언어적 표현과 준언어적 표현을 어떻게 활용할지 생각해 보자.

더 알고 싶어 119

📖 도서　▷ 영상　🔍 사이트

▷ **체코슬로바키아 이야기 (함께하는 세계사)**
냉전 시대, 소련의 압제 속에서 체코슬로바키아가 피워 낸 '민주화의 열망' 즉 '프라하의 봄'이 무엇인지 알 수 있어. 영상에서 비언어적 표현과 반언어적 표현도 확인해 보자.

▷ **간디의 비폭력 저항 운동 (벌거벗은 세계사, tvN Joy)**
인도의 정신적 지주인 마하트마 간디를 파헤친 영상으로 영국의 수탈에 맞선 독립의 과정과 그 이면에 숨겨진 간디의 인간적인 고뇌까지 알 수 있어.

설명 방법을 잘 활용하면 나도 달변가

다양한 설명 방법을 활용한 말하기 연습

어떤 대상이나 상황을 설명할 때 듣는 사람이 공감하고 잘 이해할 수 있게 말하는 사람을 '달변가'라고 해. 다음에 설명하는 일곱 가지 방법을 연습하면, 우리도 충분히 달변가가 될 수 있어.

학습 키워드　#정의　#예시　#비교　#대조　#인과　#분석　#분류
교과 연계　중2 〉국어 〉대상의 특성에 적합한 설명 방법을 활용하여 글을 쓴다.

말을 잘하려면 설명을 잘하는 기술이 필요해. '정의, 예시, 비교, 대조, 인과, 분석, 분류' 같은 설명 방법을 알아보고 이를 활용해서 말해 보자. 대화 주제는 '강아지 입양'이야. 다양한 설명 방법을 활용해서 부모님께 강아지를 키우자고 설득해 보는 거야.

정의　어떤 대상의 뜻을 분명하게 밝히는 설명 방법이야. 듣는 사람이 그 대상에 대한 기본 지식을 알 수 있도록 도와주고, 내용을 더 명확하게 이해하게 해 주지.

엄마 아빠! 강아지는 사람과 오랫동안 함께 살아서 충성스럽고 사랑스러운 반려동물이에요. 조금만 길들이면 우리 가족에게 많은 기쁨을 안겨 줄 거예요.

예시 대상과 관련된 구체적인 사례를 제시하는 설명 방법이야. 추상적인 개념을 구체적으로 설명해서 선명하게 이해하도록 도와줘.

강아지는 품종이 다양해요. 골든 리트리버는 친근하고 충성심이 강해요. 도둑이 들어오면 우렁차게 짖을 테니까 혼자 있어도 안심이고요. 요즘은 비숑 프리제가 인기 많더라고요. 곱슬거리는 털도 매력적이지만 성격이 온화하고 장난기도 있어서 엄마를 많이 웃게 할 거예요. 말티즈는 체구가 작고 귀여운 종이에요.

비교 두 대상을 견주어서 공통점을 밝히며 설명하는 방법이야. 대상의 특징을 보다 잘 이해하도록 도와줘.

아파트에서 키우기 좋은 소형견 비숑 프리제와 말티즈를 비교해 볼게요. 둘 다 사람을 좋아하고 애정이 많죠. 긴 털을 지닌 장모종은 털 빠짐이 적지만 털이 잘 엉키기 때문에 빗질을 자주 해 줘야 한대요. 그건 제가 충분히 할 수 있어요.

대조 두 대상의 차이점을 밝혀서 설명하는 방법이야. 각자의 독특한 특성을 정확히 알 수 있어.

말티푸도 귀엽다고요? 그럼 이번에는 비숑과 말티푸를 대조해 볼게요. 말티푸는 말티즈와 푸들이 믹스된 품종이에요. 반면에 비숑은 순종이죠. 믹스견은 다양한 유전자를 갖고 있어서 질병에 대한 저항력이 높대요. 하지만 모견이 건강하면 믹스와 순종의 차이는 없대요.

인과 원인과 결과를 말해서 논리적으로 상대를 설득하는 방법이야.

강아지를 키우면 좋은 점이 많아요. 먼저 무조건적으로 애정을 주기 때문에 저의 학업 스트레스가 사라질 거예요. 강아지를 생각하면 학교에서도 힘이 날 거예요. 또 강아지를 산책시키면 자연스럽게 신체 활동이 늘어나요. 제가 아침마다 산책시키고 나간 김에 줄넘기도 하고 올게요. 키도 크고 체력도 길러지겠죠?

분석 하나의 대상을 몇 개의 구성 요소로 나누어 설명하는 방법이야. 대상을 깊이 탐구하고 다양한 측면을 고려해서 선택하도록 돕지.

강아지들은 반갑거나 흥분했을 때 꼬리를 흔들어요. 또 강아지는 싫거나 불안할 때, 모르는 사람을 경계할 때, 관심을 끌고 싶을 때 왈왈 짖어요. 강아지가 만약 배를 보여 준다면 상대편을 신뢰하고 복종한다는 뜻이에요. 안전하다고 느낄 때 이런 행동을 하죠. 마지막으로 강아지들은 산책하거나 장난감을 씹으면서 스트레스를 해소해요. 제가 이렇게 강아지에 관심이 많아요. 잘 키울 자신 있어요!

분류 다양한 대상들을 일정한 기준에 따라 묶어서 설명하는 방법이야. 복잡한 내용을 쉽게 정리해 주지.

이 중에서 가장 마음에 드는 강아지를 고르시면 돼요. 먼저 크기에 따라 소형견인 말티즈와 말티푸, 비숑 프리제가 있어요. 중형 견 중에는 코카 스패니얼과 보더콜리가 똑똑하고 성격이 좋죠. 대형 견이어도 골든 리트리버는 온순하니까 아파트에서 키우는 사람도 많더라고요. 품종은 나중에 정하시고, 소형과 중형, 대형 견 중에서 먼저 골라 주세요!

어때? 부모님이 얼떨결에 "소형견이 좋겠네."라고 말하셨다면 이제 거의 고지에 다다른 거야. 그런데 강아지를 입양하면 진짜 산책시키고, 줄넘기도 하고 빗질도 해 줄 수 있어?

1. 다음 중 설명 방법과 그 예시가 바르게 짝지어지지 않은 것은?

① 정의 - "강아지는 사람과 오래 함께 살아온 충성스럽고 사랑스러운 반려동물이에요."

② 예시 - "골든 리트리버는 충성심이 강하고, 비숑은 성격이 온화한 품종이에요."

③ 비교 - "비숑은 순종이고, 말티푸는 말티즈와 푸들의 믹스종이에요."

④ 인과 - "강아지를 산책시키면 신체 활동이 늘어나서 체력도 기를 수 있어요."

⑤ 분류 - "강아지는 소형견, 중형견, 대형견으로 나눌 수 있어요."

2. 다음에서 알 수 있는 공통적인 설명 방법은 무엇일까?

> · 여름은 덥고 햇볕이 강한 반면, 겨울은 춥고 눈이 오는 계절입니다.
> · K-팝은 글로벌 시장을 겨냥한 전략을 갖고 있는 반면, J-팝은 일본 내수 시장에 더 중점을 두고 있습니다.

3. 다음 설명 방법이 무엇인지 이유를 들어 설명해 보자.

> K-팝의 글로벌 인기는 SNS와 유튜브 등의 플랫폼 덕분에 급격히 증가했으며, 이는 한국 문화에 대한 관심을 더욱 확대시켰습니다.

더 알고 싶어 119

📑 도서   ▷ 영상   🔍 사이트

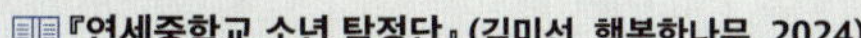

📑 『연세중학교 소년 탐정단』 (김미선, 행복한나무, 2024)
시골 중학교에 전학 온 주인공 강산이가 우연히 '소년 탐정단'에 합류하여 학교에서 벌어지는 소소한 사건들을 추리하면서 논리적인 사고력과 진정한 우정을 깨닫게 되는 성장 추리 소설이야.

📑 『세계를 설득한 반기문 리더십』 (유한준, 북스타, 2012)
반기문 총장님은 전임 사무총장들과 달리 강한 카리스마나 목소리를 내세우기보다, 끈기 있고 조용한 방식으로 각국 정상들을 설득하고 합의를 이끌어 냈어. 그의 화법을 배우면 좋겠지?

삼천포로 빠지지 않게
내비게이션을 켜세요

글쓰기의 기본 원칙 '통일성'

좋은 글을 쓰기 위해 지켜야 할 기본 원칙은 단연 통일성이야. 글짓기 대회나 논술 시험지를 채점할 때 글의 통일성은 절대 빠지지 않는 평가 원칙이지. 가끔 인터넷에 올라온 글을 읽다 보면 이야기가 샛길로 빠져서 당황했던 적 있지? 그러니까 통일성은 독자를 대하는 기본 예의라니까.

학습 키워드 #통일성 #다사다난
교과 연계 초6 〉 국어 〉 쓰기 과정을 점검·조정하며 글을 쓰고 글 전체를 대상으로 통일성 있게 고쳐 쓴다.

글이 한쪽으로 새거나 삼천포로 빠지면 독자가 글의 내용을 정리하기 힘들어. 통일성을 지키려면 어떻게 해야 할까?

제목: 나의 하루

오늘 아침 학교에 왔는데 친구들과 농구를 하다가 발을 다쳤어. 발이 아파서 수업에 집중이 안 됐어. 수학 수업 때 새로 배운 단원 평가 문제가 어려워서 낑낑대며 풀었지. 다행히 수학 선생님이 답이 틀린 이유를 자세하게 가르쳐 주셨어. 수학이 갈수록 더 재미있어졌어. 점심시간에 피구를 하려다가 우리 반 친구 네 명이 말다툼을 해서 선생님이 말려 줬어. 오늘 하교할 때 비가 오는데 우산을 깜빡 잊어서 당황했어. 저녁에 집에 와서 동생과 보드게임을 했어. 두 판을 했는데 한 번은 동생이 이기고, 다음 판에는 다행히 내가 이겼어. 동생의 게임 실력이 점점 늘고 있네.

글에 중심 내용이 너무 많지? 통일성을 갖춘 글로 고쳐 보자. 첫 번째, 다양한 이야기 중 하나만 선택해서 집중해야 해. 첫 문장인 '학교에서 농구하다가 발을 다쳤다.'를 중심 문장으로 정할까? 그러면 농구하던 상황과 발을 다친 과정, 얼마나 다쳤는지를 설명할 수 있어. 또 하교 후에 병원에 간 이야기, 회복 과정에서 느낀 점을 쓸 수도 있지. 이 글을 읽은 독자는 다친 상황을 간접 경험하면서 부상 시 대처법을 배우고 상황에 공감할 수도 있어.

두 번째, 만약 위 내용들을 다 넣고 싶다면, 모든 내용을 포괄하는 주제를 하나 정하면 돼. 하루 동안 사건 사고가 많았으니까 주제 문장을 "오늘은 많은 사건이 일어나서 하루 종일 긴장됐다."라고 정하는 거지. 첫 문장에 이 말을 넣고 마지막 문장에 하루를 보낸 느낌과 소감을 쓰면 돼. 많은 사건이 있었지만 집에서 편하게 쉬니까 진정이 됐다든지, 유난히 긴 하루였지만 고난 끝에 얻은 깨달음이 있었다고 설명하면 돼. 나열된 사건을 한 문장으로만 쓰지 않고 두세 문장으로 더 구체적으로 표현해야 내용이 명확해질 거야. 제목도 주제와 관련 있는 걸로 바꾸면 더 읽을 만한 글이 되겠지?

제목: 다사다난했던 오늘 하루

오늘은 온종일 많은 사건이 있어서 긴장한 하루였다. 아침에 친구들과 친구들과 농구를 하다가 발을 다쳤다. 회진이가 넘겨준 공을 받아서 점프하며 골인하려는 순간, 민수의 발에 걸려 넘어지고 말았다. 무릎에서 피가 났다. 보건실에서 소독약을 발랐지만 상처가 자꾸 따끔거려서 수업에 집중하기 힘들었다.
수학 단원 평가 문제가 어려웠다. 10분 동안 낑낑대며 풀었지만 결국 틀리고 말았다. 다행히 수학 선생님이 오시더니 답이 틀린 이유를 자세하게 가르쳐 주셨다. 친절한 선생님 덕분에 수학이 날로 재밌어져서 다행이다.

점심시간에는 피구를 하려다가 우리 반 친구 네 명이 말다툼을 했다. 공에 발이 맞았다고 주장하는 아이들과 간신히 피했다는 아이들이 맞붙었다. 다행히 체육 선생님이 와서 말려 주셨다. **우리 반은** 승부욕 강한 아이들이 많아서 게임만 하면, 매번 말다툼이 생기니까 머리가 아프다.

하교할 때는 비가 갑자기 쏟아졌다. 우산 챙기라는 엄마의 말을 깜빡 잊고 말았다. 할 수 없이 가방을 머리에 올려 놓고 냅다 뛰었다. 빗줄기가 가늘어져서 다행이었지만 아침에 다쳤던 상처에 빗물이 닿아서 쓰라리고 아팠다. 유비무환, 즉 미리 준비하면 걱정할 것이 없다는 말을 실감한 순간이었다.

저녁에 집에 와서 동생과 보드게임을 했다. 두 판을 했는데, 한 번은 동생이 이기고, 다음 판은 내가 이겼다. 동생은 **드디어** 나를 이겼다며 좋아했다. 동생의 게임 실력이 점점 늘어가니 나도 긴장이 된다.

이 많은 일을 하루 동안에 다 겪었다니 쓰고도 믿어지지 않는다. 푹신한 침대에 누웠더니 잠이 쏟아질 것 같다. 코를 얼마나 크게 골까? 옆 침대에서 자는 동생에게 미안한 일이지만 어쩔 수 없다. 유난히 다사다난했던 하루여, 굿 바이!

한 문장으로 쓴 내용을 구체적으로 풀어 쓰고, 제목도 주제에 맞게 고쳤지? 다양한 색깔의 구슬이 모여 화려한 목걸이로 변했어.

마지막으로 글에 통일성을 갖추려면 주제와 관련 없는 문장은 과감히 지워야 해. 통일성은 모든 글과 말에서 갖춰야 할 가장 기본 원칙이야. 통일성을 갖추기 위한 다음 세 가지 원칙을 꼭 기억하도록 하자.

통일성을 갖추기 위한 세 가지 원칙

1. 하나의 주제를 선택해서 구체적으로 글을 쓴다.
2. 이미 많은 문장을 썼다면, 모든 내용을 포괄하는 하나의 주제를 정한다.
3. 주제와 관련 없는 문장은 과감하게 지운다.

1. 다음은 글의 통일성을 갖추기 위한 세 가지 원칙이야. 빈칸에 공통된 말을 써 보자.

> • 하나의 __________ (을)를 선택해서 구체적으로 글을 쓴다.
> • 이미 많은 문장을 썼다면, 모든 내용을 포괄하는 하나의 ________ (을)를 정한다.
> • __________ (와)과 관련 없는 문장은 과감히 지운다.

● 다음 글을 읽고 물음에 답해 보자.

> 지난 주말에 아빠, 엄마, 동생과 가족 캠핑을 갔다. 유명산 휴양림은 풍광이 아름다웠다. 특히 수목원에는 갖가지 꽃이 많아서 향기로웠다. 그야말로 아름다운 풍경에 입이 떡 벌어졌다. 목살과 삼겹살을 구워서 밥을 먹었다. 타지 않고, 알맞게 구워진 고기에는 육즙이 가득했다. 아빠는 장작불에 마시멜로와 고구마를 구워 주셨다. 역시 캠핑장의 최고 요리사는 아빠다. 씻고 나오면서 엄마와 밤하늘의 별을 봤다. 도시에서는 볼 수 없었던 풍경에 즐겁고 설렛다. 9월에 태어난 나의 수호별은 스피카이다. 별자리 앱을 켜고 하늘에 비춰 스피카를 찾기 시작했다. 서쪽에서 가장 빛나는 별 하나를 찾을 수 있었다. 예전에 제주도 천문대에서 망원경으로 별을 관찰했는데, 그때는 별똥별도 볼 수 있었다. 도시에선 경험할 수 없는 추억을 만들어 내는 캠핑이 나는 참 좋다.

2. 이 글에서 통일성을 가장 해치는 문장 하나를 찾아서 삭제해 보자.

---

3. 통일성을 고려해서 이 글의 제목을 붙여 보자.

더 알고 싶어 119

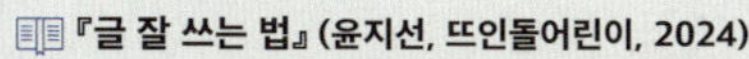

📖 『글 잘 쓰는 법』 (윤지선, 뜨인돌어린이, 2024)
  이 책은 아무리 좋은 내용도 주제를 벗어나면 안 된다는 글의 기본 원칙을 강조하며, 논리적이고 일관성 있는 글을 쓰는 방법을 쉽고 재미있게 알려 줘.

▷ 중학교 1학년 국어_통일성을 갖춘 글쓰기 (응용교육측정평가연구소)
  "글짓기 대회와 논술 시험의 기본 평가 원칙인 '통일성!' 이 영상은 좋은 글이 갖춰야 할 핵심 요소인 통일성의 개념을 중학생 눈높이에 맞게 설명해 줘.

나도 믿을 수 있고
설득력 있는 글을 쓰고 싶어

타당성과 신뢰성을 갖춘 글쓰기

설명문과 논설문, 건의문과 같은 실용문을 잘 쓰려면 어떻게 해야 할까?

시, 소설 같은 문학적인 글은 세심한 감성이나 독특한 표현력이 중요하지만 실용문은 감정적이거나 거짓을 사실로 꾸며서 쓰면 안 돼. 잘 쓴 실용문은 '믿을 수 있고, 설득 잘하는 글'이기 때문이야.

학습 키워드　#통일성 #타당성 #신뢰성

교과 연계　중2 〉 국어 〉 복합 양식으로 구성된 글이나 자료의 내용 타당성과 신뢰성, 표현 방법의 적절성을 평가하며 읽는다.

실용문을 잘 쓰려면 다음 세 가지 원칙을 꼭 지켜야 해.

통일성: '하나의 주제를 일관되게 말하는가?', 주제의 일관성

예시　여행 일기를 쓸 때, 제주도 여행기를 쓰다가 갑자기 미국 여행기로 바꾸면 안 돼.

타당성: '근거가 있고 그것이 주장과 밀접하게 관련돼 있는가?', 근거의 타당성

예시　'환경 보호를 위해 노력하자.'는 주장을 위한 근거로 '분리수거를 한다.'는 타당성이 있지만, '일회용품을 사용한다.'는 타당성이 낮은 근거야.

신뢰성: '내용이 진실하고 믿을만한가?', 정보(자료)의 객관성, 정확성, 전문성

예시　인공지능 기술을 예측하는 글에, 그 분야 전문가의 말을 인용하면 훨씬 믿을 수 있어.

앞에서 이야기한 '통일성'은 모든 글이 갖춰야 할 요소야. 어떤 글이든 주제가 하나로 통일돼 있어야 독자가 내용을 이해하기 쉽거든. 실용문은 '타당성'과 '신뢰성'도 중요해. 그래야 '정보 전달이나 설득'이라는 글의 목적을 이룰 수 있어.

타당성을 확보하려면 주장할 때 '왜냐하면'에 해당하는 근거를 붙여서 말해야 해. 사실 우리는 일상생활에서 자주 근거를 들어 말하곤 해. 부모님이 "국이 식잖아. 얼른 와서 밥 먹어", "밤 12시네. 내일 일찍 일어나려면 피곤하니까 이제 그만 들어가서 자자." 이런 말 모두 근거를 들어서 설득하는 말이야. 근거를 들면 다른 사람의 공감과 이해를 얻을 수 있지.

근거를 든다고 타당성이 바로 생기는 건 아냐. 근거는 주장(주제)과 관련이 깊어야 해. 예를 들어 "화장품이 청소년의 피부 건강을 해치지 않는다."는 주장을 뒷받침하는 근거로 고가의 명품 브랜드 화장품의 성분을 분석한 근거를 제시하면 청소년이 그런 화장품을 사용하는 경우는 드물기 때문에 타당성이 떨어져. 또 개인 블로그 안에 있는 자료를 무작정 긁어 와서 근거를 작성했다면 자료의 객관성과 정확성, 전문성이 떨어지기 때문에 신뢰하기 어렵겠지.

그렇다면 신뢰할 수 있는 타당한 근거는 어디에서 찾아야 할까? 먼저 온라인 신문사에서 관련 기사를 검색해 보는 게 좋아. 혹은 공공기관이나 공식 단체의 홈페이지에서도 자료를 찾을 수 있지. 가장 좋은 방법은 도서관에서 관련 주제의 책을 찾는 거야. 책 속에는 작가가 검증하고 종합한 믿을만한 자료가 많거든. 또 직접 관련된 사람을 찾아가서 인터뷰하거나 공식 논문과 연구 자료에서 근거를 확보할 수도 있어. 요즘은 AI 프로그램을 활용하는 경우도 많아. 다만 AI가 알려 준 내용은 그대로 쓰지 말고, 출처를 확인하고 검증한 뒤 자기 말로 재구성해야 해.

출처를 밝히면 정보가 정확하고 신뢰할 수 있다는 믿음을 주니까 출처도 꼭 밝히고 말이야. 출처를 밝혀서 쓰면 표절을 방지하고 정직한 글을쓸 수 있어.

자료를 성실하게 찾다 보면 글쓰기의 방향이 어느 정도 잡힐 거야. 아는 만큼 보이고 생각한 만큼 글의 깊이도 달라지기 때문이지. 어떤 책의 가치는 작가가 몇 권의 책을 읽었느냐와도 관련이 깊어. 객관적이고 다양한 자료를 활용한 글은 내용이 풍부하고 전문적이어서 읽을 만한 가치가 있거든. 읽을만한 글, 누군가를 설득할 수 있는 믿을만한 글을 쓰고 싶다면 충분한 자료 조사가 필수야. 글쓰기 자신감을 셀프 충전하는 일인 셈이지.

1. 다음 글을 읽고 내용에 알맞게 빈 칸을 채워 보자.

_________(을)를 확보하려면 주장할 때 '왜냐하면'에 해당하는 근거를 붙여서 말해야 해. 또 자료의 객관성과 정확성, 전문성은 글의 _________(와)과 관련이 깊어.

2. 다음 중 타당성이 낮은 근거는 무엇일까?

① 독서는 사고력을 키운다. 책을 읽으며 새로운 관점을 접할 수 있기 때문이다.
② 운동은 건강에 좋다. 규칙적인 운동은 체력과 면역력을 높여 주기 때문이다.
③ 환경 보호는 중요하다. 나무를 심으면 탄소를 줄이고 공기를 맑게 할 수 있기 때문이다.
④ 시험 성적은 노력이 필요하다. 운이 좋으면 성적이 잘 나오기 때문이다.
⑤ 규칙적인 수면 습관은 중요하다. 충분한 수면은 기억력과 집중력을 높여 학습 효율을 향상시키기 때문이다.

3. 다음 중 신뢰성이 낮은 근거는 무엇일까?

① 청소년의 수면 부족은 학업 성취에 악영향을 준다.—대한수면의학회 보고서(2022)
② 스마트폰 과다 사용은 집중력 저하를 일으킨다.—한국청소년정책연구원 조사 결과
③ 운동을 꾸준히 하면 스트레스가 완화된다.—보건복지부 건강 통계 자료
④ 비타민 음료를 매일 마시면 머리가 좋아진다.—개인 블로그 후기
⑤ 청소년 자원봉사는 시민 의식을 향상시킨다.—행정안전부의 자원봉사 효과 분석

4. 인공지능 기반 도구(예: ChatGPT, Wrtn, Google Gemini 등)를 활용할 때 반드시 지켜야 할 태도는 무엇일까?

 **더 알고 싶어 119**　　　　📖 도서　▷ 영상　🔍 사이트

📖 『1일 1주제 9분 만에 끝내는 글쓰기』(이윤정, 초록비공방, 2025)
　하루에 딱 9분, 마음을 집중해서 글을 쓰다보면 생각이 정리되고, 글쓰기 실력도 쑥쑥 자랄 거야.

▷ 주장하는 글을 읽고 내용의 타당성을 판단해 봅시다 (국가기초학력지원센터)
　글쓴이의 주장, 근거, 자료가 정확하고 믿을만한지 따져 보는 비판적 읽기 전략을 단계별로 알려 줘서 논술 능력을 키워 줄 거야.

글쓰기가 쉬워지는
갈래별 레시피 1

감상문, 기행문의 체계와 내용 요소

감상문과 기행문은 의미 없는 숙제가 아니야. 감상문을 쓰면 주인공의 감정을 내 삶과 연결할 수 있고 여행을 기록하면 그때의 설렘이 되살아나지.
결국 내가 성장하는 순간을 남기는 일기장 같은 거야. 그럼, 어떻게 써야 할까?

학습 키워드 #체계성 #개요 #감상문 #기행문
교과 연계 중1 〉 국어 〉 자신의 삶과 경험을 바탕으로 정서를 진솔하게 표현하는 글을 쓴다.

체계성은 글을 정리하고 구성하는 일정한 틀을 말해. 구조가 안정적이면 독자는 글을 자연스럽게 이해할 수 있지. 대부분의 글은 '처음, 중간, 끝' 또는 '서론, 본론, 결론'의 3단 구성이나 '기, 승, 전, 결'이라는 4단 구성으로 이루어져 있어. 또 소설은 '발단, 전개, 위기, 절정, 결말'의 5단 구성이야. 소설에서는 의도적으로 시간의 흐름을 바꾸는 경우가 있지만 대부분 발단에서 인물과 배경을 소개하고 사건의 실마리가 등장하지. 그렇게 사건이 전개되다가 절정 후반부와 결말에서 갈등이 점차 해소돼. 만약 소설 초반부터 사건이 급박하게 전개된다면 독자는 당황스러울 테고 스토리를 제대로 이해하기 어려울 거야.

체계적으로 글을 쓰려면 '개요표'를 작성해야 해. 개요는 글의 뼈대로서 글을 쓰기 전에 어떤 내용과 순서로 쓸지를 간략하게 정리한 거야.

이렇게 하면 글의 흐름이 논리적으로 자연스러워지고, 주제도 깊이 있게 다룰 수 있어. 불필요한 내용이 포함되지 않아서 핵심을 잘 전달할 수도 있지.

글쓰기는 요리와 비슷해. 각각의 재료가 순서대로 들어가서 제 역할을 해야 요리가 맛있겠지? 글쓰기도 갈래별로 들어갈 내용과 체계를 알고 있으면 더 알찬 글을 쓸 수 있어. 갈래별 개요표를 보면서 글쓰기의 재미를 느껴 보자.

감상문 책을 읽거나 영화나 연극을 본 후 자신의 느낌과 생각을 적은 글이야. 독서 감상문은 책을 읽은 느낌과 감상이 독특하고 선명하게 드러나야 좋은 글이지.

독서 감상문 개요표 예시

처음	제목(작가, 출판사)	『까칠한 재석이가 달라졌다』(고정욱, 애플북스, 2022)
처음	책을 읽은 이유	· 국어 시간에 독서 토론을 하기 위해 고름 · '외모 지상주의'의 문제점에 대해 더 알고 싶어서 읽음
중간	줄거리	· 한 문단 정도로 간단하게 요약하기
중간	기억에 남는 내용과 그 이유	1. 가수는 사람들을 위로하고 희망을 주는 사람이라는 부라퀴 할아버지의 조언: 인기만을 얻기 위해 아이돌을 꿈꾸는 많은 친구들에게 알려 주고 싶음. 2. 노력 없이 쉽게 없어지는 것은 없다는 재석의 깨달음: 힘들게 노력했을 때 원하는 것을 얻었던 경험이 생각남.
중간	독후 질문 만들기	'지금 하고 싶은 일을 하면 미래에 하고 싶은 일을 할 수 없다.'와 관련, '지금은 하기 싫지만 더 노력해야 하는 일은 무엇인가?'
끝	소감 및 감상평	· 꿈을 이루려면 요행을 바라지 않고, 매일 노력하는 게 중요함. · 자기다움, 즉 자기 개성을 찾고 이를 계발하는 것이 중요함. · 내 고유의 아름다움과 개성은 무엇인지 성찰해 봄.

기행문 '기행문'은 여행의 경험과 감상을 기록한 글이야. 여행 일정만 순서대로 기록하지 않고 여행지의 풍경이나 문화, 사람들, 음식 등을 자세히 묘사해서 독자가 마치 여행을 함께한 듯한 느낌을 받을 수 있도록 써야 해. 또 여행 중에 보고 듣고 배운 것과 느낀 점을 잘 기록해야 진솔하고 구체적으로 쓸 수 있어.

기행문 개요표 예시

처음	여행을 간 이유와 준비 과정	· 서울랜드에 체험 학습을 감. · 학급 회의 시간에 토의하며 친구들의 투표로 정함. · 여행 가기 전에 모둠을 정했고, 여행 상황을 보고하기 위한 단톡방을 만듦.
중간	인상적인 여정과 감상 1	가장 먼저 탄 놀이기구는 블랙홀, 놀이기구에서 보는 초록빛 풍경이 아름다워서 무려 세 번을 탐. 평일이라 한산해서 타고 싶었던 놀이기구를 실컷 탈 수 있었음.
	인상적인 여정과 감상 2	점심 식사를 고르던 과정, 친구들과 함께 먹은 꿀맛 롯데리아 햄버거.
	인상적인 여정과 감상 3	마지막에 탄 폭포 놀이기구에서 앞자리 앉아서 물벼락을 맞음. 놀랐지만 시원하고 기분 좋았음.
끝	전체적인 소감	· 화창한 날, 답답한 교실을 나와서 놀이동산에서 친구들과 놀았더니 기분 최고임. · 내 곁에 있는 친구들의 고마움과 우정이 소중하다는 것을 깨달음.

1. 다음 글을 읽고 내용에 알맞게 빈 칸을 채워 보자.

> __________(이)란 글을 정리하고 구성하는 일정한 틀이야. 이를 갖추기 위해서는
> 글의 뼈대인 __________(을)를 작성하는 것이 좋아.

2. 최근에 재미있게 읽은 책을 떠올리고, 독서 감상문을 작성하기 위한 다음 표를 작성해 보자.

처음	제목(작가, 출판사)	
	책을 읽은 이유	
중간	줄거리	
	기억에 남는 내용과 그 이유	
	독후 질문 만들기	
끝	소감 및 감상평	

더 알고 싶어 119

📑 도서　▷ 영상　🔍 사이트

📑 **『초등 메타인지 글쓰기로 키워라』** (김민아, 카시오페아, 2021)

'메타인지'를 글쓰기에 적용하여, 독자 자신이 생각하는 과정과 글의 흐름을 스스로 인지하고 조절함으로써 논리적이고 체계적인 글을 쓸 수 있도록 돕는 실용적인 글쓰기 지침서야.

▷ **독후감 잘 쓰는 법** 독후감 숙제가 막막한 청소년들을 위해 책을 고르는 법부터 나만의 솔직하고 깊이 있는 감상을 담아 낸 5단계 작성 꿀팁을 명쾌하게 알려 주는 영상이야.

▷ **유시민 작가가 알려 주는 독후감 잘 쓰는 법 : 더 나은 글쓰기 [써드림 첨삭소]**

유시민 작가가 직접 독후감을 첨삭하며 독자와 '소통'하는 글을 만들기 위해 문장을 압축하고 논리를 단단하게 만드는 구체적인 첨삭 비법을 알려 줘.

글쓰기가 쉬워지는
갈래별 레시피 2

설명문, 논설문, 기사문의 체계와 내용 요소

요리할 때 레시피가 있으면 마음이 놓이고 자신감도 생기지? 글도 똑같아.
글쓰기에도 나름의 레시피가 있어서 그 틀을 알고 있으면 훨씬 편안하게 쓸 수 있거든.
이번에는 설명문, 논설문, 기사문의 레시피를 하나씩 살펴보자.

학습 키워드　#체계성　#개요　#설명문　#논설문　#기사문

교과 연계　중1 〉 국어 〉 복수의 자료를 활용하여 다양한 형식으로 정보를 전달하는 글을 쓴다.
중1 〉 국어 〉 주장을 뒷받침할 수 있는 타당한 근거를 들고 적절한 표현을 사용하여 주장하는 글을 쓴다.

설명문 어떤 대상을 구체적으로 설명한 글이야. 독자가 그 대상에 대해 궁금증이 생기지 않도록 정보를 전달하지. 객관적이고 사실적인 내용을 써야 하고 쉽게 이해할 수 있게 '처음, 중간, 끝'의 구성을 갖추면 좋아.

처음	설명 대상을 간략히 소개	• 지구온난화의 정의와 현재 상황
중간	특징 설명과 예시 1	• 지구온난화의 원인 1. 산업화로 인한 온실가스(이산화탄소와 메탄) 배출 2. 급속한 도시화로 인한 산림 파괴
	특징 설명과 예시 2	• 지구온난화의 영향 1. 여름철 폭염과 산불(미국, 일본 등) 2. 이상 기후 현상으로 재난 발생 (나이지리아와 중국 홍수) 3. 생태계 변화로 20~30% 생물이 멸종위기임
	특징 설명과 예시 3	• 지구온난화 해결 방법 1. 재생 가능한 에너지 사용을 확대하기 2. 플라스틱을 줄이고 쓰레기 분리수거를 철저히 하기
끝	요약 정리 및 강조	• 지구온난화 해결의 긴급성과 개인과 사회의 역할 강조하기

논설문 '논설문'은 타당한 근거를 들어서 의견을 주장하는 글이야. 사회적, 정치적 이슈에 대한 논의가 많고 독자를 설득하는 데 목적을 두지. 공감을 얻어야 하니까 객관적인 자료와 타당한 근거가 필요해. 다음은 오레오 글쓰기 맵이야.

서론	문제 상황 나의 주장(O)	• 인스턴트와 가공식품을 즐기는 청소년 비율 제시 • 청소년기 건강한 식습관을 갖자
본론	근거(R)와 사례(E) 1	• 청소년기의 성장과 영양소의 중요성 1. 신체적 성장에 꼭 필요한 영양소 2. 정신 건강과 식습관의 관계
	근거(R)와 사례(E) 2	• 잘못된 식습관으로 인한 문제 1. 갈수록 자극적인 음식만 찾게 됨 2. 비만 및 영향 불균형 등 건강 문제 발생 3. 짜증, 무기력, 충동성 등 정신 문제 발생
	근거(R)와 사례(E) 3	• 건강한 식습관 실천 방법 제시 1. 균형 잡힌 식단 사례 2. 건강한 간식 선택 사례
결론	내용 요약 주장 강조(O)	• 청소년기 건강한 식습관의 중요성 재강조

기사문 기사는 정확하고 신속하게 사건이나 이슈를 객관적으로 보도한 글이야. 특히 보도 기사는 육하원칙(누가, 언제, 어디서, 무엇을, 어떻게, 왜)에 맞게 내용을 구체적으로 쓰지. 또 관련 인물을 인터뷰하거나 사진과 동영상 자료를 첨부해서 내용을 생생하게 전달하는 게 좋아. 무엇보다 제목과 부제목에 내용을 짐작할 만한 단어를 넣어서 독자의 흥미를 끄는 것도 중요해.

제목과 부제목	"얘들아, 맛있는 간식과 영화는 내가 쏠게!" - 청소년을 위한 새로운 문화 공간, 청소년센터 개관
기: 사건 보도 (육하원칙 활용)	• ○○○○년 ○월 ○일, ○○시 ○○동에 청소년센터가 개관함. • 청소년이 안전하게 활동할 수 있는 공간에 대한 요구 확산. • ○○○ 의원이 몇 년간 노력한 끝에 예산을 확보하여 공사를 진행함.
승: 사건 관련 추가 설명	• 청소년센터의 위치 및 시설 소개 1. 스포츠, 문화, 학습을 위한 다양한 공간 2. 청소년을 위한 최신 시설 도입 3. 예술, 음악, 스포츠 등 다양한 프로그램의 개요 4. 지역 사회와 협력한 프로그램
전: 관련 인물 인터뷰 사건의 의미	• 지역 청소년의 반응 인터뷰 • 개관 행사에 참석한 지역 주민의 인터뷰 • 센터가 청소년들에게 주는 좋은 영향에 대한 관계자 의견
결: 정리와 강조	• 청소년센터의 의미 및 향후 계획

    지금까지 글쓰기의 갈래별 체계와 내용 요소를 살펴봤어. 이 틀을 활용하면 보통 다섯 문단짜리 글을 쓸 수 있지. 보통 처음과 끝은 한 문단, 가운데는 세 문단으로 구성하면 가장 안정적이야. 초등 고학년 이상이라면 이 정도 글은 충분히 쓸 수 있어야 해. 여기 소개한 갈래별 개요표를 이용하면서 글쓰기에 자신감이 생기길 바랄게.

    하지만 이것들이 완벽한 정답은 아니야. 시간과 정성을 들이고, 개성을 살려서 여러 번 고치고 다듬을 때 매력적인 글이 완성된단다. 또 글에서 가장 먼저 눈에 들어오는 건 바로 제목이야. 독자는 제목을 보고 글의 내용을 짐작하고, 그 제목이 재미있거나 궁금하면 읽어 보고 싶은 호기심도 생기지. 제목은 글을 다 쓰고 붙이는 게 좋아. 앞에서 배운 수사법을 활용해서 광고 카피처럼 재미있는 제목을 붙이면 좋겠지? 그렇다면 이번에는 너희가 글을 쓸 차례야.

1. 다음 글을 읽고 내용에 알맞게 빈 칸을 채워 보자.

> __________(은)는 특정 사물이나 개념에 대해 정보를 제공한 글이고, __________(은)는 주제에 대한 의견이나 주장을 뒷받침하는 근거와 함께 제시한 글이며, __________(은)는 사실에 기반하여 사건이나 이슈를 객관적으로 보도한 글이야.

2. 요즘의 관심사를 친구들에게 설명하는 글을 쓰려고 해. 개요표를 완성해 보자.

처음	설명 대상을 간략히 소개	
중간	특징 설명과 예시 1	
	특징 설명과 예시 2	
	특징 설명과 예시 3	
끝	요약 정리 및 강조	

3. 2에서 작성한 개요표를 글로 표현하고 제목을 붙여 보자.

더 알고 싶어 119

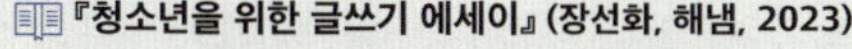 📖 도서   ▷ 영상   🔍 사이트

📖 **『청소년을 위한 글쓰기 에세이』** (장선화, 해냄, 2023)
이 책은 설명문, 논설문, 기사문 등 다양한 글을 요리하듯 쉽고 자신감 있게 쓸 수 있도록 실용적인 글쓰기 구조(레시피)와 기본 틀을 알려 줘.

▷ **주장하는 글(논설문)쓰기 아주 쉽게 하는 방법!**
이 영상은 서론-본론-결론의 뼈대에 맞춰 주장하는 글을 쉽게 쓰는 방법을 알려 줘.

▷ **설명문이란, 설명문의 개념과 특성 및 설명 방법**
이 영상은 정보를 쉽고 정확하게 전달하는 설명문의 개념과 특성을 명확히 정의하고, 정의, 예시, 비교, 대조 등 다양한 설명 방법을 구체적으로 알려 줘.

매력적인 글쓰기의 비밀은 좋은 문장

어떤 글은 문장이 술술 읽히는데 어떤 글은 이해가 어렵고 이해가 안 될 때가 있지?
사실 문장을 잘 쓰는 기술은 하루아침에 길러지지 않아.
하지만 꾸준히 연습하다 보면 어느 순간 너도 읽기 쉽고 힘 있는 문장을 쓸 수 있을 거야.

학습 키워드 #문장 #주어 #서술어 #피동형 #능동형
교과 연계 중2〉국어〉쓰기 과정과 전략을 점검 및 조정하며 글을 쓰고, 독자를 고려하여 글을 고쳐 쓴다.

글쓰기의 출발점은 바로 문장이야. 어떤 단어와 표현을 쓰느냐에 따라 글의 느낌이 달라지지. 이해하기 쉽고 공감 가는 문장들이 모이면, 그때 비로소 사람을 끌어당기는 매력적인 글이 완성돼. 좋은 문장을 만드는 다섯 가지 전략을 살펴보면서 문장 쓰는 실력을 길러 보자.

전략 1. 문장을 짧게 쓰기: 문장은 길게 쓰면 멋져 보이지만 무슨 말인지 정리가 잘 안될 때가 많아. 오히려 짧은 문장은 간결하고 힘이 있어 무엇을 말하는지 정확하게 알 수 있지. 그렇다고 다 짧게만 쓰면 읽는 맛이 떨어져. 긴 문장, 중간 문장, 짧은 문장을 적절히 섞어 써야지. 이왕이면 '강약중간약'처럼 리듬도 살리면서 말이야. 평소에 우린 문장을 길게 쓰는 버릇이 있으니까 좋은 문장 쓰기가 익숙해질 때까지 문장을 짧게

쓰고, 긴 문장은 나눠서 쓰려고 의식적으로 노력해야 해.

전략 2. 주어와 서술어의 일치: 문장의 주체인 '주어'와 주어의 움직임과 상태를 설명하는 '서술어'는 자연스럽게 호응해야 해. 예를 들어 '저의 장점은 행동이 빠르다고 생각합니다.'라는 문장은 어색하지? 여기서 '장점'은 주어이고 '생각합니다'는 서술어야. 장점은 생각하는 주체가 될 수 없으니까 '저의 장점은 행동이 빠른 것입니다.' 혹은 '저는 행동이 빠른 것이 제 장점이라고 생각합니다.'로 고쳐 써야 해.

전략 3. 피동형 대신 능동형으로 쓰기: 능동형 문장은 주어의 행동을 강조하기 때문에 누가 어떤 행동을 했는지 쉽게 알 수 있어. "그림이 그려졌다."보다 "내가 그림을 그렸다."가 더 명확하지. 피동형은 굳이 행동한 대상을 밝히고 싶지 않거나, 시처럼 의미를 모호하게 말할 때 사용해. 힘 있는 글을 쓰려면 능동형으로 써야 해.

전략 4. 번역투 문장 피하기: 한국어는 일본어, 영어의 영향을 많이 받았어. 외국어를 배우면서 번역을 많이 하다 보니까 그런 문장에 익숙해졌지. 자연스러운 우리말 표현을 사용하는 연습이 필요해.

전략 5. 친절하고 자세하게 설명하기: 글을 쓸 때는 내용에 대한 추가 질문이 없도록 최대한 친절하게 쓰려고 노력하자. 특히 설명문이나 기사문은 육하원칙(누가, 언제, 어디서, 무엇을, 어떻게, 왜)에 맞게 써야 해. 상황과 대상을 정확하게 전달해야 하니까. '많은 사람'보다는 '100명의 사람'처럼 숫자를 사용하면 내용을 명확하게 전달할 수 있어. 소설을 쓸 때는 배경과 상황을 그림 그리듯 생생하고 자세히 묘사해야 해. 그래야 독자가 글에 몰입해서 스토리를 재미있게 읽을 수 있어.

1. 다음 중 좋은 문장을 쓰기 위한 전략으로 옳지 않은 것은 무엇일까?

① 문장을 짧게 쓰되 길고 짧은 문장을 적절히 섞어 리듬감을 살린다.

② 주어와 서술어가 자연스럽게 호응하도록 써야 한다.

③ 일반적인 글에서는 능동형 문장을 써야 글에 힘이 실린다.

④ 외국어 번역투 문장을 적극적으로 활용해야 글이 매력적이다.

⑤ 독자에게 친절하고 자세하게 설명하여 추가 질문이 없도록 한다.

2. 아래 빈 칸에 들어갈 문장은?

> 피동형 대신 능동형으로 고쳐 쓰면 글에 힘이 실린다. 예를 들어 보고서가 팀원들
> 에 의해 작성되었다. → ____

3. 설명문이나 기사문을 쓸 때 지켜야 하는 육하원칙은 무엇일까?

더 알고 싶어 119

📖 도서　▷ 영상　🔍 사이트

📖 **『글쓰기 지우고 줄이고 바꿔라』** (장순욱, 북로드, 2021)
　이 책은 이해하기 어려운 군더더기를 '지우고, 줄이고, 바꾸는' 연습을 통해 읽기 쉽고 힘 있는 문장을 쓸
　수 있도록 도와 줄 거야.

▷ **우리가 쓰는 문장, 도대체 뭐가 문제인 걸까?**
　이 영상은 우리가 무심코 쓰는 문장 속에 숨어 있는 불필요한 수식, 장황한 표현, 번역체를
　제거하고 간결하고 힘 있는 글을 쓰는 방법을 알려 줘.

고기는 씹는 맛, 속담은 활용하는 맛

신문 기사로 배우는 필수 속담

속담은 오랜 시간 동안 전해 내려온 지혜의 말이야. 요즘도 많은 사람들이 사용하지.
속담을 활용한 신문 기사를 읽으며 그 의미를 제대로 살펴 보자.
자, 이제 속담 속에 담긴 우리 조상들의 삶의 지혜를 함께 배워 볼까?

학습 키워드	#속담
교과 연계	중1 〉 국어 〉 세대·분야·매체에 따른 어휘의 양상과 쓰임을 분석하고 다양한 집단과 사회의 언어에 관용적 태도를 지닌다.

가랑비에 옷 젖는 줄 모른다: 작은 일이라도 반복되면 큰 영향을 미칠 수 있다.

1만 원 안팎의 회삿돈을 518회 빼돌리다 결국 1억 원을 횡령한 직원이 징역형을 받았다. 서울남부지법은 횡령 혐의로 기소된 맞춤 양복 회사 직원 이 모 씨에게 징역 1년에 집행유예 2년을 선고했다. 한 번에 빼돌린 액수는 대부분 배송비 명목으로 들어온 1만 3,000원이었고 적게는 5,000원, 많게는 55만 원이나 141만 원도 있었다. 범행이 거듭될수록 **가랑비에 옷 젖듯이** 총액은 커졌다. 빼돌린 돈은 유흥비와 생활비 등으로 사용했다. 이 씨는 범행이 발각되자 횡령금 중 4,500만 원을 회사에 갚았다. 재판부는 회사가 처벌을 원하지 않았기에 회사와 합의하여 횡령액 일부를 변제하고, 나머지 금액도 변제할 것을 약속한 후, 형을 감했다고 밝혔다.   – 매일경제 2023년 7월 29일 기사문 재편집

가는 말이 고와야 오는 말이 곱다: 내가 상대방에게 친절하고 예쁘게 말할 때 상대방도 좋은 반응을 보여 준다.

등잔 밑이 어둡다: 가까운 곳에서 일어나는 일을 오히려 잘 모를 수 있다.

호랑이도 제 말 하면 온다: 당사자가 그 자리에 없다고 함부로 이야기해서는 안 된다.

소 잃고 외양간 고친다: 소를 도둑맞은 다음에 우리를 고치는 것은 무의미하다. 즉 일이 이미 잘못되고 나서야 비로소 그 일을 바로잡는다.

1. 이 글에 사용된 다음 속담의 의미를 말해 보자.

가랑비에 옷 젖는 줄 모른다.

등잔 밑이 어둡다.

소 잃고 외양간 고친다.

2. 다음 상황 중 "호랑이도 제 말 하면 온다."라는 속담을 적용하기 가장 적절한 것은?

① 시험 준비를 미루다가 결국 시험에서 낙제한 경우
② 직장 상사를 험담하는데 상사가 갑자기 나타난 경우
③ 비 오는 날 우산을 안 가져와 옷이 젖은 경우
④ 화재가 난 뒤에 안전 점검을 시작한 경우
⑤ 부모님 말씀을 잘 들으니 좋은 결과가 생긴 경우

3. "가는 말이 고와야 오는 말이 곱다" 속담은 어떤 상황에서 쓰일 수 있을까?

더 알고 싶어 119

📖 도서   ▶ 영상   🔍 사이트

📖 『이은경쌤의 사자성어 속담 일력』 (이은경, 포레스트북스, 2023)
오랜 지혜가 담긴 속담과 사자성어를 매일매일 익히는 일력. 조상들의 삶의 지혜와 깊은 의미를 재미있게 이해하고 실제 언어생활에 적용할 수 있어.

▶ 상식퀴즈-속담 이어 말하기 한국인이라면 꼭 알아야 할 필수 속담들을 이어 말하기 퀴즈 형식으로 풀어 보면서 우리말 실력과 상식을 키울 수 있어.

🔍 국어 평생 교육, 우리말 배움터 맞춤법 다지기, 어휘 다듬기, 글쓰기 교실 등을 통해 바른 우리말을 쉽게 배우고 익히며, 한국어 '문법과 철자 검사기'를 활용하여 자신이 쓴 글의 오류를 직접 교정할 수 있는 사이트야.

나도 유튜버에 도전해 볼까?

유튜버가 되는 방법과 과정

유튜브에는 게임, 뷰티, 요리, 교육, 브이로그 등 정말 다양한 콘텐츠가 가득해.
최근에는 1분 안팎의 짧은 영상인 쇼츠(Shorts)가 큰 인기를 끌고 있지.
누구나 쉽게 찍고 올릴 수 있어서 특히 청소년들에게 폭발적인 호응을 얻고 있어.
어때? 우리도 유튜버에 한번 도전해 볼까?

학습 키워드 #채널 #썸네일 #재생목록 #레이아웃 #저작권
교과 연계 중1〉국어〉대중매체와 개인 인터넷 방송의 특성과 영향력을 비교한다.
중2〉국어〉복합양식성을 고려하여 영상 매체 자료를 제작하고 공유한다.

2024년 3월 5일자 조선일보에 따르면, 한국 스마트폰 사용자들은 매달 40시간을 유튜브 시청에 쓴대. 이는 5년 만에 두 배 가까이 늘어난 수치야. 한 사람이 한 달에 평균 이틀 동안 유튜브를 보고 있는 셈이지. 2023년 기준 미국인의 월평균 유튜브 앱 사용 시간은 24시간 정도였고, 세계 평균(중국 제외)도 23시간을 약간 넘어서는 수준으로 한국의 60% 정도에 불과해. 유튜브는 한국에서 유독 빠른 속도로 성장 중이야.

유튜브를 통해 누구나 자신의 꿈과 열정을 실현할 수 있는 세상이 되었어. 그러니까 콘텐츠를 소비하지만 말고 직접 만들어 보는 건 어떨까? 적극적으로 자기 목소리를 내고, 표현하다 보면 성취감과 자신감을 얻을 수 있을 거야. 유튜버가 되는 방법을 차근차근 설명해 줄게.

첫째, 주제를 선정해야 해. 어떤 주제로 유튜브 채널을 운영하면 좋

을까? 너희가 친한 사람과 가장 많이 이야기하는 주제도 좋고, 유튜브에서 가장 많이 시청하는 주제도 좋아. 누가 시키지도 않았는데 정보를 찾고 있는 주제도 좋지. 결국 잘 알고 있거나 알고 싶

↑ 유튜브 로고

은 관심 분야를 선택하는 것이 중요해. 콘텐츠를 계속 만들려면 정보가 풍부해야 하니까.

둘째, 유튜브에 계정을 만들고 채널을 생성해야 해. 주제와 관련 있는 채널 이름도 넣어야겠지? 이름은 기억하기 쉽게 단순한 것이 좋아. 채널 설명란에 어떤 내용을 다룰 것인지도 간단하게 적어 놓자.

셋째, 장비를 준비해야 해. 콘텐츠 제작을 위한 기본 장비를 알려 줄게.

- **카메라**: 고급 DSLR이 좋지만, 스마트폰 카메라로도 충분히 시작할 수 있어.
- **마이크**: 사용 환경에 따라 핀과 다이나믹, 콘덴서 마이크를 선택하면 돼.
- **조명**: 인공조명을 활용하면 훨씬 밝고 선명한 영상을 촬영할 수 있어.
- **편집 프로그램**: 영상 편집을 위한 소프트웨어가 필요해. CapCut, 멸치 (Melchi), KineMaster, Canva, VLLO, Movavi 등 다양한 앱이 있어.

넷째, 본격적으로 콘텐츠를 제작할 차례야. 촬영 전에 스크립트를 작성하면 촬영과 편집 과정이 원활해질 뿐 아니라 일관된 내용으로 제작할 수 있어. 가령 요리 영상을 찍는다면 재료 목록과 조리 과정을 미리 정리해 두는 거지. 촬영 후에는 편집 프로그램을 활용해 불필요한 부분을 자르거나, 효과나 자막을 추가해서 영상의 퀄리티를 높여야 해.

영상과 음악을 활용할 때는 특히 저작권에 주의해야 해. 저작권 문

제가 발생하면 애써서 만든 영상을 삭제해야 하니까 사용 전에 꼭 저작권 상태를 확인하자. 'Creative Commons' 라이센스는 특정 조건을 지키면 사용할 수 있어. 유튜브에서 제공하는 오디오 라이브러리는 저작권 문제에 신경 쓰지 않아도 되니까 참고해. 필요한 경우에는 콘텐츠 소유자로부터 사용 허가를 받거나, 적절한 라이센스를 구매해서 사용할 수도 있어. 하지만 직접 영상을 촬영하거나 음악을 제작해서 사용하는 것이 가장 안전한 방법이야.

다섯째, 편집이 끝난 영상을 유튜브에 업로드하면 돼. 제목, 설명, 태그를 잘 설정하는 것이 중요해. 검색 최적화를 위해 키워드를 포함시키고, 앱으로 매력적인 썸네일을 만들어 클릭을 유도하자. 재생목록을 만들어서 영상을 분류할 수 있으니까 꼭 활용하자. 유튜브 스튜디오 앱을 활용하면 간단한 편집도 할 수 있어.

여섯째, 영상이 업로드되면 SNS로 홍보하고, 구독자와 소통하는 것이 중요해. 댓글에 대한 답변이나 Q&A 영상으로 관계를 형성할 수 있어. 그러다 보면 구독자가 점점 늘어날 거야. 또 피드백을 반영해서 콘텐츠를 수정하는 것도 필요해. 어떤 영상이 인기가 많았다면 비슷한 주제로 추가 영상을 제작하는 것도 좋은 방법이지. 요즘은 인공지능(ChatGPT, Wrtn, Gemini, Perplexity, Claude 등) 앱을 활용해서 채널 이름과 설명, 영상 스크립트와 키워드를 쉽게 만들 수 있어. 인공지능을 활용한 앱으로 사진과 영상, 음악도 수월하게 제작할 수 있지. 심지어 동영상까지 만들어 준다니까. 유튜브는 구독자 수가 1,000명 이상, 시청 시간 4,000시간 이상이 되면 광고 수익이 생겨. 성공 여부는 무엇보다 '꾸준함'이라는 것도 잊지 마.

1. 유튜브 영상 제작 과정에서 가장 안전하게 저작권 문제를 피할 수 있는 방법은 무엇일까?

   ① Creative Commons 라이센스가 붙은 자료를 활용한다.

   ② 오디오 라이브러리에서 무료 음악을 사용한다.

   ③ 콘텐츠 소유자로부터 사용 허가를 받는다.

   ④ 직접 영상을 촬영하거나 음악을 제작한다.

   ⑤ 인터넷에서 다운받은 영상을 편집해서 사용한다.

2. 다음 문장의 빈칸에 알맞은 말을 써 넣어 보자.

   > 유튜브에서 구독자 수 __________명 이상, 시청 시간 __________시간 이상
   > 이 되어야 광고 수익이 발생한다.

3. 다음 문장의 빈칸에 알맞은 말을 써 넣어 보자.

   > 영상의 제목, 설명, 태그에는 반드시 __________(을)를 포함시켜야 검색 최적
   > 화에 유리하다.

4. 다음 중 유튜브 채널 주제를 선정할 때 가장 적절한 기준은 무엇일까?

   ① 사람들이 많이 보는 주제만 고른다.

   ② 유행하는 주제를 무조건 따라간다.

   ③ 돈이 많이 벌릴 것 같은 주제를 고른다.

   ④ 남들이 시키는 주제를 따른다.

   ⑤ 내가 잘 알고 있거나 관심 있는 분야를 선택한다.

 **더 알고 싶어 119**　　　📖 도서　▷ 영상　🔍 사이트

📖 『**마법 같은 영상 제작을 위한 스마트폰 촬영 및 편집 with 캡컷**』(김지희, 2025)
　스마트폰으로 기획부터 촬영, 그리고 캡컷(CapCut) 앱을 활용한 편집까지 마법 같은 쇼츠를 제작할 수 있도록 돕는 실용 안내서야.

▷ **유튜브 시작하는 과정. 채널 만들기부터 영상 업로드까지 한방에 정리하기. 채널아트 및 썸네일 만드는 법 (엄마 내가 알려 줄게)** 이 영상은 채널 개설부터 채널아트, 썸네일 제작 그리고 첫 영상 업로드까지 복잡한 유튜브 시작 과정을 한 방에 정리해 주는 올인원 가이드야.

▷ **우리는 모두 디지털 미디어 문해력 주인공** 수많은 정보와 미디어를 비판적으로 분석하고 올바르게 활용하는 힘인 디지털 미디어 문해력을 키우도록 도와줄 거야.

세상 곳곳에서
특종을 찾아내는 기자

사건의 진실을 밝혀내고, 숨은 이야기를 세상에 알리는 사람이 바로 기자야. 누구보다 먼저 현장에 가서 보고 듣고, 사람들의 목소리를 세상에 전하지. 세상을 움직이는 이야기를 써 보고 싶니? 지금부터 기자의 세계를 함께 알아보자.

기자는 다양한 사건과 사고, 경제와 정치 소식, 생활 정보 등을 취재해서 신문, TV, 라디오, 잡지, 인터넷 등을 통해 정보를 사람들에게 전달하는 사람이야 활동 매체에 따라 방송기자, 신문기자, 잡지기자로 나뉘고 하는 일에 따라 취재기자, 편집기자, 사진기자로 구분하지. 또 취재 분야에 따라 정치, 사회, 경제, 문화, 스포츠, 국제 등의 전문기자로 나누기도 해. 취재기자는 촬영 기자를 대동해서 정부 기관이나 사건 현장을 다니며 관련 인물과 사건을 취재하지. 또 독자가 제보한

내용을 기사로 쓰거나 기사거리를 찾아서 심층 취재를 하기도 해. 편집기자는 취재기자가 보내온 기사 내용을 점검해서 방송 또는 신문 분량에 맞게 기사를 편집하고 작성한단다.

장단점

기자는 여러 사람과 만나고, 다양한 사건을 경험하니까 세상에 대한 폭넓은 시각을 기를 수 있어. 또 진실을 보도하고, 문제를 세상에 알리는 역할을 하는 의미 있는 직업이지. 취재와 글쓰기를 주로 하기 때문에 나름의 창의성을 발휘하거나 관심 주제를 깊이 있게 탐구하는 재미도 있어. 하지만 사건이 발생하면 바로 달려가야 하니까 긴장감을 놓기 어렵고, 근무시간이 불규칙한 점은 각오해야 해. 또 정보를 정확하고 빨리 전달해야 한다는 책임감이 압박하기도 해. 또 현장에서 어떤 돌발 상황이 벌어질지 알 수 없으니까 위험에 처할 수도 있어. 기사 마감 시간과 취재 경쟁, 특종에 대한 압박감도 스트레스 요소야.

필요한 자질

사건과 주제에 대해 질문하면서 탐구하려는 태도가 가장 중요해. 정보를 분석하고, 사실과 거짓을 가려내는 비판적 사고 능력도 필수야. 다양한 사람들과 원활하게 대화하고, 인터뷰를 할 수 있는 소통 능력도 필요하지. 또한 기자는 명확하고 간결하게 글을 쓸 수 있어야 하고 주제와 부제를 통해 독자의 관심을 끌 수 있는 표현력과 창의적인 아이디어도 갖춰야 하지.

기자가 되는 방법

평소에 다양한 매체의 뉴스를 꾸준히 읽고, 최신 이슈에 관심을 가지면 좋아. 개인 블로그에 꾸준히 글을 쓰면서 다양한 관점의 정보를 이해하고 자기 나름의 의견을 정리해 보는 것도 도움이 될 거야. 신문사나 방송사에서 인턴으로 활동하면서 현장 경험과 인맥을 쌓아 두는 것도 좋아.

신문방송학, 언론정보학을 전공하면 도움이 돼. 방송이 정치, 사회, 경제, 문화, 체육 등 여러 분야를 다루니까 먼저 원하는 분야를 전공한 후 경력을 쌓아 경력직 기자로 입사하는 방법도 있어. 최근 방송사에서는 신입 대신 경력직 기자를 채용하는 경향이 많아졌거든. 방송기자가 되려면 지상파(KBS, MBC, SBS), 종합편성채널(TV조선, 채널A, MBN, JTBC), 보도채널(YTN, 연합뉴스), 종합유선방송, 지역 민영방송 등의 방송국에 입사해야 해. 채용 과정은 일반적으로 서류 심사와 필기시험(서술형과 상식 등), 실무 면접(카메라 테스트 등), 면접 등의 순으로 이루어져.

청소년들에게 해 줄 조언

세상에 대한 호기심이 많고 책 읽기와 글쓰기를 좋아한다면 기자라는 직업은 정말 매력적일 거야. 학창 시절에 방송반, 신문반 등의 동아리 활동을 하면서 현장을 경험해 보는 것이 좋아. 또 독서를 즐기면서 생각의 폭을 넓힌다면 기자가 되는 데 큰 도움이 될 거야.

더 알고 싶어 119

📖 『기자가 되고 싶은 청소년에게』 (김형준, 소동, 2022)
　　기자를 꿈꾸는 청소년들을 위해 현직 기자가 진솔하게 들려주는 기자 이야기.

📖 『세상을 바꾸고 싶다면 기자』 (윤경민, 토크쇼, 2019)
　　'기자'라는 직업이 우리 사회에 어떤 영향을 미치고 어떻게 세상을 변화시킬 수 있는지 그 소명과 역할을 보여 줄 거야.

4부
국어 문해력을
위한 읽기

인류 역사상 가장 유명한 연설은?

[인문편] 상대를 설득하는 논증의 기술

흑인 인권 운동의 불씨가 되었던 마틴 루터 킹 주니어 목사의
"나에게는 꿈이 있습니다" 연설은 인류 역사상 가장 유명한 연설 중 하나야.
그런데 왜 이 연설은 수십 년이 지난 지금까지도 사람들의 가슴을 울릴까?

학습 키워드　#논증 #연역 #귀납 #유추

교과 연계　중3 〉 국어 〉 설득 전략을 비판적으로 분석하며 듣는다.
　　　　　　　중2 〉 국어 〉 글에 사용된 다양한 설명 방법과 논증 방법을 파악하고 타당성을 평가하며 읽는다.

　1963년 8월 28일, 워싱턴 링컨 기념관에서는 인류 역사상 가장 유명한 연설이 있었어.

　당시 미국 사회는 인종차별 문제가 심각했지만 킹 목사를 비롯한 사람들의 노력 덕분에 인종차별의 벽은 서서히 무너지고 있었어. 1964년 킹 목사는 인권 운동에 대한 노력을 인정받아서 노벨 평화상을 받았지. 하지만 그는 4년 뒤, 39세라는 젊은 나이에 백인 우월주의자에 의해 암살당하고 말았어. 그럼에도 그가 목숨을 다해 강조한 평등과 사랑, 비폭력에 대한 의지는 전 세계로 퍼져 나갔단다. 그가 이날 연설한 '나에게는 꿈이 있습니다 I have a dream'에서 '꿈'은 인종차별이 없는 세상, 흑인과 백인 모두가 평등하고 정의로운 사회를 말해. 이 연설문에 사용된 논증 방법을 찾아서 상대를 설득하는 기술을 알아보자.

이 연설문에는 '연역과 귀납 논증'이 모두 사용됐어. 대전제에서 '모든 사람'은 소전제와 결론에서 '흑인 소년들과 흑인 소녀들, 미국 흑인'으로 범위가 좁혀졌지. 이처럼 일반적인 원리나 법칙에서 구체적이고 개별적인 결론을 이끌어 내는 설득 방식을 '연역 논증'이라고 해.

- **대전제**: 모든 사람은 평등해야 한다.
- **소전제**: 미국인 중 흑인의 삶은 평등하지 않다.
- **결론**: 따라서 미국 흑인을 향한 인종차별을 멈춰야 한다.

반면 '귀납 논증'은 개별적인 사례들로부터 일반적인 원리나 법칙을 도출하는 추론 방식이야. "이 사과는 달다. 저 사과도 달다. 그 사과도 달다. 따라서 모든 사과는 달다."라는 문장을 보자. 여러 사과의 사례를 근거로 들어 '모든 사과'라는 일반적인 결론을 내렸지? 킹 목사의 연설문도 구체적인 사례들을 들어가며 보편적인 메시지를 전달하는 귀납법을 사용했어. 즉 흑인들이 겪는 차별과 불평등을 세세하게 나열한 후 평등을 실현하기 위해 흑백분리법을 폐지하자고 주장한 거야.

하나 더 추가하자면 "I have a dream"을 반복하면서 꿈이 이뤄진 미래 모습을 구체적으로 묘사했지. "미국이 위대한 나라가 되려면 이 꿈을 반드시 이뤄야 한다."는 결론은 듣는 이들에게 깊은 감동을 주었단다.

이와 다른 논증 방법에는 '유추'도 있어. 두 사물 간의 유사성을 바탕으로 새로운 결론을 도출하는 추론 방식이야. "황소개구리와 같은 외래종이 우리 생태계를 파괴하듯이 무분별한 외래어 사용도 우리말의 체계를 파괴한다."라는 문장에서 황소개구리와 외래어는 외래종이라는 유사성이 있어. 그러니 황소개구리가 우리 생태계를 파괴하듯이 외래어도 우리말의 체계를 파괴한다는 결론에 도달할 수 있는 거야. 즉 'A:B=a:b'의 관계로 설명할 수 있지.

↑ 마틴 루터 킹 주니어 목사의 모습

지금까지 '연역, 귀납, 유추'에 대해 알아봤어. 너희도 어떤 주장을 할 때 보편적인 진리에서 결론을 이끌어 내거나 구체적인 사례 여러 개를 들어서 공감을 얻은 다음에 결론을 내 봐.

1. 다음은 연역법, 귀납법, 유추법 중 어떤 논증에 해당될까?

> • 모든 사람은 죽음을 피할 수 없다. 철수는 사람이다. 따라서 철수는 죽음을 피할 수 없다. (   )
>
> • 나비는 알을 낳는다. 매미도 알을 낳는다. 나비와 매미는 곤충이다. 곤충은 알을 낳는다. (   )

2. 다음은 유추가 사용된 글이야. 결론 부분에 너희의 생각을 적어 보자.

> "우리가 건강을 유지하기 위해 매일 운동을 하는 것이 중요한 것처럼, 공부도 꾸준히 해야 좋은 성과를 얻을 수 있어. 매일 운동을 통해 근육이 강화되고 체력이 늘어나는 것처럼 말이야. 공부도 ______________________

3. "교실을 깨끗하게 청소하자."라는 주장을 하려고 해. '연역, 귀납, 유추' 중 한 가지 논증법을 활용해서 글을 써 보자.

연역법:

귀납법:

유추법:

더 알고 싶어 119

📖 도서   ▷ 영상   🔍 사이트

📖 『**나에게는 꿈이 있습니다(마틴 루터 킹 자서전)**』 (마틴 루터 킹, 바다출판사, 2019)
마틴 루터 킹 주니어 목사의 짧지만 파란만장했던 생애와 사상을 그의 글과 연설, 기록을 통해 입체적으로 담아 낸 자서전이야. 차별과 불의에 맞서 세상을 바꾸고 싶다면 읽어 봐.

▷ **마틴 루터 킹 2세 연설 '나에게는 꿈이 있습니다'** (한글 자막)
당시의 상황과 분위기에 공감하면서 이 연설을 감상해 보자.

▷ **논증, 논리적 글쓰기, 말하기 비법**
이 영상은 나의 생각과 정보 그리고 개인의 취향을 구별하고, 이를 바탕으로 설득력 있는 논증을 구성하여 논리적인 글쓰기와 말하기를 완성하는 비법을 알려 줄 거야.

세계 평화를 위협하는
러시아의 제국주의

[사회편] 제국주의의 피해와 유네스코의 대응

러시아의 침공 때문에 우크라이나의 인프라가 파괴되고 수많은 이주민이 발생했어.
또 키이우 시내에 있는 세계문화유산인 소피아 대성당과 페체르스크 수도원이
파괴될 위기에 처했지. 그래서 유네스코가 인류의 소중한 보물을 지키려고 직접 나선 거야.

학습 키워드 #제국주의 #불가침조약 #인프라 #이주민 #구호 #유네스코
교과 연계 중3 〉 국어 〉 읽기는 사회·문화적 맥락에서 의미를 구성하는 과정임을 이해하며 사회적 독서에 참여하고 사회적 독서 문화 형성에 기여한다.

러시아의 우크라이나 침공은 제국주의(다른 나라의 땅이나 사람들을 지배하려는 생각이나 태도)적 야망과 전체주의(나라의 권력이 한 사람이나 소수 집단에게 집중돼서, 국민의 자유와 권리를 억압하고 모든 걸 통제하는 정치 방식)적 지배욕 때문에 벌어진 비극이야. 예전 시대에나 있을 법한 영토 확장 욕심이 계속되면서 세계 평화를 흔들었어. 국제 사회의 기본 원칙인 개별 국가의 주권과 서로의 땅을 존중하자는 약속, 전쟁 대신 대화로 문제를 풀자는 원칙을 무시한 파렴치한 범법 행위지.

이 전쟁 때문에 우크라이나의 전력망과 수도 시스템, 교통 네트워크와 같은 필수 인프라가 파괴됐고, 주민들의 일상은 마비됐어. 또한 전쟁은 대규모 이주민을 발생시켰어. 수많은 우크라이나인들이 집과 고향을 떠나 안전한 곳을 찾아 피난을 가야 했지.

우크라이나에는 유네스코 세계유산으로 선정된 일곱 곳의 유적지가 있어. 수도 키이우에는 성 소피아 대성당과 페체르스크 수도원이 있지. 11세기에 건축된 성 소피아 대성당은 비잔틴 양식의 모자이크와 프레스코 벽화가 유명해. 17세기 수도원 건물들에 둘러싸여 있어 역사적인 가치가 매우 높은 곳이야. 키이우 페체르스크 수도원은 11세기 초에 설립된 곳으로 동유럽에서 가장 오래된 수도원이지. 수도원 내부에 동굴이 있는데, 이곳은 예전에 수도사들이 기도하던 장소로 현재는 죽은 성자들의 유골이 안치되어 있어 순례객에게는 중요한 경배 장소이기도 해.

유네스코 세계유산위원회는 2023년 9월, 성 소피아 대성당과 르비우 역사 중심가를 '위험에 처한 세계유산' 목록에 추가했어. 이 유산들의 보존을 감독해서 공격으로 훼손될 위험에서 보호하기 위한 조치야.

↑ 우크라이나의 성 소피아 대성당

또 유네스코 측은 성 소피아 대성당과 주변 수도원 건물들, 키이우 페체르스크 수도원에 '푸른 방패 Blue Shield' 표식을 달기 위해 우크라이나 당국과 협의했어. 푸른 방패는 1954년, 전쟁으로 인한 문화유산의 훼손과 파괴를 방지하고자 '무력 충돌 시 문화재 보호를 위한 헤이그 협약'에 따라 만들어진 표식이야. 이 표식이 붙은 지역은 국제법상 보호되기 때문에 포격으로부터 보호받을 수 있어. 이곳을 공격하면 전쟁 범죄로 규정되거든. 우크라이나는 유네스코 긴급 대응팀과 함께 모래주머니로 유물을 감싸고 소장품을 안전한 곳으로 옮기는 등 문화재 보호 노력도 함께하고 있어.

1. 다음 글을 읽고 내용에 알맞게 빈 칸을 채워 보자.

> 전쟁 때문에 우크라이나의 전력망, 수도 시스템, 교통 네트워크와 같은 필수 __________(이)가 파괴됐고 주민들의 일상은 마비됐어. 전쟁은 또한 대규모 __________(을)를 발생시켰지.

2. 러시아의 우크라이나 침공은 어떤 욕구와 지배 방식 때문에 벌어진 비극일까?

힌트 한 나라는 다른 나라를 지배하려 하고, 국민의 자유를 억압하며 모든 것을 통제하려는 정치 방식

> __________적 야망과 __________적 지배 방식

3. 우크라이나의 세계문화유산을 보호하기 위해 유네스코와 우크라이나 당국이 노력한 것으로 알맞지 않은 것은 무엇일까?

① 문화재를 모두 디지털 복원해 온라인 전시를 열었다.
② 전쟁 상황 속에서도 세계유산 보존을 위한 국제 협력을 이어 갔다.
③ 중요한 유물을 모래주머니로 감싸고 안전한 곳으로 옮겼다.
④ 성 소피아 대성당과 수도원에 '푸른 방패(Blue Shield)' 표식을 붙였다.
⑤ 성 소피아 대성당과 르비우 역사 중심가를 '위험에 처한 세계유산' 목록에 추가했다.

더 알고 싶어 119

📖 도서　▷ 영상　🔍 사이트

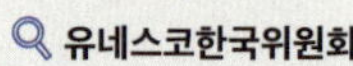

▷ **유네스코, '우리 모두의 유산'을 지키기 위한 노력**
세상의 소중한 문화유산을 왜 지켜야 하는지, 그것이 우리의 미래와 어떻게 연결되는지를 보여주는 영상이야.

🔍 **유네스코한국위원회**
세계 시민 교육, 교육 격차 완화 등의 활동에 참여하고 문화유산 보호 및 청년 정책 관련 정보를 얻어 세상을 변화시키는 주역이 되는 길을 찾을 수 있어.

퍼플오션 상품으로
펫팸족을 공략하라

[사회편] '펫팸족'을 공략하는 펫코노미 산업

요즘 반려동물을 키우는 사람이 정말 많아졌어. 그래서 '펫코노미'라는 말까지 생겼지.
경제적 불황이 계속되고 있지만 '펫팸족'은 꾸준히 돈을 쓰고 있어.
특히 고급 사료, 펫 보험, 미용이나 놀이 같은 특별한 서비스까지 인기라서
이제 펫코노미 시장은 퍼플오션 산업이 되었어.

학습 키워드 #펫팸족 #펫코노미 #퍼플오션 #패러다임
교과 연계 고1 〉 국어 〉 자신의 진로나 관심 분야와 관련한 다양한 글이나 자료를 찾아 주제 통합적으로 읽고 읽은 결과를 공유한다.

KB경영연구소가 발표한 '2025년 한국 반려동물 보고서'에 따르면 반려동물을 돌보는 인구가 1,500만 명에 달한다고 해. 국내 반려동물 돌봄 인구는 전체 인구의 30%로, 우리나라 인구 10명 중 3명이 반려동물을 키우는 셈이지.

정부도 이러한 추세에 발맞춰 '동물보호법'을 '동물복지법'으로 개편해서 양육자의 돌봄 의무를 강화하고 동물 학대를 막는 선진국 수준의 동물 복지 체계를 확립 중이야. 이를 강화하기 위해 동물을 학대하는 사람은 기존의 최대 징역 3년, 벌금 3,000만 원의 형사 처벌 외에도 재발 방지를 위한 치료 프로그램 수강·이수 명령을 부과하기로 했대.

이미 해외 일부 기업체들은 직원들의 워라밸Work-Life Balance을 위해 '반려동물 동반 출근'을 허용하고 있어. 반려동물의 분리불안증을 해

↑ 반려동물을 위한 고품질 식품들

소하고 직원들의 업무 만족도를 높이기 위해서야. 아마존 본사에는 회사 내에 반려동물을 위한 공간이 마련돼 있고, 구글 본사인 캘리포니아 마운틴 뷰 캠퍼스에도 반려견이 늘 함께하고 있다고 해. Ben & Jerry's라는 아이스크림 제조 회사는 직원들이 반려동물을 사무실까지 데려올 수 있도록 허용한다지.

펫코노미 산업의 성장

반려동물 관련 산업 경제를 일컫는 펫코노미Petconomy도 급성장하고 있는 중이야. 펫펨족은 반려동물을 아기처럼 생각하며 돌보기 때문에 이들의 건강과 행복을 위해 노력하고 있어. 그래서 반려동물을 위한 고품질의 식품과 용품을 구매하고 함께 카페를 가거나 여행도 함께 떠난다고 해. 이와 관련해서 건강 간식, 의류, 애견 미용, 반려동물 건강 보험, 장례용품, 출장 돌보미, 애견 호텔, 반려동물 전용 TV, 강아지 유치원이 점차 보편화되고 있지. 기업에서도 새로운 소비자 집단인 펫펨족을 겨냥하기 시작하면서 애견 관련 시장은 이미 5조 원 이상으로 커졌어.

특히 2024년, 펫보험(반려동물보험)은 판매가 시작된 2019년과 비교했을 때 5배 이상 성장했다고 해. 펫보험을 판매하는 회사는 메리츠화재, 한화손해보험, 롯데손해보험, 삼성화재, 현대해상 등 총 10곳인데, 2023년 새로 계약한 건수는 5만 8,456건으로 전년도 3만 5,140건보다 무려

66.4%가 증가했어. 또 반려동물의 미용과 위생을 책임지는 그루밍 시장도 단순한 털 손질을 넘어 웰빙 산업으로 확장되고 있어. 비건·천연 원료 제품은 꾸준히 증가했고, AI 피부 진단 샴푸와 펫 스파·아로마 케어는

↑ 반려견 미용의 진화

이미 새로운 트렌드로 자리 잡았지. 이제는 스마트 그루밍 기기까지 등장하며 시장의 규모가 이전보다 훨씬 더 커졌어.

펫코노미는 기존의 경쟁이 치열한 시장에서 벗어나 새로운 가치를 만들어 내는 퍼플오션(치열한 경쟁 시장인 레드오션과 경쟁자가 없어 유망한 시장인 블루오션을 조합한 말. 기존의 레드오션에서 발상의 전환을 통하여 새로운 가치의 시장을 만드는 경영 전략)의 좋은 예시야. 펫팸족을 위한 다양한 제품과 서비스는 기존의 일반적인 반려동물 관련 시장과는 달리 더 고급화된 소비 시장을 창출해서 기업들에게 새로운 성장 기회를 주고 있어. 펫팸족과 펫코노미의 확대는 불황 속에서도 삶의 질을 유지하고자 하는 사람들의 욕구가 반영된 결과야. 사람들은 반려동물과의 유대감을 통해 스트레스를 해소하고 정서적인 안정감을 찾으려고 해. 앞으로 펫코노미 산업은 어떻게 변할까? 고객의 요구가 반영된 새로운 맞춤형 제품과 어떤 창의적인 서비스가 생길지 기대돼.

1. '펫팸족(Pet+Family)'이란 어떤 사람들을 뜻할까?

① 반려동물을 잠시 맡아 주는 사람들　　② 반려동물을 가족처럼 돌보는 사람들

③ 반려동물을 전문적으로 훈련하는 사람들

④ 반려동물 관련 상품을 판매하는 사람들

⑤ 반려동물의 건강을 연구하는 과학자들

2. '퍼플오션(Purple Ocean)' 전략의 의미로 옳은 것은?

① 이미 경쟁이 끝난 시장을 포기하는 전략

② 전혀 새로운 제품을 무작정 내놓는 전략

③ 해외 시장으로 빠르게 진출하는 전략

④ 가격을 낮춰 소비자를 끌어들이는 전략

⑤ 기존 시장에서 경쟁을 피해 새로운 가치를 창출하는 전략

3. 다음 빈 칸에 알맞은 말을 채워 보자.

> 1) 우리나라는 동물 학대를 막기 위해 기존의 '동물보호법'을 개편해
>   ___________으로 바꾸었어요.
> 2) 구글과 아마존 같은 글로벌 기업에서는 직원들의 워라밸을 위해
>   ___________제도를 허용하고 있어요.

4. 너희가 펫코노미 기업에서 일한다면 펫팸족을 위해 어떤 상품이나 서비스를 개발하면 좋을까?

힌트 먹거리·건강·여가·정서적 교감 중 하나의 영역에서 새롭고 실용적인 아이디어를 생각해 봐.

더 알고 싶어 119

📖 도서　▷ 영상　🔍 사이트

📖 **『반려견 라이프스타일 매뉴얼』 (유준호, 라온북, 2022)**
반려견을 맞이하는 준비부터 행동 이해, 건강 관리, 산책, 훈련 등 반려견에 대한 실용적인 지식과 매너를 알려 주는 책이야.

▷ **펫코노미 '요람에서 무덤까지' (월요지식회, 별별TV)**
이 영상은 반려동물을 인간처럼 대하는 '펫 휴머니제이션' 트렌드를 쉽고 재미있게 분석해 주는 영상이야.

🔍 **동물복지 강화 기반 만든다 (대한민국 정책브리핑)**
선진적인 동물 정책과 제도 변화에 대한 최신 정보를 파악할 수 있어.

아, 사과를 맘껏 먹던 옛날이 그리워요

[사회편] 애그플레이션의 특징과 원인

사과 한 개당 가격이 4,000원까지 올랐었어. 예전엔 먹으면 건강에 좋다고 해서 붙여진
별명인 '금사과'가 갑자기 비싸서 사 먹기 힘든 진짜 '금사과'가 되어 버렸지.
이런 현상과 관련있는 애그플레이션을 함께 살펴보자.

학습 키워드　#애그플레이션 #기후플레이션 #사재기 #관세 #대체재

교과 연계　중3 〉 국어 〉 읽기는 사회문화적 맥락에서 의미를 구성하는 과정임을 이해하며 사회적 독서
에 참여하고 사회적 독서 문화 형성에 기여한다.

과일 값이 많이 올랐어. 경향 신문의 '사과 비싼데 수입하면 안 될까?'(2024년 4월 30일 뉴스레터) 기사에 따르면 2024년 3월 기준으로 전년도와 비교했을 때 사과는 88.2%, 배는 87.8%나 가격이 올랐대.

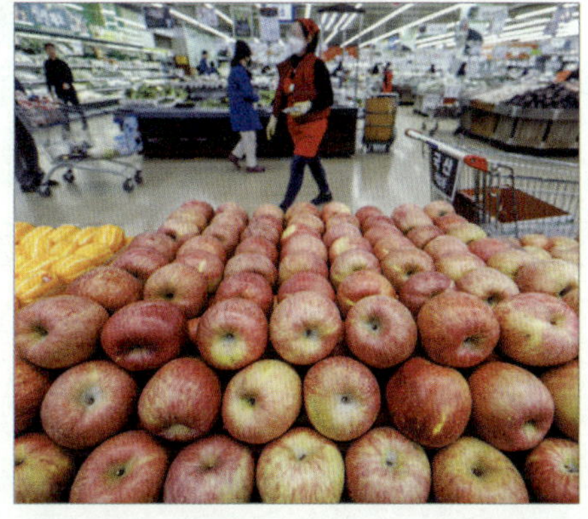

　사과 가격이 오르니까 다른 과일과 야채, 먹거리도 덩달아 올랐어. 월급은 제자리인데 생활 물가가 이렇게 큰 폭으로 오르니 서민들의 한숨은 깊어지고 있어. 애그플레이션 Agflation, Agriculture(농업)+Inflation(물가 상승)은 이처럼 농산물 가격이 상승해

서 일반 물가도 따라 올라가는 현상을 의미해.

사과 가격은 왜 이렇게 올랐을까? 가장 큰 원인은 기후변화 탓이야. 봄 기온이 많이 떨어져서 사과나무가 냉해를 입었고, 장마가 너무 길어져서 열매가 덜 열렸대. 또 사과 주산지에서는 수확 시기에 검은 점이 생기는 탄저병과 사과가 부서지는 무름병까지 돌아서 생산량이 30% 이상 감소했대. 요즘 지구온난화 때문에 세계적으로 폭염과 가뭄, 홍수, 폭설 등 종잡을 수 없는 이상기온 현상이 나타나고 있는데 이런 기후변화로 농산물의 수확량이 줄어드니까 과일과 채소 가격이 오르는 거야. 이처럼 기후변화가 농작물 생산량에 영향을 미쳐서 식품 가격이 상승하는 현상을 기후플레이션climate inflation이라고 해. 결국 금사과가 된 이유도 지구온난화가 범인이었던 거야.

미국 등 다른 국가에서는 한국 과일의 또다른 상승 이유를 정부의 엄격한 생과일 수입 정책 때문이라고 지적했어. 한국은 원칙적으로는 우리의 자연 생태계와 농산업을 보호하기 위해 생과일 수입을 금지해 왔지. 한국에서는 농가를 보호하고 외국산 병충해를 막기 위해 사과, 배, 복숭아, 수박 같은 과일은 모두 국내산만 먹을 수 있어. 또 수입이 필요한 경우에는 위험을 분석하고 철저한 검역을 거친 다음에 매우 엄격하게 수입을 결정하지. 농림식품부는 과일 값 폭등을 막기 위해 사과 수입 대신 대체재인 오렌지, 바나나, 파인애플, 망고 같은 외국 과일을 대량으로 들여왔어. 수입량을 늘리기 위해 관세를 낮췄고, 다양한 과일을 시장에 많이 풀었지. 하지만 비싼 국산 과일의 가격이 낮아지기는커녕 오렌지와 바나나 등 수입 과일도 가격이 올랐어. 덩달아 애호박, 양배추 등 채소 가격까지 올라서 난감한 상황이야.

유통업체의 사재기가 원인이라는 주장도 있어. 2024년 4월 30일에 방

영된 MBC 〈PD 수첩〉 '위기의 밥상 물가, 사과와 대파는 죄가 없다' 편에서는 경매로 가격이 결정되는 도매 시장의 구조가 사과 값을 올렸다고 지적했어. 그날 물량에 따라 가격이 결정되는 구조상 당일 경매장에 들어오는 사과가 적으면 가격이 오르고 물량이 많으면 가격이 떨어진다는 거지.

농민들은 지금 대형 유통업체가 사과를 대량으로 사재기해서 창고에 그대로 보관만 해 놓고 가격이 오르면 사과 상자를 조금씩 내놓으면서 많은 돈을 벌고 있다고 주장했어. 농민들은 이렇게까지 오른 금액에 사과를 팔지 않았는데, 자꾸 가격이 올라서 농민만 돈을 버는 것처럼 오해받는 게 속상하다고 말했지. 사과 수확량이 줄긴 했지만, 못난이 사과까지 시중에 풀어서 실제 유통량은 줄지 않았대. 그런데 사과 때문에 애그플레이션이 나타난 걸로 알려져서 한숨만 늘어난 서민들이 다들 농민 탓만 하고 있다는 이야기야. MBC 〈PD수첩〉에서는 농부들의 텅텅 비어 있는 창고와 대형 유통업자들의 사과 상자가 꽉 차 있는 창고 모습을 비교하며 보여 줬어. 이 영상을 보니까 하루빨리 유통 구조가 개선돼야겠다는 생각이 들더라. 예전처럼 새콤달콤한 사과를 마음껏 먹을 수 있는 날이 빨리 오기를. 너희도 그렇지?

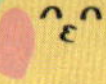

1. 다음 글을 읽고 내용에 알맞게 ○안을 채워 보자.

> ○○○○○○(은)는 농산물 가격이 상승해서 일반 물가도 따라 올라가는 현상을 가리키는 말이야. 기후변화가 농작물 생산량에 영향을 줘서 식품 가격이 상승하는 현상은 ○○○○○○(이)라고 해.

2. 사과 가격이 급등한 가장 큰 원인으로 글에서 언급되지 않은 것은 무엇일까?

① 기후변화로 인한 냉해와 긴 장마
② 탄저병·무름병 같은 병충해 발생
③ 정부의 생과일 수입 제한 정책
④ 대형 유통업체의 사재기와 경매 구조
⑤ 농민들의 지나친 이윤 추구

3. 글에 따르면, 한국이 사과·배·복숭아·수박을 국산으로만 먹도록 하는 가장 중요한 이유는 무엇일까?

① 농민들의 소득을 늘리기 위해
② 해외 과일보다 국산 과일의 맛을 지키기 위해
③ 외국산 병충해 유입을 막고 농업을 보호하기 위해
④ 가격을 안정적으로 유지하기 위해
⑤ 소비자의 선택권을 제한하기 위해

4. 한국 정부가 사과 가격 급등에 대응해 수입한 대체 과일이 아닌 것은?

① 오렌지　　② 바나나　　③ 파인애플　　④ 망고　　⑤ 포도

더 알고 싶어 119

📖 도서　▷ 영상　🔍 사이트

📖 **『청소년을 위한 기후변화 에세이』** (남성현, 해냄, 2024)
　기후변화가 왜 일어나는지, 그리고 우리가 지금 무엇을 해야 하는지 명확한 근거와 사례로 설명하는 책이야.

▷ **위기의 밥상 물가, 사과와 대파는 죄가 없다** (MBC PD수첩)
　농산물 가격이 왜 오르는지, 그 뒤에 숨은 구조적 문제를 팩트와 취재로 보여 주는 영상이야.

🔍 **사과 비싼데 수입하면 안 될까?** (경향신문)
　사과 수입이 왜 쉽지 않은지 기후·유통·시장 구조를 통해 설명하는 기사문이야.

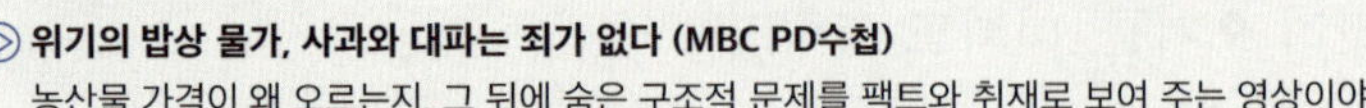

세로토닌은 늘리고,
환경호르몬은 줄이고

[과학편] 건강에 이로운 호르몬과 해로운 환경호르몬

행복에 대한 관심이 높아지면서 사람들이 호르몬에 주목하고 있어.
우리 몸에 유익한 호르몬과 건강을 해치는 환경호르몬의 특징을 알아보고
또 건강을 지키기 위해 우리가 할 수 있는 노력까지 함께 살펴보자.

학습 키워드　#호르몬 #화학전달물질 #세로토닌 #환경호르몬

교과 연계　중3 〉 국어 〉 읽기는 사회문화적 맥락에서 의미를 구성하는 과정임을 이해하며 사회적 독서에 참여하고 사회적 독서 문화 형성에 기여한다.

호르몬은 내장의 여러 기관 혹은 세포에서 분비되는 화학전달물질을 말해. 호르몬은 혈액을 타고 이동하지. 성호르몬으로 불리는 '에스트로겐'과 '테스토스테론', 대사를 조절하는 '갑상선 호르몬', 성장을 촉진하는 '성장 호르몬', 혈당을 조절하는 '인슐린' 등이 대표적이야.

↑ 세로토닌이 많이 함유된 음식

또 정신 건강을 주관하는 다양한 신경전달물질도 있어. 기분을 안정시키고, 수면과 식욕을 조절하는 '세로토닌'과 사람 간의 신뢰와 유대

감을 강화하는 '옥시토신', 보상과 쾌락을 느끼게 하는 '도파민'이 있지.

그중 행복 호르몬이라고 불리는 세로토닌은 마음을 안정시키는 데 중요한 역할을 하고 여러 정신 질환과도 깊은 관련이 있어. 세로토닌이 충분하면 마음이 편안해지지만, 부족하면 무기력하거나 우울한 기분이 오래 이어질 수 있지. 특히 봄보다 겨울에 더 울적해지는 것은 햇빛을 쬐는 시간이 줄어들면서 세로토닌이 감소하기 때문이야. 이런 우울한 감정을 그냥 방치하면 치료가 필요한 상태로 발전할 수 있으니 조심해야 해.

세로토닌 분비를 늘리려면 어떻게 하면 좋을까? 우리 몸은 세로토닌의 약 90% 이상을 장에서 생성해. 그만큼 먹는 음식과 장 속 환경이 중요하지. 장 속에 유익균이 다양하고 많을수록 마음이 안정되고 기분도 좋아져. 또 인지 지능을 높여서 학습 성과에도 큰 영향을 미칠 수 있지. 세로토닌을 늘리려면 녹황색 채소, 미역, 양배추, 바나나처럼 식이섬유가 풍부한 음식을 먹는 것이 좋아. 라면이나 과자처럼 자극적인 음식은 합성 첨가물이 많이 들어 있어서 장 속에 해로운 세균이 늘어나서 참을성을 떨어뜨리고, 기분을 쉽게 짜증나게 만들 수 있어.

세로토닌의 주성분은 '트립토판'이라는 단백질이야. 트립토판은 붉은 고기, 치즈나 요구르트 등의 유제품, 견과류, 바나나, 조개류, 현미 등에 많이 들어 있어. 건강하고 똑똑해지려면 자연식품을 좀 더 먹어야겠지?

또 하루 30분 정도 햇볕을 쬐면 세로토닌이 충분히 분비돼. 여기에 산책까지 하면 분비량이 더 늘어나지. 심호흡을 하거나 귀와 눈 사이에 맥박이 뛰는 관자놀이를 마사지하고, 잔잔한 음악을 들으면 마음을 안정시키는 데 큰 도움이 돼.

환경호르몬의 위험성

하지만 환경호르몬은 조심해야 해. 이것은 다른 호르몬의 정상적인 활동을 방해해서 호르몬 균형을 깨뜨리거든. 환경호르몬은 화학물질인 플라스틱, 살충제, 화장품 등을 통해서 우리 몸속에 들어와. 이들은 우리 몸속에서 만들어지는 호르몬과 성분이 유사해

↑ 세로토닌을 채워 주는 햇살 산책

서 호르몬을 생성하는 내분비 기능을 약화시키지. 유방암이나 전립선암처럼 호르몬의 이상 현상으로 인해 생긴 질병을 만들어 내거나 당뇨나 비만, 자폐증과 같은 각종 질환을 발생시키기도 해.

2013년 세계보건기구WHO는 환경호르몬을 '세계적인 위협'이라고 규정했어. 특히 플라스틱이나 비닐 제품, 어린이들 장난감에 함유된 '비스페놀 A'는 매우 흔히 발생하는 환경호르몬이라서 특히 주의가 필요해. 비스페놀 A는 인체에 흡수되면 내분비계를 교란시켜 기형아 출산, 무정자증, 성조숙증, 행동장애 등을 일으키는 것으로 알려져 있어. 최근에는 인슐린, 혈당, 갑상선 호르몬 등에도 영향을 준다는 사실이 밝혀졌지.

그러니까 뜨거운 음식을 플라스틱 용기나 비닐에 넣으면 안 돼. 또 플라스틱을 전자레인지로 가열하면 환경호르몬에 노출될 위험이 높으니까 주의해야 해. 여름철에 페트병에 든 생수를 햇볕이 강하거나 밀폐된 공간에 오래 두는 것도 조심해야겠지? 영수증에서도 비스페놀 A가 검출될 확률이 높으니까 영수증을 만지면 손을 꼭 씻는 것 잊지 마.

1. 다음 글을 읽고 내용에 알맞게 ○안을 각각 채워 보자.

> 행복 호르몬이라고 불리는 ○○○○(은)는 심리적 안정감에 중요한 역할을 하며, 정신 질환과도 관련이 깊다고 해. 하지만 ○○○○○(은)는 체내 호르몬의 정상적인 활동을 방해해서 균형을 깨뜨리는 작용을 하고 있어.

2. 환경호르몬의 대표적인 성분으로 플라스틱과 비닐, 어린이 장난감에서 흔히 발견되는 것은 무엇일까?

3. 다음 문장의 빈칸을 채워 보자.

> 1) 세로토닌의 주성분은 _________이며, 붉은 고기·치즈·견과류·바나나 등에 풍부하다.
> 2) 세로토닌을 늘리기 위해서는 하루 ______분 정도 햇볕을 쬐는 것이 좋다.

4. 환경호르몬 노출을 줄이는 방법으로 옳지 않은 것은 무엇일까?

① 영수증을 만진 뒤 손을 씻는다.
② 플라스틱을 전자레인지에 가열하지 않는다.
③ 여름철에 페트병 생수를 햇볕에 오래 두지 않는다.
④ 'BPA Free'라고 적힌 플라스틱이라면 뜨거운 음식을 담아도 안전하다.
⑤ 물을 자주 마셔 체내 노폐물을 배출한다.

 더 알고 싶어 119　　　　📖 도서　▶ 영상　🔍 사이트

📖 『내 몸이 궁금한 10대를 위한 호르몬 수업』 (박승준, 봄마중, 2024)
몸과 감정이 흔들리는 이유를 호르몬 변화로 명확하게 설명해 주는 책이야.

📖 『청소년을 위한 개념 있는 식생활』 (배혜림, 이윤정, 뜨인돌, 2024)
우리가 매일 먹는 음식이 몸과 환경, 사회와 연결되어 있다는 사실을 알려 주는 책이야. 무엇을 선택해 먹느냐가 곧 나의 삶의 태도가 된다는 것을 깨닫게 될 거야.

▶ 환경호르몬, 누구냐 너?-계명찬 교수편 (JTBC, 차이나는 클래스)
환경호르몬의 정체와 위험을 쉽고 명확하게 설명해 주는 영상이야. 작은 생활 습관 하나가 내 몸을 지키는 첫 시작이 될 수 있음을 깨닫게 될 거야.

과연 인간이
화성에 살 수 있을까?

[과학편] 화성의 특징과 NASA의 차피(CHAPEA) 실험 

과학자들은 왜 화성을 지구의 대안으로 꼽을까? 미국 NASA는 차피(CHAPEA)라는
장기 프로젝트를 진행 중이고, 또 2030년에는 화성에 사람을 보내는 탐사 계획도 세우고 있대.
지금부터 인류의 화성 거주를 위한 연구들을 살펴볼게.

학습 키워드 #화성유인탐사 #NASA #3D 프린터

교과 연계 중3 〉 국어 〉 읽기는 사회·문화적 맥락에서 의미를 구성하는 과정임을 이해하며 사회적 독서
에 참여하고 사회적 독서 문화 형성에 기여한다.

급격한 기후변화로 해수면이 상승하면서 땅이 점점 줄어들고 농작물의 생산량도 줄고 있어. 또 자연재해가 늘어나고 화석연료와 식수가 점점 줄어들면서 지구는 점점 인간이 살 수 없는 환경으로 변하고 있지. 게다가 과학자들은 소행성 충돌이나 전염병, 핵전쟁 같은 위험에 대비하기 위해서라도 인류가 생존 가능한 다른 행성을 찾아야 한다고 주장하고 있어.

스페이스X의 CEO인 일론 머스크를 비롯한 전문가들은 화성을 인류가 이주할 수 있는 유력한 후보 행성으로 꼽았어. 화성의 하루 길이는 약 24.7시간으로 지구와 비슷하고, 얼음 형태이긴 하지만 물도 조금 존재한대. 또 광물과 금속 같은 다양한 자원이 있어서 도시를 건설할 수도 있다고 해. 또 화성의 중력은 지구의 약 38%로 다른 행성에 비해 상대적으로 높기 때문에 충분히 인간의 활동이 가능하고, 무엇보다 지구와 가

까워서 탐사를 하거나 자원을 확보하기가 편해. 하지만 화성은 낮과 밤의 기온차가 무척 커. 낮에는 10도지만 밤에는 -30도 이하로 떨어지는 곳이 많대. 또 대기의 95%가 이산화탄소이고 산소는 0.13%에 불과해서 사람이 호흡하며 살 수가 없어. 대기층도 얇아서 방사선에 그대로 노출되고 먼지 폭풍도 자주 분다고 해. 이처럼 극한의 환경인 화성을 인류의 새로운 거주지로 삼기 위해 과학자들은 탐사 로봇을 보내 화성의 환경을 관찰하고 인간이 환경에 적응할 수 있는 방법을 연구하고 있어.

인류의 화성 거주를 위한 차피 프로젝트

2030년에 '화성 유인 탐사'를 계획하고 있는 NASA에서는 '사람이 외계 행성에서 신체적, 정신적 문제 없이 장기간 살 수 있을까?'라는 주제로 '차피CHAPEA'라는 프로젝트를 수행했어. 미국 휴스턴의 존슨우주센터에 마련된 $158m^2$(약 48평) 면적의 가상 화성 기지 '마스 듄 알파Mars Dune Alpha'에 화성과 유사한 환경을 갖추고 네 명의 사람들이 2023년 6월부터 2024년 7월 6일까지 약 1년간 살았던 거야. 이곳은 4개의 방과 2개의 화장실 겸 욕실, 주방, 실험 공간, 피트니스 공간, 작물 재배 구역 등으로 이루어졌어. 시멘트와 물, 용암석을 혼합한 일명 '라바크리트Lavacrete'를 3D 프린터로 층층이 쌓아 지었지. 화성에서도 현지 자원으로 건물을 지어야 하는데, 3D 프린터를 미리 활용해 본 셈이지. 기지 외부에는 $111m^2$의 붉은 모래밭을 조성해서 실제 화성과 비슷하도록 만들었어.

이들은 각각 사령관, 비행 엔지니어, 의료 담당관, 과학 사무관의 역할을 맡아 화성에서 겪을 수 있는 일들을 실제로 체험했대. 참가자들은 우주복을 입은 채 이곳에서 우주기지를 정비하고, 암석 샘플 수집과 태양전지 정비 등의 임무를 수행했어. 제공받은 우주 식품과 식수를 먹고,

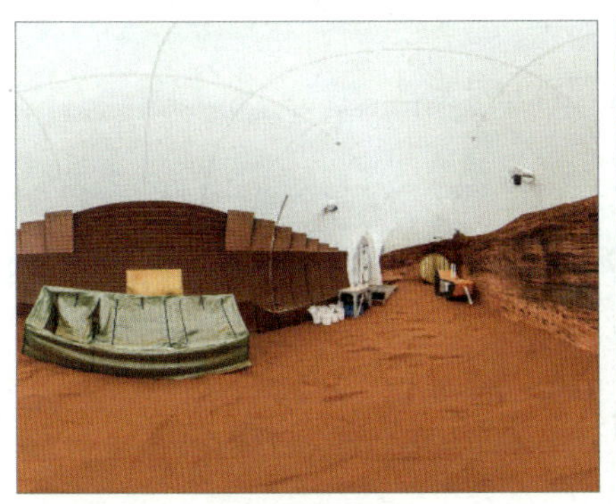

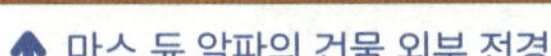

↑ 마스 듄 알파의 건물 외부 전경　　↑ 마스 듄 알파의 내부 모습

기지 내에서 직접 채소를 재배해 식료품을 보충했어. 실제 지구와 화성처럼 통신이 약 22분간 늦어지는 형태를 유지했고, 다른 자원을 추가로 보급하지도 않았대. 이들은 제한된 자원을 철저하게 관리하면서 다양한 임무를 수행해야 했어.

이 미션은 화성 장기 거주가 인간의 신체와 정신에 어떤 영향을 미치는지를 관찰하려고 설계됐어. 고립된 상황에서 발생하는 참가자 간의 감정 충돌과 갈등 여부도 주요 관찰 대상이었지. 이를 위해 참가자들은 정기적으로 샘플 혈액을 제출하고, 심리와 건강 자료를 제공했다고 해.

NASA 측은 이 프로젝트를 통해 장기간의 화성 임무 과정을 성공적으로 시뮬레이션할 수 있었어. 다양한 임무를 통해 미래의 화성인이 경험하게 될 스트레스 상황을 미리 예측할 수 있었지. 이 실험의 엔지니어로 참가한 로스 브록웰 대원은 임무 종료 후에 "자원을 보충하는 속도보다 빨리 사용하거나 우리가 처리할 수 있는 속도보다 쓰레기를 많이 만들면 안 된다는 것을 알았고 이를 실천하려고 노력했다."고 밝혔어. 앞으로도 계속 이어질 차피 실험의 성과가 인류의 화성 거주를 현실로 만들어 줄 발판이 될 수 있을까?

1. 다음 글을 읽고 내용에 알맞게 ○ 안을 채워 보자.

> 2030년에 ○○○○○(을)를 계획하고 있는 미국 항공 우주국은 ○○○○○(을)를 층층이 쌓아 지은 가상의 화성 기지에서 사람이 약 1년 동안 사는 실험을 진행했어.

2. 과학자들이 화성을 인류의 대안 행성으로 꼽는 이유로 옳지 않은 것은?

　① 하루 길이가 지구와 비슷하다.
　② 얼음 형태의 물이 존재한다.
　③ 지구보다 중력이 강하다.
　④ 다양한 광물과 금속 자원이 있다.
　⑤ 지구와 가까워 탐사와 자원 확보가 비교적 쉽다.

3. 차피(CHAPEA) 프로젝트 참가자들이 실제 화성 환경을 시뮬레이션하기 위해 한 활동으로 옳지 않은 것은?

　① 우주복을 입고 태양전지 정비
　② 화성 지형을 본뜬 모래밭에서 암석 샘플 수집
　③ 기지 안에서 채소 재배
　④ 지구와 화성 간 22분 통신 지연 조건 유지
　⑤ 화성에서 발견된 생명체 관찰 및 기록

4. 차피 실험 참가자들은 제한된 자원을 관리하면서 어떤 점을 깨달았을까? 자신의 생활과 연결해 설명해 보자.

 더 알고 싶어 119
　📖 도서　▷ 영상　🔍 사이트

📖 『Go! Go! 화성 탐험대』 (뮈리엘 쥐르세, 그린애플, 2021)
　과학자가 왜 화성을 '지구 다음 가능성'으로 바라보는지, 실제 탐사 과정과 장비, 미래 거주 계획까지 만화처럼 쉽고 생생하게 알려 주는 책이야.

▷ 영화 〈마션〉 화성에 홀로 남겨진 한 과학자가 포기 대신 문제 해결을 선택하는 과정을 보여 주는 이야기야. 불가능해 보이는 순간에도 지식과 끈기가 길을 만든다는 걸 배울 수 있어.

🔍 NASA 홈페이지 실제로 진행 중인 화성 탐사와 우주 연구의 최신 정보를 가장 먼저 만날 수 있는 곳이야.

인간을 뛰어넘는
강인공지능 로봇이 성큼

[기술편] 인공지능 기술의 종류와 발전 현황

인공지능 기술이 빠르게 발전하고 있어. 그런데 빅테크 기업이 모여 있는 실리콘밸리에서는 대량 해고를 단행했대. 인공지능의 발전과 해고 사태는 어떤 관련이 있을까? 그리고 사람처럼 사고하는 강인공지능이 나타날 미래를 우리는 어떻게 준비해야 할까?

학습 키워드　#강인공지능 #약인공지능 #딥러닝 #자연어처리 #컴퓨터비전 #로보틱스
교과 연계　중3 〉 국어 〉 진로나 관심 분야에 대한 다양한 책이나 자료를 스스로 찾아 읽는다.

　　딥러닝이 발전하면서 인공지능 로봇이 날로 정교하고 빠르게 성장 중이야. 과학자들은 사람과 자연스럽게 대화하고 많은 문제를 자율적으로 해결하는 능력을 갖춘 '강인공지능^{AGI}'이 조만간 나타날 거라고 전망하고 있어.

　　강인공지능은 상황과 정보를 활용해서 스스로 생각하고 학습할 수 있어. 독특한 창작물을 만들고 돌발적인 문제가 생기더라도 사람처럼 여러 상황을 고려해 문제를 해결하는 지적 능력을 갖추고 있지. 반면 궁금한 질문에 답해 주는 '챗GPT'나 바둑에 특화된 '알파고', 주문을 접수하는 '키오스크'는 특정 기능에만 집중한 약인공지능에 해당해.

　　강인공지능을 개발하려면 딥러닝이나 자연어 처리, 컴퓨터 비전, 로보틱스 같은 다양한 기술이 필요해. 이들은 모두 인간의 인지 및 행동 능

력을 모방해서 개발된 기술들이야.

'딥러닝'은 인간의 뇌가 정보를 처리하고 학습하는 방식을 모방하는 기술이야. 인간은 경험을 하면서 패턴을 인식하고, 이를 바탕으로 정보를 이해하지. 딥러닝 모델 역시 다층 신경망을 통해 대량의 데이터를 인식하고, 유사한 패턴을 찾아내는 학습법이야.

'자연어 처리' 기술은 인간이 언어를 이해하고 사용하는 방식을 모방하는 거지. 인간은 문맥을 고려해서 단어의 의미를 파악하고, 문장을 구성하잖아. 자연어 처리 기술도 텍스트 분석과 감정 인식, 기계 번역 등을 통해 언어의 의미를 상황 속에서 파악하고 생성해.

'컴퓨터 비전'은 인간의 시각적 인식 능력을 모방하는 기술이야. 인간은 눈으로 사물을 인식하고, 그 형태와 색깔, 움직임을 분석한 다음 주변 환경을 이해하지. 컴퓨터 비전 기술도 이미지와 비디오 데이터를 처리하면서 대상을 인식하고 상황을 파악해.

마지막으로 '로보틱스'는 인간의 신체 움직임과 물리적 상호작용을 모방한 기술이야. 인간은 손과 팔을 사용해 물체를 조작하고, 주변 환경과 상호작용하고 있어. 로봇도 센서를 통해 물체를 인식하고, 에너지를 활용하여 물건을 기계적으로 조작하지. 최근에는 인간처럼 부드럽고 섬세한 동작을 모방하는 방향으로 발전하고 있다고 해.

인간의 역할을 대체하는 인공지능

미국의 투자은행 골드만삭스는 2035년까지 기존 일자리 중 3억 개가 사라질 거라고 예측했어. 특히 이런 현상은 정보기술IT 분야에서 두드러질 거야. 구글, 메타, 애플, 넷플릭스 같은 미국 실리콘밸리에 있는 빅테크 기업에서 많은 직원을 해고했거든.

인공지능을 도입하면서 업무를 자동화, 시스템화하며 단순 작업은 대부분 AI로 대체되고 있기 때문이야. 마이크로소프트는 2024년 1월, 비용 절감을 위해 직원 1만 명을 해고한 뒤, 며칠 만에 'OpenAI'에 '몇십억 달러'짜리 대형 투자 계획을 공개했어. 페이스북과 인스타그램을 거느린 메타도 임직원 1

↑ 인공 지능이 바꾼 업무 환경

만 명을 해고하며 인공지능에 대한 투자 확대 계획을 밝혔다고 해.

이처럼 인공지능 기술의 발전은 인간의 역할을 급속도로 대체하고 있어. 딥러닝과 자연어 처리 기술이 발전하면 고객 서비스, 데이터 분석, 콘텐츠 생성 등 다양한 분야에서 챗봇이 인간의 역할을 대체하게 될 거야. 컴퓨터 비전 기술은 제조업이나 물류 분야에서 자동화된 품질 검사 시스템과 로봇이 물품을 분류하는 작업을 증가시켰고, 산업 전반을 자동화시킨 로보틱스 기술은 로봇이 인간 대신 부품을 조립하게 만들어서 결과적으로 대량 해고 사태를 부른 거야.

전문가들은 아무리 인공지능이 발달해도 철학적이고 추상적인 개념을 인간과 같은 수준으로 이해하는 것은 불가능하다고 말해. 또 사회성을 바탕으로 사람과 공감하며 협업하는 것과 창의성 그리고 감성 영역도 인간 수준까지 끌어올리는 건 어렵다고 말하지. 강인공지능 시대, 언젠가 다가올 미래지만 두려워만 하지 말고 대체되지 않는 너만의 전문 분야를 만들어 보자.

1. 다음 글을 읽고 내용에 알맞게 ○안을 채워 보자.

> 일반인공지능이라고도 불리는 ○○○○○(은)는 추가 데이터를 입력하지 않아도 주어진 상황과 정보를 활용해 스스로 생각하고 학습할 수 있어. 반면 ○○○○○의 대표적인 모델은 챗GPT인데 특정 기능에만 집중적으로 활용이 돼.

2. 다음 기술 설명과 관련 분야가 올바르게 연결된 것은?

① 딥러닝 - 인간의 신체 움직임 모방

② 자연어 처리 - 인간의 언어 이해 및 생성

③ 컴퓨터 비전 - 에너지 활용 및 물체 조작

④ 로보틱스 - 패턴 인식과 학습

⑤ 자연어 처리 - 이미지와 영상 분석

3. 인공지능이 대체할 수 없는 '나만의 전문 분야'를 찾기 위해 자신이 좋아하는 활동을 한 가지 적고 그것을 미래 직업과 연결해 보자.

힌트 좋아하는 활동이 단순한 취미로 머무르지 않고, 직업으로 이어지도록 상상해 봐.

 ### 더 알고 싶어 119

📖 도서　▷ 영상　🔍 사이트

📖 **『High 인공지능 Hi 인류의 미래』** (경기도책공작소독서기반교육연구, 푸른길, 2024)
인공지능이 가져올 변화를 청소년의 눈높이에서 현실적이면서도 균형 있게 설명해 주는 책이야. 이 책을 읽으면, 두려움이 아니라 준비된 미래가 무엇인지 알 수 있을 거야.

📖 **『청소년을 위한 이것이 인공지능이다』** (김명락, 슬로디미디어, 2022)
인공지능이 어떻게 생각하고 작동하는지, 그리고 그 변화 속에서 인간만이 할 수 있는 역할이 무엇인지 명확하게 보여 주는 책이야.

🔍 **과학자들이 걱정하는 인공지능이 진짜 무서운 이유** (보다 BODA)
이 콘텐츠를 보면, 우리는 기술의 속도를 따라가는 것이 아니라 생각하는 인간으로서 방향을 선택해야 한다는 사실을 깨닫게 될 거야.

이제 캔버스가 아닌 디지털 드로잉 시대

[예술편] 디지털 드로잉의 특징과 미래 전망

21세기, 예술의 패러다임이 변하고 있어. 그중에서도 디지털 드로잉은
전통적인 캔버스를 대체하는 중요한 예술 형식으로 자리 잡았지.
이번에는 디지털 드로잉의 특징과 이에 도전할 때 알아 둘 만한 사항들을 알아볼게.

학습 키워드　#디지털드로잉 #레이어 #GIF #NFT #가상현실(VR) #증강현실(AR)

교과 연계　고1 〉 국어 〉 자신의 진로나 관심 분야와 관련한 다양한 글이나 자료를 찾아 주제 통합적으로 읽고 읽은 결과를 공유한다.

　디지털 드로잉은 컴퓨터, 태블릿, 스마트폰 등 디지털 기기를 사용해서 그림을 그리는 과정이야. 이 방식은 종이나 캔버스에 작업하는 것과 달리 계속 수정할 수 있고, 다양한 도구를 활용하기 때문에 누구나 창의적인 작품을 만들 수 있어. 초기에는 단순한 그래픽 소프트웨어로 시작했지만, 현재는 다양한 전문 프로그램Adobe Photoshop, Procreate, Clip Studio Paint 등이 등장해서 예술가들에게 다양한 기회를 주고 있지.

　디지털 드로잉의 가장 큰 장점은 접근성이야. 과거에는 비싼 재료와 많은 도구가 있어야 그림을 그릴 수 있었어. 하지만 이제는 저렴한 태블릿과 소프트웨어만 있으면 누구나 쉽게 디지털 아트를 창작할 수 있지. 또 전통 회화에서는 실수를 수정하기가 어려웠지만, 디지털 드로잉에서는 레이어를 이용해 각 요소를 독립적으로 수정하고 조정할 수 있어. 더

자유롭게 그릴 수 있고, 다양한 브러시와 패턴을 적용해서 새로운 기법과 독특한 스타일을 만들 수 있게 되었어. 또 애니메이션과 결합할 수 있다는 것도 장점이야. 디지털 드로잉으로 움직이는 이미지나 GIF 형식의 작품을 쉽게 제작할 수 있어서 가능성이 무궁무진해.

하지만 전통 미술은 그 자체를 눈으로 보고 만질 수 있어서 작품의 촉감과 감성을 직접 느낄 수 있었잖아. 반면 디지털 드로잉은 화면상으로만 존재해서 사실감이 떨어지는 면도 있어. 그래도 수정과 복제가 쉽기 때문에 교육 및 상업 부문에 다양하게 활용되고 있지. 온라인 플랫폼 YouTube, Udemy, Skillshare 등에서 디지털 드로잉을 쉽게 가르치고 배울 수 있고, 게임과 애니메이션의 캐릭터 디자인이나 스토리보드, 배경 등도 제작할 수 있어. 패션 디자인에서는 디지털 드로잉으로 스케치와 아이디어를 시각화하고, 광고 캠페인에서는 디지털 아트를 활용해 소비자의 주목을 끄는 브랜드 이미지를 강조해. 요즘은 책, 잡지, 웹사이트 등의 콘텐츠 속 일러스트를 디지털 드로잉으로 제작하기도 한단다.

디지털 드로잉에 도전하기

디지털 드로잉에 도전하고 싶다고? 그럼 기본적으로 태블릿과 펜, 소프트웨어Photoshop, Procreate, Clip Studio Paint 등를 준비하면 돼. 초보자들은 원, 사각형, 삼각형 같은 기본적인 형태부터 연습을 시작하는 게 좋아. 빛과 그림자의 원리를 그림에 적용하면서 입체감을 표현하는 연습이 필요하지. 그래야 물체의 형태를 정확하게 표현하는 능력을 기를 수 있거든. 레이어 기능을 활용하면 배경과 인물, 소품 등을 각각 다른 레이어에 배치할 수 있어서 수정하기가 쉬워. 소프트웨어마다 다양한 브러시와 패턴이 있으니까 이들을 실험하면서 자신만의 스타일을 찾는 게 중요해. 유

⬆ 디지털 드로잉

튜브, 온라인 강좌, 커뮤니티에서 다양한 작품과 자료를 찾아서 공부하고 피드백을 받으며 계속 발전해야겠지? 가장 중요한 것은 꾸준한 연습이야. 시간이 지날수록 실력은 분명히 성장할 거야.

디지털 드로잉의 미래는 밝아. 인공지능의 발전이 새로운 예술 창작의 가능성을 계속 열어 줄 테니까. 사용자가 헤드셋과 안경을 착용하고 가상공간에 들어가서 실제처럼 체험하는 가상현실VR과 실제 세계에 디지털 정보를 추가해 현실을 확장시키는 증강현실AR은 몰입형 예술 경험을 제공하고 있어. 또 다양한 디지털 아트 플랫폼과 소셜 미디어는 예술가와 관객이 시공간의 제약 없이 소통하도록 돕지. 특히 온라인 갤러리는 예술가가 작품을 전 세계에 공유하고 피드백을 받을 수 있게 해 줘. 너희도 디지털 드로잉에 한번 도전해 볼래?

1. 다음 글을 읽고 내용에 알맞게 ○안을 채워 보자.

> 사용자가 헤드셋과 안경을 착용한 후 가상공간에 들어가서 실제처럼 느끼게 하는 ○○○○(VR)(와)과 실제 세계에 디지털 정보를 추가해 현실을 확장시키는 ○○○○(AR) 기술은 몰입형 예술 경험을 제공하고 있어.

2. 디지털 드로잉과 전통 미술의 특징을 설명한 내용으로 옳은 것은?

① 전통 미술은 애니메이션과 결합이 가능하다.
② 디지털 드로잉은 재료가 비싸 접근성이 낮다.
③ 디지털 드로잉은 패턴이나 브러시 실험이 불가능하다.
④ 디지털 드로잉은 수정이 어렵지만 전통 미술은 수정이 쉽다.
⑤ 전통 미술은 촉감을 느낄 수 있지만 디지털 드로잉은 화면에서만 존재한다.

3. 다음 중 디지털 드로잉의 활용 분야로 보기 어려운 것은?

① 게임과 애니메이션의 캐릭터 및 배경 디자인
② 패션 디자인 아이디어 시각화와 스케치 작업
③ 온라인 광고와 브랜드 캠페인 이미지 제작
④ 건축물의 3D 구조 설계와 시공 도면 제작
⑤ 책, 잡지, 웹 콘텐츠의 일러스트 제작

더 알고 싶어 119

▤ 도서　▷ 영상　🔍 사이트

▤ 『하나씩 천천히(디지털 드로잉)』(서은숙, 혜지원, 2022)
디지털 드로잉의 세계를 쉽고 차근차근 안내해 주는 책이야. 이 책을 통해, 빈 화면이 두렵지 않은 창의적 자신감을 얻게 될 거야.

▷ 이솔기의 배워서 바로 써먹는 디지털 드로잉(EBS 평생 학교)
'그림은 어려워'라는 마음의 벽을 깨고, 누구나 지금 바로 그릴 수 있게 길을 열어 주는 영상이야. 이 영상을 보면, 빈 화면 앞에서도 망설임보다 시도해 보는 용기를 낼 수 있을 거야.

진짜보다
더 진짜 같은 가짜

[매체편] 딥페이크 기술의 장점과 문제점

딥페이크 기술은 영화 제작, 게임 산업, 개인의 창작품 등 다양한 방면에서
활발하게 사용되지만 동시에 심각한 문제도 낳았어.
딥페이크 기술의 장점과 문제점 그리고 이에 대한 대책을 함께 살펴볼까?

학습 키워드　#딥페이크 #알고리즘 #프라이버시 #가짜뉴스

교과 연계　중3 〉 국어 〉 매체 소통에서의 권리와 책임을 이해하고, 수용자의 반응을 고려하며 매체 자료의 제작 과정을 성찰한다.

'딥페이크deepfake'는 딥러닝 Deep Learning 기술과 페이크Fake 의 합성어로 인공지능을 기반으로 한 이미지 합성 기술을 뜻해. 딥페이크를 활용하면 원본 이미지나 영상 속의 사람을 다른 사람으로 대체하거나 영상과 오디오를 합성할 수도 있어. 10년 전에는 포토샵이나 일러스트레이

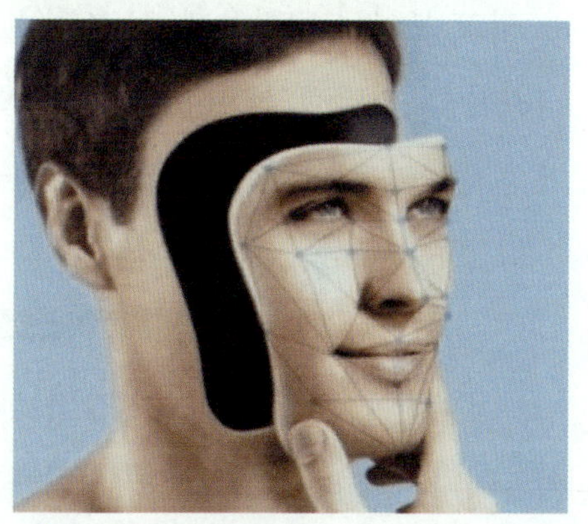

↑ 딥페이크로 얼굴을 대체

터 같은 도구를 써서 이미지나 사진을 엉성하게 합성했었지. 하지만 이제는 딥러닝 알고리즘을 이용하면 누구나 감쪽같이 가짜 이미지와 영상

을 만들 수 있게 되었어.

딥페이크를 생성하는 딥러닝 알고리즘은 GAN^{Generative Adversarial} Network으로 구글 브레인에서 머신 러닝 연구를 수행하던 대학원생이 2014년에 개발했어. 이를 통해 과거에 살았던 유명인이나 돌아가신 가족의 영상을 보거나 목소리를 들을 수 있고, 어떤 사람이 말이나 행동을 실제로 한 것처럼 조작할 수도 있어. 딥페이크 기술은 영화나 게임 같은 엔터테인먼트 산업에서 효과적으로 사용되고 있지. 고인이 된 배우를 영화상에 재현하거나 가상 인물을 마치 살아 있는 존재처럼 만들어서 이야기를 창조할 수 있거든. 저렴한 비용으로 수준 높은 특수 효과를 구현하니까 제작 비용을 줄일 수 있다는 장점이 있지.

교육 콘텐츠에도 딥페이크 기술을 적용하면 흥미로운 학습 영상을 만들 수 있어. 이순신 장군이 임진왜란에 대해 강의하고, 유관순 열사가 3.1 운동에 대해 알려 준다면 몰입이 절로 되지 않겠어? 딥페이크 기술은 광고 분야에도 활용돼. 브랜드의 역사나 메시지를 관련 유명인이 설명하면 더 와닿겠지? 또 자신의 얼굴을 유명 영화나 TV 프로그램 장면에 합성하면 재미있는 콘텐츠를 만들어 사람들의 시선을 끌 수도 있지.

딥페이크의 문제점

하지만 요즘 딥페이크는 장점보다 문제점이 더 크게 부각되고 있어. 얼굴이나 목소리를 합성해서 완벽에 가까운 가짜 영상이나 오디오를 만들어 내니까 개인의 프라이버시를 무단으로 침해하기가 쉬워졌거든. 특히 여성 연예인의 가짜 영상을 제작하는 경우가 많아서 피해가 커지고 있어. 정치인이나 유명 인사의 발언을 조작하는 가짜뉴스가 퍼지는 일도 생겼어. 워싱턴 대학교에서는 2018년, 오바마 미국 전 대통령이 연설하는 영상을 유튜브에 공개했어. 이 영상에서 오바마는 "트럼프 미국 대통령은 완전한 머저리dipshit입니다."라고 과격한 말을 했지. 제작자는 가짜 동영상이 얼마나 심각한지 알리려고 이 영상을 만들었다고 분명히 밝혔지만, 영상이 너무 진짜 같아서 사람들은 오바마 대통령이 실제로 그런 말을 한 거라고 생각하며 깜짝 놀랐어. 제작자는 오바마 전 대통령이 연설할 때의 입 모양과 표정, 얼굴 근육 등을 컴퓨터에게 14시간 동안 학습시켜서 딥페이크 영상을 만들었다고 밝혔지.

이처럼 딥페이크 기술로 만든 가짜뉴스는 정보에 대한 신뢰감을 무너트리고 있어. 진짜 눈에 보이는 대로, 귀에 들리는 대로 믿어서는 안 되는 세상이 되고 만 거야.

딥페이크 영상에 속지 않으려면 실제 인물의 평소 말과 너무 다를 때는 일단 의심부터 해야 해. 얼굴의 움직임이나 표정이 자연스럽지 않다거나, 눈 깜박임이 비정상적인 부분은 없는지 확인하는 거야. 또 음성 인식 기술을 사용해서 음성과 발음이 일관적인지 분석하거나 실제 음성과 비교해서 들어 봐야 해. 요즘에는 딥페이크를 탐지하는 소프트웨어와 도구들도 개발되고 있어. 마지막으로 메타데이터를 확인해야 해. 파일의 제목, 저자, 생성 날짜, 수정 날짜, 데이터에 대한 설명이나 키워드 등을 찾아서 원본이 맞는지, 편집 이력이 있다면 원본 영상과 비교해서 수정된 흔적이 있는지를 확인하는 거야

현재 딥페이크 콘텐츠를 탐지하고 식별하는 기술은 날로 발전하는 중이야. 네이버, 카카오, 구글 등 국내외 플랫폼 기업들은 딥페이크로 만든 콘텐츠를 식별하는 기술 개발에 적극 나서고 있지. 악의적인 콘텐츠를 차단하고 이용자들의 피해와 혼란을 방지하기 위해 모니터링에 힘쓸 계획이라고 해.

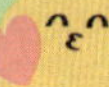

1. '딥페이크, 가짜뉴스, 프라이버시'라는 단어를 이용해서 이 글을 한 문장으로 요약해 보자.

2. '딥페이크(Deepfake)'의 정의로 옳은 것은?

　① 인공지능을 활용한 자동 번역 기술
　② 인간의 뇌 활동을 모방한 인공지능 기술
　③ 딥러닝과 합성을 결합한 이미지·영상 합성 기술
　④ 얼굴 인식을 통해 비밀번호를 대체하는 보안 기술
　⑤ 실제 촬영 장면에 특수효과를 더하는 전통적 영상 편집 기술

3. 다음 중 딥페이크의 긍정적 활용 사례로 적절하지 않은 것은?

　① 영화 속 고인이 된 배우의 재현
　② 광고에서 유명 인물을 등장시켜 메시지를 강화
　③ 개인이 자신의 얼굴을 합성해 재미있는 콘텐츠 제작
　④ 금융 거래에서 본인 인증을 대신하기 위해 얼굴을 합성
　⑤ 교육 콘텐츠에서 역사적 인물이 직접 설명하는 듯한 영상 제작

4. 역사 속 인물 중 한 명을 골라, 딥페이크 기술을 교육에 활용한다면 어떤 장면을 만들고 싶은지 짧게 기획안을 작성해 보자(기획안에는 활용한 인물, 기획 내용, 기대 효과를 넣을 수 있어).

　힌트 역사 속 인물이 직접 등장해 어떤 사건을 설명하는 장면을 상상하기

더 알고 싶어 119

📖 도서　▶ 영상　🔍 사이트

📖 **『AI 영상 제작』 (민지영 외 3명, 길벗, 2024)**
딥페이크를 포함한 AI 영상 기술이 어떻게 만들어지고 어떻게 활용되는지, 그리고 그 안에 숨은 윤리적 문제와 책임까지 함께 알려 주는 책이야.

▶ **딥페이크 범죄 실험 '우리 엄마는 입금할까?'(SBS 그것이 알고 싶다)**
딥페이크 기술이 어떻게 실제 사기와 범죄에 이용될 수 있는지를 실험을 통해 충격적으로 보여 주는 영상이야.

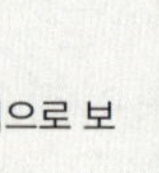

🔍 **방송통신위원회 온라인피해 365센터**
딥페이크 등 온라인에서 발생하는 피해를 24시간 상담하고 신고할 수 있는 공식 센터야.

숏폼과 문해력은 동반자인가 경쟁자인가?

[매체편] 숏폼의 특징과 숏폼으로 문해력을 끌어올리는 방법

숏폼을 보면서 여가를 즐기는 사람이 늘고 있어.
숏폼은 한번 보기 시작하면 멈출 수가 없어서 한두 시간이 뚝딱 흘러가지.
숏폼의 강점과 약점을 알아보고 이를 활용해서 문해력을 키우는 방법도 생각해 보자.

학습 키워드　#숏폼 #OTT #도파민 #편향 #시각적 문해력
교과 연계　중2 〉 국어 〉 복합양식성을 고려하여 영상 매체 자료를 제작하고 공유한다.

바쁜 현대인은 빠르고 간결한 정보를 좋아해. 그래서 최근에는 1분 이내로 메시지를 재미있게 전달하는 숏폼 콘텐츠가 큰 인기를 끌고 있지. 숏폼은 다양한 주제가 담긴 영상에 개성 있는 음악과 효과를 넣어서 사람들의 시선을 끌어. 또 쉽게 만들고 전파할 수 있어서 누구나 자유롭게 자신을 표현하지. 그래서일까? 숏폼은 현대인이 여가 시간을 보내는 방법 중 가장 큰 비중을 차지하고 있어. 앱 분석 서비스인 와이즈앱이 2023년 8월에 실시한 설문 결과, 한국

숏폼 종류

인의 월평균 OTT 사용 시간은 9시간 14분이고, 숏폼 콘텐츠 사용 시간은 46시간 29분으로 나타났어. 숏폼 사용 시간이 OTT 시청 시간보다 월평균 5배나 많았던 거야.

한국리서치가 2023년 12월에 발표한 조사 결과에 따르면 숏폼 콘텐츠가 인기를 끄는 이유는 '시청 길이가 짧아서 부담감이 적다(71%)'는 응답이 가장 많았어. 또 '이동 중에 편하게 시청할 수 있다(64%)', '다양한 주제를 접할 수 있다(62%)', '최신 유행을 파악할 수 있다(61%)'는 의견도 많았어. 이처럼 숏폼은 짧은 시간 동안 다양한 정보를 재미있게 얻고, 유행까지 파악할 수 있어서 소비자에게 큰 만족을 주는 콘텐츠야. 숏폼을 제작하는 사람 입장에서도 영상을 만들고 게시하는 노력과 시간에 비해 그 수익이 크다고 해.

이처럼 장점이 많은 콘텐츠를 만드는 메타(페이스북과 인스타그램을 운영하는 기업)를 2023년 12월, 미국 41개 주에서 고소했어. 대체 왜 그랬을까? 미국 연방지사들은 숏폼이 무한한 뉴스 피드와 빈번한 알림 등으로 중독을 일으키면서 청소년들의 정신 건강을 해치고 있다고 판단했어. 메타 측이 청소년을 충동질하는 음란하고 자극적인 콘텐츠를 방치하면서 이를 악용해 수익을 얻고 있다며 항의했지.

숏폼 콘텐츠가 주는 강렬하고 즉각적인 자극은 도파민 분비를 촉진시켜. 짧은 영상을 계속 보다 보면 기분이 좋아져서 강렬한 즐거움 속에 계속 빠져드는 거지. 이렇게 빠져들다 보면 쉽게 중독으로 이어질 수 있어. 숏폼 콘텐츠가 일상생활에 큰 지장을 주지는 않지만, 시간만 나면 수시로 숏폼 콘텐츠를 확인하고 짧은 영상을 들여다보면 자신을 관리하거나 가족과 대화하는 시간이 줄어들게 돼. 즉 중독성과 함께 집중력을 떨어뜨리는 결과를 가져오니까 주의해야 해.

숏폼과 디지털 문해력

숏폼과 문해력은 어떤 상관이 있을까? 많은 사람들은 숏폼 콘텐츠가 청소년과 성인의 문해력을 떨어뜨리고 있다고 비판해. 숏폼은 짧은 시간에 자극적인 영상으로 정보를 전달하니까 많은 사람들이 시간 때우는 용도로만 소비하지. 콘텐츠 속 정보를 비판적으로 분석하지 않고 무작정 수용하면 사실이 아닌 정보를 그대로 받아들일 위험이 높아져. 또 숏폼 콘텐츠에 몰입하다 보면 강렬한 자극에 뇌가 쉽게 피곤해지기 때문에, 깊이 생각해야 하는 독서 활동이나 호흡이 긴 영화 시청을 멀리할 수 있어.

하지만 숏폼이 시각 문해력을 키운다는 긍정적인 시선도 있어. 자막과 이미지를 통해 정보를 직관적으로 파악하는 능력을 기를 수 있다는 주장이야. 다양한 분야의 배경지식을 짧은 시간에 얻을 수 있어서 시야를 넓힌다는 점에서도 긍정적이지. 숏폼을 통해 익히는 최신 유행 정보는 사람들과 대화를 이어 나가는 좋은 수단이 되기도 해. 이렇게 숏폼 콘텐츠는 디지털 문해력을 키우는 긍정적인 역할도 하고 있어.

숏폼 콘텐츠를 소비만 할 게 아니라, 자신의 의견과 관점을 가미한 콘텐츠로 제작해 본다면 문해력 향상에도 큰 도움이 될 거야. 콘텐츠를 만드는 과정에서 복잡한 내용의 핵심만 추려 요약하는 훈련을 할 수 있고 영상을 개성 있게 만들면서 창의력도 기를 수 있어.

세상의 모든 일에는 양면성이 있어. 숏폼도 수동적으로만 소비하지 않고, 직접 콘텐츠를 제작해 자기 생각을 표현하는 기회로 삼는다면 비판적 사고력과 문제해결력을 기를 수 있겠지. 자극적인 콘텐츠에 휘둘리지 않고, 이를 멀리하면서 유익한 콘텐츠를 선별해서 시청한다면 숏폼이 너희를 성장시키는 도구가 될 거야. 책이나 영화 같은 다양한 매체도 함께 즐기면서 자신만의 논점을 가다듬어 간다면 더욱 좋겠지?

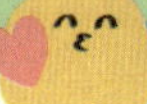

1. 다음 글을 읽고 내용에 알맞게 ○안을 채워 보자.

> ○○ 콘텐츠가 주는 강렬하고 즉각적인 자극은 ○○○ 분비를 촉진시켜. 사용자는 짧은 영상을 계속 보면 흥분이 돼서 지속적으로 강렬한 즐거움 속에 빠져드는 거지. 이는 ○○으로 이어질 수도 있어.

2. 다음 중 숏폼 콘텐츠와 문해력의 관계를 설명한 내용으로 옳지 않은 것은?

① 숏폼을 과도하게 소비하면 깊이 생각해야 하는 독서 활동을 멀리하게 될 수 있다.
② 숏폼을 무비판적으로 수용하면 사실이 아닌 정보를 그대로 믿을 위험이 있다.
③ 숏폼은 시각 문해력을 키우고 다양한 배경지식을 빠르게 습득하는 데 도움이 되기도 한다.
④ 숏폼을 제작하는 과정은 요약력과 창의성을 기르는 데 긍정적이다.
⑤ 숏폼은 독서와 영화 감상처럼 깊이 있는 몰입을 길러 주는 대표적인 매체이다.

3. 만일 너희가 숏폼 제작자라면 어떤 내용을 담은 콘텐츠를 만들고 싶어? 주제를 정한 후 장면을 구성해 보자.

힌트 장면은 시작 부분에서 관심을 끌고, 중간에서 내용을 전달하며, 끝에서 메시지를 강조하는 세 단계로 나누어 작성하면 돼.

더 알고 싶어 119 📖 도서 ▶ 영상 🔍 사이트

📖 『숏폼 지옥』 (신은경, 썬더키즈, 2024)
　　숏폼의 중독성과 자극에 휩쓸리지 않고, 스스로 생각하고 선택하는 힘을 키우는 방법을 알려 주는 책이야.

📖 『숏폼 영상 편집 3일 만에 마스터하기 with 캡컷(Capcut)』 (김근아, 아티오, 2023)
　　복잡한 편집 기술 없이도 짧고 강렬한 영상을 직접 만들어 볼 수 있게 도와 주는 책이야.

▶ 숏폼, 새로운 소통인가 디지털 마약인가 (KBS 추적60분, 중독사회 3부)
　　짧은 영상이 우리의 뇌와 습관을 어떻게 바꾸는지, 즐거움과 중독 사이에서 무엇을 선택해야 하는지 묻는 다큐야.

언어로 그리는 꿈,
국어 교사

소설을 읽다 보면 이야기 보따리를 신나게 풀어 주시던 국어 선생님이 떠올라. 유독 다정한 미소를 지으며 우리의 상상력을 북돋고, 생각하는 즐거움을 알려 주셨지. 이번엔 그런 국어 교사에 대해 함께 살펴보자.

하는 일

국어 교사는 크게 세 가지 업무를 해. 먼저 국어 과목을 가르치고 평가하는 일이야. '듣기와 말하기, 읽기, 쓰기, 문법, 문학, 매체'라는 여섯 개 영역을 가르치지. 동시에 학생들이 독서를 즐기고, 다양한 갈래의 글을 써 보도록 지도하고, 다양한 글을 읽으면서 이를 분석하고 감상하는 능력과 언어적 감각을 기르도록 돕지. 수업만큼 중요한 것은 평가야. 학기마다 수행과 지필 평가지를 만들고, 채점하지. 일 년에 여러 번의 수행과 지필 평가를 치르다 보면 일 년이 후딱 지나가. 담임을 맡으면 학급을 운영하면서 학생들의 학교생활을 지도하고. 비담임이라면 계획서와 보고서를 만들어서 행사를 추진하고 공문 처리와 같은 행정 업무를 주로 하지. 틈날 때마다 학생과 상담하고 동아리 활동을 지도하기도 해.

장단점

교사는 수업과 상담에서 학생과 소통이 잘 되고, 그들이 성장할 때 큰 보람을 느껴. 다양한 읽기 자료를 통해 배경지식을 기르고 수업과 업무에 대한 전문성을 계발해서 책을 쓰거나 강의를 하면 성취감도 느낄 수 있지. 비교적 출퇴근 시간이 정확하고, 퇴근 시간이 빨라. 매년 두 번의 방학이 있어서 재충전을 충분히 할 수 있다는 것도 큰 메리트야. 하지만 교사는 계속되는 수업과 평가, 업무, 학생 지도 때문에 탈진하기 쉬워. 몸이 아파도 수업과 학급 운영에 영향을 줄까 봐 참고 출근할 때가 많지. 수업 교체가 힘들어서 연가를 쉽게 쓸 수가 없어. 수업을 연구하고 학생들을 잘 돌보려면 수시로 에너지를 충전해야 하는데, 요즘 교사는 과중한 행정 업무와 학생과 학부모 민원 때문에 스트레스가 많다고 해. 점차 개선이 되겠지?

필요한 자질

첫째, 다양한 문학 작품을 읽어서 배경지식을 기르고, 국어 문법에 대한 지식도 쌓아야 해. 또 학생들이 글을 이해하고 표현할 수 있도록 말하기와 글쓰기에 대한 기술을 교사가 먼저 알고 있어야겠지.

둘째, 학생과 소통하는 능력이 필요해. 갈등을 해결하고, 고민을 들어주는 공감 능력도 필요하지. 동료 교사를 배려하고 협업하는 마음가짐도 중요해.

셋째, 수업 기획 능력이야. 국어 교과는 지식보다 도구 교과로서 학생의 국어 사용 능력을 길러 주는 것이 중요해. 강의식이 아닌 학생이 직접 읽고 표현하고, 생각을 말하며 교류하도록 수업을 창의적으로 기획하면 좋아. 온·오프라인 연수에 참여해서 변하는 교육 환경에 맞춰 성장하려는 자세도 필요해.

국어 교사가 되는 방법

국어 교사가 되려면 사범 계열의 국어교육과를 졸업하거나 인문 계열의 국어국문학과에 진학한 후, 국어교육과를 복수 전공하거나 교육대학원을 이수해서 교원자격증을 얻어야 해. 졸업 전에는 교생 실습을 나가서 실제로 수업과 학생 상담, 업무를 체험하지. 졸업 후에는 교원 임용시험을 보거나, 기간제 교사로도 활동할 수 있어.

청소년에게 해 줄 조언

직업으로서 교사는 교권이 낮아져서 스트레스가 증가했고 연금법 개정으로 안정된 노후를 보장받기도 어려워졌어. 하지만 교사의 장점은 여전히 많아. 수업과 상담을 하면서 성장하는 학생을 볼 때는 이루 말할 수 없는 보람과 기쁨을 느낄 수 있지. 방학과 빠른 퇴근을 활용해 취미 생활과 육아를 할 수 있다는 점도 큰 메리트야. 국어 교사를 꿈꾼다면 지금부터 책을 꾸준히 읽고 다양한 글을 써 봐. 특히 시대별 작가별 문학 작품을 다양하게 읽으면 큰 도움이 될 거야. 독서와 공상, 끄적이기를 좋아한다면 학생들에게 언어로 꿈을 가르치는 국어 교사에 도전해 본다면 좋겠어.

5부
국어 문해력을 위한
언어 지식

한글이 우수한 이유를 설명할 수 있니?

한글은 세계적으로 우수성을 인정받은 문자야. 유네스코는 훈민정음 해례본을 세계기록유산에 등재했고 문맹 퇴치 공로상의 이름을 세종대왕상(King Sejong Literacy Prize)으로 정했어. 하지만 한글이 왜 우수한지 그 이유를 말해 보라고 하면 뭐라고 해야 할지 모르겠지? 우리 한글의 우수성에 대해 확실하게 정리해 보자.

학습 키워드   #한글 #한국어 #애민 #실용성 #과학성 #체계성

교과 연계   중2 〉 국어 〉 국어의 음운 체계와 문자 체계를 이해하고 국어 생활에 활용한다.

↑ 찌아찌아족의 한글 사용 간판

"기토 상카, 에메 상카, 하라 이니 추아차 상갓 바이크. 끌루 아르가 키타 바하기아." 대체 무슨 말일까? 읽을 수는 있지만 뜻은 모르겠지? 이 글은 인도네시아 부톤섬에 사는 찌아찌아족이라는 소수 민족이 적은 말이야. 해석하면 "안녕하세요, 감사합니다. 오늘 날씨가 꽤 좋습니다. 우리 가족은 행복합니다."라는 뜻이야. 약 8만 명인 찌아찌아족에게는 고유 문자가 없었어. 알파벳으로 표기하기도 했지만 모든 발음을 표기할 수는 없었대. 그래서 찌아찌아어는 주로

입에서 입으로 전해져 왔어.

2008년 인도네시아에 봉사 활동을 간 안찬일 교수는 이들에게 한글을 가르쳐 주었어. 한글은 배우기도 쉬웠고, 자신들의 언어를 문자로 쉽게 표현할 수도 있었다고 해. 2009년에는 『바하사 찌아찌아 1』이라는 한글로 표기된 찌아찌아어 교과서가 도입됐고 이때부터 본격적인 한글 교육이 시작됐어. 최근에는 한류 열풍이 불어서 한국어까지 배우려는 학생들이 많아졌지. 한 매체에 따르면 현지에서 한글학교 교사로 일하는 아비딘 씨는 찌아찌아어에는 로마자로는 표기할 수 없지만 한글로는 표기할 수 있는 소리가 있다면서 한글의 우수성을 칭찬했대. 이처럼 한글은 문자가 없어서 사라질 위기에 처한 언어를 문자로 표기하기에 매우 효과적이야.

한글의 우수성 세 가지

그런 의미에서 한글의 첫 번째 우수성은 단연 '실용성'으로 볼 수 있어. 한글은 자음과 모음 40개만 알면 되고, 모양이 단순해서 배우기가 쉬워. 또 하나의 문자에 한 가지 소리만 나기 때문에 어떤 말이든 정확하게 표기할 수 있지. 한글이 실용적인 이유는 세종대왕의 창제 목적과 관련이 있어. 당시 조선의 공식 문자는 한자였어. 하지만 한자는 글자 수가 3,500자가 넘고 모양도 복잡해서 먹고살기 바쁜 백성들은 공부하기 어려웠지. 글자를 읽지 못하는 까막눈이 많아서 나쁜 양반들이 가짜 문서를 만들어서 백성들을 괴롭히는 일이 많았어. 이를 안타깝게 여긴 세종대왕은 백성들도 쉽게 배워서 사용할 수 있는 문자를 만들고 싶었어. 양반들은 자신들의 기득권이 약해질까 봐 반대했지만 세종대왕은 한글 창제를 강행했고, 1446년에 '백성을 가르치는 바른 소리'라는 의미를 가진 훈민정음을 반포했어. 다음은 훈민정음 언해본 서문이야.

풀이 나라 말이 중국과 달라 서로 맞지 아니하니, 이런 이유로 어리석은 백성이 할 말이 있어도 제 뜻을 글로 쓰지 못하는 사람이 많으니라. 이를 불쌍히 여겨 새로 스물여덟 글자를 만드노니 사람마다 쉽게 배워 날마다 쓰면서 편안하게 만들고자 함이라.

한글의 또 다른 우수성은 '과학성'이야. 한글 자음은 발음 기관의 모양을 본떠서 만들었어. 예를 들어 ㄱ과 ㄴ은 [그, 느]라고 발음할 때 혀의 모양을 본떠 만들었고 ㅁ은 입술을, ㅅ은 치아를, ㅇ은 목구멍의 모양을 본떴지. 모음 역시 자연의 모습을 반영했어. ·(아래 아)는 둥근 하늘을, ㅡ은 평평한 땅을, ㅣ은 사람을 본뜬 글자야. 이러한 한글의 창제 원리는 소리를 보다 시각적으로 표현할 뿐만 아니라 논리적이고 객관적으로 소리와 글자의 관계를 검증할 수 있게 만들어 주지.

한글의 우수성 세 번째는 '체계성'이야. 소리가 나는 위치와 방식, 성질에 따라 문자를 조직적으로 배열할 수 있거든. 또 자음과 모음의 결합 방식이 규칙적이야. 음절은 자음과 모음이 모여 만들어져. 주로 '자음+모음' 또는 '자음+모음+자음' 형태로 구성되지. 예를 들어 '한'은 'ㅎ+ㅏ+ㄴ'으로 이루어져 있어. 이런 체계적인 배열 덕분에 새로운 단어를 만

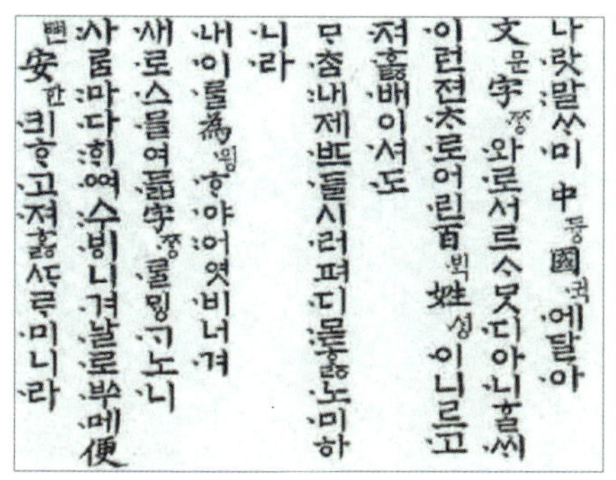

↑ 훈민정음 언해본

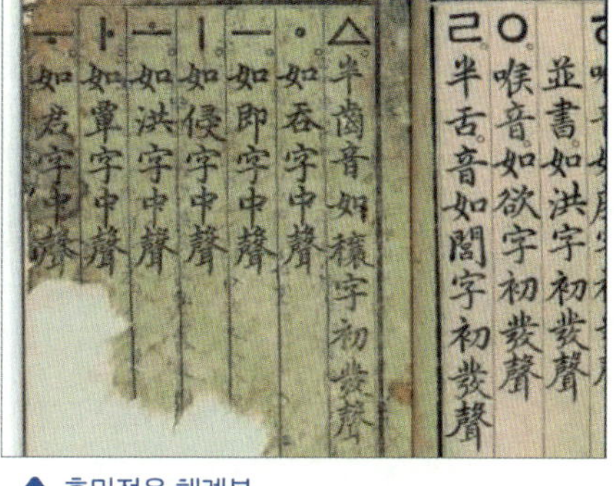

↑ 훈민정음 해례본

들 때도 일관되고 규칙적으로 결합할 수 있어.

　실용성, 과학성, 체계성 덕분에 한글은 세계적으로 우수한 문자로 인정받았어. 특히 유네스코는 1989년 세계 문맹 퇴치와 교육 발전에 크게 기여한 개인이나 단체에게 주는 문맹 퇴치상의 이름을 '세종대왕상'으로 정했어. 이는 한글을 통해 백성들의 문맹을 퇴치하고자 했던 세종대왕의 마음을 높이 평가했기 때문이지. 또 유네스코는 한글 자음과 모음의 형성 원리가 설명된 훈민정음 해례본을 세계기록유산으로 등재했어. 이는 한글의 역사적, 문화적, 학문적 가치를 세계가 인증하고 있다는 것을 증명하는 일이야. 이제 한글의 우수성에 대해 정확히 알았지? 어디서 누굴 만나든 한글이 우수한 이유인 실용성, 과학성, 체계성 세 가지를 말할 수 있는 똑똑한 애국자가 돼 보자고!

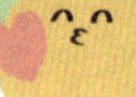

1. 다음 글을 읽고 내용에 알맞게 ○안을 채워 보자.

> 한글의 우수성 세 가지는 쉽게 배우고 사용할 수 있다는 ○○○, 소리를 보다 시각적으로 표현하며 논리적이고 객관적인 검증이 가능한 ○○○, 소리가 나는 위치와 방식, 성질에 따라 문자를 조직적으로 배열할 수 있는 ○○○이야.

2. 한글의 우수성을 세계가 인정한 사례로 옳지 않은 것은?

① 유네스코 세종대왕상 제정
② 훈민정음 해례본 세계기록유산 등재
③ 찌아찌아족 교과서로 채택
④ 세계 문자 올림픽 1위 수상
⑤ 세계 학자들의 연구 대상으로 활용

3. 한글의 체계성을 설명한 내용으로 적절한 것은?
① 모음은 하늘·땅·사람을 본떠 만들었다.
② 음절은 자음과 모음의 규칙적인 결합으로 이뤄진다.
③ 한글은 배우기 쉽고 단순하다.
④ 소리와 글자의 관계를 논리적으로 검증할 수 있다.
⑤ 백성들이 쉽게 배울 수 있도록 창제되었다.

4. 한글 자음 'ㅁ'은 어떤 발음 기관을 본떠 만든 글자일까?

더 알고 싶어 119　　　　　▤ 도서　▷ 영상　🔍 사이트

▷ **한글의 특징과 우수성 (비정상회담, 169회)**
우리가 매일 쓰는 한글이 왜 '세상에서 가장 과학적인 문자'로 불리는지, 세계인의 시선으로 생생하게 보여 주는 영상이야.

🔍 **국립한글박물관** 한글이 어떻게 만들어졌고 지금까지 어떻게 변화했는지 자료와 디지털 전시를 통해 집에서도 직접 확인할 수 있어.

세종대왕은 시대를 앞서간 IT 대왕님

한글 음운의 특징과 정보화 시대, 가장 유용한 글자

요즘 컴퓨터와 스마트폰은 생활필수품이 됐어. 그런데 한글은 이 디지털 세상에서도 가장 빛을 발하는 문자야. 키보드와 휴대폰 자판에 딱 맞게 효율적으로 배치되어 있거든. 세종대왕님은 미래가 디지털 세상이 될 것을 미리 아셨던 걸까?

학습 키워드　#음운 #상형 #가획 #이체 #합성
교과 연계　중2 > 국어 > 국어의 음운 체계와 문자 체계를 이해하고 국어 생활에 활용한다.

　음운은 단어의 뜻을 구별해 주는 가장 작은 소리 단위야. 한글 음운은 '자음', '모음', '소리의 길이' 세 가지가 있어. '공'과 '곰'은 받침 글자 'ㅇ과 ㅁ' 때문에 의미가 달라지고, '달'과 '돌'은 모음 'ㅏ'와 'ㅗ'로 인해 뜻이 달라지지. 또 '눈'은 소리를 길게 내면 '하늘에서 내리는 얼음의 결정체'를 뜻하고, 짧게 발음하면 '물체를 볼 수 있는 사람의 감각 기관'을 뜻해. 이처럼 단어의 뜻을 구별해 주는 소리의 최소 단위가 음운이야.

　이제 한글 자음과 모음을 만든 원리를 살펴볼게. 먼저 모음은 '상형과 합성'의 원리를 활용했어. 즉 ·(하늘), ㅡ(땅), ㅣ(사람)의 모양을 본떠서 기본 글자를 만들었지. 상징적으로 본뜨는 원리를 '상형'이라고 해. '·(아래 아), ㅡ, ㅣ' 기본자를 합성해서 'ㅗ, ㅏ, ㅜ, ㅓ' 초출자가 생겼고, 여기에 또 '·(아래 아)'를 합성해서 재출자 'ㅛ, ㅑ, ㅠ, ㅕ'가 탄생했어.

한글 모음은 발음할 때 입술이나 혀가 고정돼서 처음과 나중의 입모양이 변하지 않는 '단모음'과 입술이나 혀의 처음과 나중 위치가 달라지는 '이중 모음'으로 분류돼. 이렇게 한글 모음은 총 21자야.

단모음 (10개)	ㅏ, ㅐ, ㅓ, ㅔ, ㅗ, ㅚ, ㅜ, ㅟ, ㅡ, ㅣ
이중 모음(11개)	ㅑ, ㅒ, ㅕ, ㅖ, ㅘ, ㅙ, ㅛ, ㅝ, ㅞ, ㅠ, ㅢ

자음은 '상형, 가획, 이체'의 원리로 만들었어. 기본자인 ㄱ, ㄴ, ㅁ, ㅅ, ㅇ은 발음 기관의 모양을 본떴으니까 모음처럼 '상형'의 원리가 적용된 거지. 'ㄱ'(기역)은 혀뿌리가 목구멍을 막는 모양, 'ㄴ'(니은)은 혀끝이 윗잇몸에 붙는 모양, 'ㅁ'(미음)은 입술이 붙었다가 떨어지는 모양, 'ㅅ'(시옷)은 앞니의 모양, 'ㅇ'(이응)은 목구멍의 모양을 본뜬 거야.

세종대왕님은 쉬운 글자를 만들기 위해 기본자에 획을 더하는 '가획의 원리'를 활용하셨어. 'ㄱ'에 가획을 하면 'ㅋ'이 되고, 자음 'ㄴ'에 가획을 하면 'ㄷ'이 되고, 여기에 획을 또 더해서 'ㅌ'이 됐지. 또 모양을 변형시킨 이체자 'ㆁ(옛이응), ㅿ(반치음)'이 있지만 지금은 사용하지 않아. 현재는 기본 열네 자에 글자를 나란히 쓴 병서자 된소리를 포함한 자음이 총 열아홉 자야. 또 자음의 이름은 '기역, 디귿, 시옷'만 제외하고 규칙이 같아. 즉 '해당 자음' 뒤에 모음 'ㅣ'를 더하고 또 'ㅡ' 밑에 '해당 자음'을 받침소리로 넣어서 쓰고 읽지.

ㄱ(기역), ㄴ(니은), ㄷ(디귿), ㄹ(리을), ㅁ(미음), ㅂ(비읍), ㅅ(시옷), ㅇ(이응), ㅈ(지읒), ㅊ(치읓), ㅋ(키읔), ㅌ(티읕), ㅍ(피읖), ㅎ(히읗), ㄲ(쌍기역), ㄸ(쌍디귿), ㅃ(쌍비읍), ㅆ(쌍시옷), ㅉ(쌍지읒)

한글의 체계성도 '가획과 합성'의 원리 덕분이야. 체계성 덕분에 한글은 '디지털 시대에 가장 적합한 문자'가 되었어. 정보화 시대에는 글자를 빠르게 입력하는 것이 중요한데 문자판에 '가획과 합성의 원리'를 적용하면 문자를 쉽고 빠르게 쓸 수 있지. 대표적인 입력 방식인 천지인 방식은 단 3개의 모음(· , ㅡ, ㅣ)으로 모든 모음을 만들 수 있어. 철자 하나하나를 찾아서 입력하는 영어보다 속도가 35%나 빠르고 정확하다고 해.

한글은 컴퓨터 자판에서 입력할 때도 편리해. 자음과 모음을 번갈아 입력해서 리듬감이 있고 글자를 음절 단위로 모아서 입력하니까 읽고 쓰기가 쉽거든. 이런 점은 일본어, 중국어와 비교하면 더 확실하게 알 수 있어. 일본어는 46개의 히라가나와 가타가나뿐 아니라 많은 한자까지 표기해야 해서 한글처럼 한정된 자판 안에 문자를 다 넣을 수 없어. 중국어도 4,000자가 넘는 한자를 자판에 모두 배치할 수 없는 건 마찬가지야. 그래서 이 두 언어는 '알파벳'을 활용해 자판을 입력하고 있어. 일본은 단어의 소리를 영어로 적고 같은 소리를 지닌 여러 종류의 문자 중에서 해당 문자를 찾아서 입력하지. 문장마다 한자를 함께 표기하니까 속도가 느릴 수밖에 없겠지? 중국어도 영문 키보드로 한자 발음을 알파벳으로 입력하면 발음이 같은 단어가 무수히 나오는데, 이 중 적절한 단어를 매번 선택해서 입력해야 해. 중국어는 한자 수가 너무 많아서 입력하는 데 일본어보다 시간이 더 오래 걸린대. 같은 문장을 쓰더라도 한국인은 일본인이나 중국인에 비해 5배 더 빨리 타자로 입력할 수 있어. 많은 업무를 컴퓨터로 하는 요즘 우리 한국인은 큰 축복을 받은 거나 마찬가지야. 한국이 IT 강국이 된 것은 세종대왕의 선견지명 덕분이 아닐까? 정보의 정확성과 신속함이 요구되는 시대에 한국이 초고속 인터넷 및 휴대폰 보급률이 세계 1위라는 것은 우연히 이루어진 것이 아니야.

1. 다음 글을 읽고 내용에 알맞게 ○안을 채워 보자.

> 한글은 체계적인 문자라고 했잖아. 바로 ○○(와)과 ○○의 원리 덕분이야. 이 체계성 덕분에 한글은 '디지털 시대에 가장 알맞은 문자'가 되었어.

2. '공'과 '곰', '달'과 '돌'의 예에서 알 수 있는 음운의 특징은 무엇일까?

① 소리의 길이에 따라 뜻이 달라진다.
② 자음과 모음의 차이가 의미를 구별한다.
③ 같은 모음이 반복되어 의미를 강화한다.
④ 발음 기관의 모양에 따라 단어가 형성된다.
⑤ 음운은 단어의 뜻과 무관하다.

3. 한글이 디지털 시대에 가장 적합한 문자라고 평가받는 이유로 옳지 않은 것은?

① 한자와 알파벳을 모두 혼합해 사용해야 한다.
② 자음과 모음을 규칙적으로 결합해 입력 속도가 빠르다.
③ 음절 단위로 입력해 읽고 쓰기가 쉽다.
④ 일본어나 중국어보다 타자 속도가 빠르다.
⑤ 천지인 방식을 사용하면 3개의 모음만으로 모든 모음을 만들 수 있다.

4. 한글 모음의 기본자 '·, ㅡ, ㅣ'가 각각 상징하는 것은 무엇일까?

더 알고 싶어 119

📖 도서　▷ 영상　🔍 사이트

▷ **[국립한글박물관] 한글창제의 원리**
이 영상은 한글이 단순한 글자가 아니라 소리를 모양으로 설계한 과학적인 문자라는 사실을 보여 줘. 스마트폰 자판에서도 가장 효율적으로 쓰이는 글자가 한글이라는 것, 그리고 세종대왕의 지혜가 얼마나 미래를 내다본 발명이었는지 깨닫게 될 거야.

🔍 **디지털에 최적화된 문자가 한글이라니 (지식채널e, EBS)**
한글이 단지 '아름다운 글자'가 아니라, 디지털 환경에서 가장 빠르고 효율적으로 작동하는 문자임을 짧고 명확한 이야기로 보여 주는 콘텐츠야.

영어는 8품사,
국어 품사는 몇 개?

국어 아홉 가지 품사의 종류와 특징

'너만큼 키가 크다.'에서 '만큼'은 띄어 쓸까? 아니면 붙여 쓸까?
품사를 정확히 알고 있으면 띄어쓰기는 물론 글을 쓸 때 단어 선택도 잘할 수 있어.
국어의 품사에는 무엇이 있고, 영어 품사와 어떻게 다른지도 함께 살펴보자.

학습 키워드　#품사 #명사 #대명사 #수사 #동사 #형용사 #관형사 #부사 #조사 #감탄사
교과 연계　중1 〉 국어 〉 품사의 종류와 특성을 이해하고 국어 자료를 분석한다.

'품사'는 단어를 공통 기준에 따라 묶어 놓은 걸 말해. 단어를 비슷한 성질을 지닌 것끼리 모아 놓으면 찾아서 활용하기가 쉬워. 단어는 형태, 기능, 의미라는 세 가지 기준에 따라 총 아홉 개의 품사로 나뉘어지지. 다음 문장에는 아홉 개의 품사가 모두 있어. 우리 같이 분류해 보자.

> 나는 내일 친구 셋과 함께 새 공원에서 모이기로 약속했어. 우와! 행복해.

첫째, '선생님, 책상, 학교, 민주주의'는 우리가 무언가를 부를 때 쓰는 말이잖아. 이렇게 사람과 사물, 장소와 개념 등 어떤 대상의 이름을 나타내는 단어를 '명사'라고 해. 위 문장에서 '내일, 친구, 공원'이 바로 명사야. '내일'은 '오늘 바로 다음 날'의 이름이고, '친구'는 '가깝게 오래 사

↑ 국어의 9품사

권 사람'을 가리키는 말이지.

둘째, 명사를 대신해서 사람이나 사물, 장소를 나타내는 말이 '대명사'야. 사람을 가리키거나 부를 때는 이름 대신 '나, 너, 너희, 우리, 자네, 누구'라는 대명사를 사용해. 사물은 '이것, 그것, 저것, 무엇'이라고 대신 부르지. 또 '도서관, 기차역, 마트' 같은 장소는 '여기, 거기, 저기, 이곳, 저곳, 그곳, 어디'라는 단어로 표현하고 말이야. 위 문장에서 대명사는 바로 '나'야.

셋째, 수량이나 순서를 나타내는 단어를 '수사'라고 해. 수나 양을 의미하는 수사는 '하나, 둘, 셋, 넷, 다섯, 여섯, 일곱…'과 '일, 이, 삼, 사, 오, 육, 칠…'이 있어. 또 순서를 나타내는 말인 '첫째, 둘째, 셋째, 넷째, 다섯째…'도 수사지. 위 문장에는 수사가 한 개 있어. 답은 바로 '셋'이야.

넷째, '가다, 달리다, 먹다, 자다'처럼 사람이나 사물의 행동이나 동작을 나타내는 단어가 '동사'야. 동사는 문장 속에서 모양이 자유롭게 바뀌지. '가다'는 문장 내의 역할에 따라 '가서, 가겠지?, 가고'로 형태가 바뀌곤 해. 동사는 뜻 속에 '움직임'이 있어서 '~어(아)라'의 명령형과 '~자'의 청유형을 넣었을 때 어색하지 않아. '가라, 달려라, 먹자, 자자.' 자연스럽지? 위 문장에서 동사는 '모이기로'와 '약속했어'야.

다섯째, '예쁘다, 파랗다, 빠르다'처럼 사람이나 사물의 상태나 성질을 나타내는 말은 '형용사'야. 형용사도 동사처럼 문장에서 그 모습이 변해. '예쁘다'는 '예쁘고, 예쁘구나. 예뻐서' 등으로 바뀌지. 하지만 명령형과 청유형으로 바꾸면 의미가 어색해져. '예뻐라, 예쁘자, 파래라, 파라자, 빨라라, 빠르자.' 모두 어색하지? 위 문장에서 형용사는 '행복해'야.

여섯째, '이, 그, 저, 새, 헌, 모든'과 같이 명사나 대명사, 수사를 앞에서 꾸며 주는 말은 '관형사'라고 해. 뒤에 오는 말의 성질이나 상태를 더 구체적으로 설명해 주지. '헌 옷, 모든 학교, 이 자동차'처럼 말이야. 이 문장에서 관형사는 '새'야.

일곱째, '잘, 가장, 과연, 아주, 매우, 정말, 빨리, 천천히'와 같이 주로 동사나 형용사를 꾸미는 말을 '부사'라고 해. '명사, 대명사, 수사'를 꾸미는 관형사가 아닌 문장 속에서 애매한 단어는 대부분 부사야. 부사는 동사나 형용사뿐만 아니라 또 다른 부사나 관형사, 문장 전체를 꾸미기도 해. 예시 문장에서 부사는 '한꺼번에 같이'라는 의미가 있는 '함께'야.

여덟째, '와, 야, 아, 어머나, 아이고, 예, 아니오'처럼 놀람이나 부름, 대답을 나타내는 단어를 '감탄사'라고 해. 감탄사는 말하는 사람의 감정이나 느낌을 직접 표현하고, 독립적이라서 문장 어디에나 놓일 수 있어. 위 문장에서 감탄사는 '우와!'야.

아홉째, '은, 는, 이, 가, 을, 를, 에게'처럼 명사와 대명사, 수사 뒤에 붙어서 관계를 나타내는 말을 '조사'라고 해. 품사 중 유일하게 혼자 쓰일 수 없고 다른 말 뒤에 붙어서 의미를 전달하기보다는 앞말을 도와주는 역할을 해. 물론 약간의 뜻을 갖는 조사도 있어. '온유가 사과를 먹는다.'를 '온유도 사과는 먹는다.'로 바꿨더니 어감이 좀 달라졌지? 여기서 '도'는 '첨가'의 의미를, '는'은 '구별'의 의미가 있어. 하지만 모든 조사가 의미를 갖는 것은 아니야. 위 문장에서 조사는 '는, 과, 에서, 로'야.

영어와 한국 품사의 비교

그렇다면 국어와 영어의 품사는 어떻게 다를까? 영어는 8품사로서

'명사, 대명사, 형용사, 동사, 부사, 전치사, 접속사, 감탄사'로 분류해. 영어와 국어의 품사가 다른 점 세 가지를 설명할게.

첫째. 영어에는 전치사(on, in, at)와 접속사(and, but, so)가 있지만 국어에는 조사(~에, ~부터, ~까지)와 접속 부사(그리고, 그러나, 그래서)가 각각 그 기능을 맡고 있어.

둘째, 국어에는 '수사'라는 품사가 있지만 영어에는 따로 없어. 영어에서는 'It's seven o'clock'처럼 숫자 자체를 의미하는 것은 명사로 분류하고, 'seven apples'처럼 명사를 수식하는 말은 형용사로 분류하지.

셋째, 한국어의 형용사는 일반적으로 '다'로 끝나는 기본형이 있고 문장 안에서 모양을 자유롭게 바꾸곤 해. 또 명사를 수식하지만 모양이 바뀌지 않는 단어는 관형사라고 부르지. 하지만 영어에서는 명사나 동사 앞에서 쓰이는 상태나 성질을 나타내는 말 'beautiful', 'big', 'small'을 형용사라고 해. 모양도 바뀌지 않지. 'beautiful flower' 혹은 'You are beautiful'처럼 문장 끝에서 주어를 서술하기도 하고 뒤에 있는 명사를 꾸미기도 해. 결국 영어의 형용사는 관형사의 역할까지 하는 셈이지.

품사는 국어든 영어든 헷갈리지? 하지만 이런 문법을 잘 알고 있어야 단어를 정확하게 사용해서 말하고 글을 쓸 수 있으니까 소리 내서 세 번만 읽어 보자.

1. 다음 중 단어와 품사가 바르게 짝지어진 것은?

　① 내일 - 대명사　　② 셋 - 수사　　③ 함께 - 관형사
　④ 우와 - 조사　　　⑤ 새 - 동사

2. 형용사와 동사의 특징으로 알맞지 않은 것은?

　① 동사와 형용사는 기본형이 '-다'로 끝난다.
　② 형용사는 '매우/아주' 같은 정도 부사와 잘 어울린다.
　③ 동사는 명령형(해라)이나 청유형(하자)으로 바꿀 수 있다.
　④ 형용사는 현재 시제에서 '-는'을 붙여 '예쁘는 꽃'처럼 쓸 수 있다.
　⑤ 형용사는 상태나 성질을 나타내고, 동사는 움직임이나 동작을 나타낸다.

3. 다음 중 영어와 국어의 품사 비교에 대한 설명으로 옳지 않은 것은?

　① 영어에는 전치사와 접속사가 있지만 국어에는 조사와 접속 부사가 그 기능을 대
　　신한다.
　② 국어에는 수사가 있으나 영어에는 수사 품사가 따로 없다.
　③ 영어의 형용사는 국어의 형용사와 관형사의 역할을 모두 담당한다.
　④ 영어와 국어 모두 감탄사라는 품사가 존재한다.
　⑤ 국어에는 접속사 품사가 있으며, 영어에는 접속사가 없다.

4. 다음 중 조사끼리만 짝지어진 것은?

　① 는, 과, 에서, 로　　　　② 나, 너, 우리, 이것　　　③ 새, 헌, 모든, 저
　④ 우와, 아이고, 어머나, 예　⑤ 하나, 둘, 셋, 첫째

더 알고 싶어 119　　　　　　　　　　📖 도서　▷ 영상　🔍 사이트

📖 『국어뒤집기 '품사 편'』 (성우주니어, 2019)
　국어 품사 개념을 쉽고 명확하게 정리해 주는 책이야. 이 책을 읽으면, 문법이 어려운 규칙이 아니라 글을 정확하게 표현할 수 있는 힘으로 느껴질 거야.

▷ 국어의 품사 총정리
　이 영상은 헷갈렸던 품사 개념을 예시와 함께 한눈에 정리해 주는 강의야. 이 영상을 보면 띄어쓰기나 단어 선택을 더 이상 감이 아니라 근거 있는 이해를 통해 깨닫게 될 거야.

어려운 띄어쓰기,
이것만 딱 기억하자고

학생들이 틀리기 쉬운 띄어쓰기 패턴 다섯 가지

띄어쓰기는 국어 전문가라도 어려워. 예외 규칙이 많기 때문이지.
하지만 수행평가를 채점하다 보면, 자주 틀리는 부분이 있거든.
학생들이 자주 틀리는 띄어쓰기 패턴 다섯 가지를 살펴볼게.

학습 키워드	#띄어쓰기 #의존명사 #고유명사 #안과못 #복합어
교과 연계	중3 〉 국어 〉 한글 맞춤법의 기본 원리와 내용을 이해하고 국어 생활에 적용한다. 초6 〉 국어 〉 글과 담화에 쓰인 단어 및 문장, 띄어쓰기를 민감하게 살펴 바르게 고치는 태도를 지닌다.

　한글 맞춤법 제2항에는 "문장의 각 단어는 띄어 씀을 원칙으로 한다."는 규칙이 있어. 앞에서 살펴본 품사는 모두 띄어 쓴다는 말이지. 하지만 예외도 있고 같은 단어라도 상황에 따라 품사가 여러 개인 경우가 있어서 주의해야 해. 틀리기 쉬운 띄어쓰기 패턴 다섯 가지를 정리했어.

　첫째, 조사는 단어지만 앞말에 붙여 써. 왜냐하면 조사는 의미가 거의 없고, 주로 앞에 붙은 단어가 문장 안에서 하는 역할을 표시해 주기 때문이야. '온유가 사과를 먹는다.'의 '가'와 '를'은 '온유'와 '사과'가 각각 주어와 목적어라는 걸 알려 줘. 조사는 뜻을 약간 갖기도 하지만 그 의미가 작아서 혼자 쓰일 수 없어. 그러니 조사는 단어여도 앞말에 반드시 붙여서 써야 해. 특히 '-이다'는 동사나 형용사가 아닌 조사이기 때문에 앞말에 꼭 붙여 써야 해. '-이다'는 문장 안에서 '-이고, -인가, -여서'처럼 모양이 자유롭게 바뀌니까 형용사로 생각할 수 있지만 '-이다'는 단어를 서술어로 만드는 서술격 조사야.

둘째, 의존명사를 주의해야 해. 의존명사는 혼자 쓰일 수 없고, 명사지만 앞에 꾸며 주는 말이 꼭 있어야 하는 특수 명사야. '것, 데, 지, 줄, 바, 체, 수, 뿐, 만큼, 대로, 만'처럼 종류가 다양하지. 이들은 반드시 앞말과 띄어 써야 하니까 눈을 크게 뜨고 다음 문장들을 읽어 보자.

> 노력한 **만큼** 띄어쓰기 실력이 늘었어.
>
> 띄어쓰기를 잘 하기 위해 노력할 **뿐**이야.
>
> 의존명사를 배우는 **데** 시간이 꽤 걸렸다.
>
> 띄어쓰기를 배운 **지** 벌써 일 년이 지났다(의존명사 '지'는 '지나간 시간'을 의미함).
>
> 띄어쓰기에 주의하며 글을 쓸 **것**이다.

의존명사의 띄어쓰기가 어려운 이유는 상황에 따라 품사가 달라지기 때문이야. '지'의 경우, '지나간 시간'의 의미가 아닌 경우도 있어. '무엇을 먹을지 고민이야.'에서 '지'는 의존명사가 아닌 '먹다'의 활용형인 동사의 일부라서 붙여 써야 해. 또 '만큼', '뿐', '대로'는 아래처럼 명사가 앞에 오면 조사로 바뀌지. 그러니까 앞말에 붙여서 써야 해.

> 저 사람**만큼** 크게 웃자 / 웃는 사람은 손흥민**뿐**이었다 / 약속**대로** 크게 웃었다

단위성 의존명사도 있어. 앞에 수를 뜻하는 관형사가 와서 수효나 분량, 무게, 부피 등을 나타내지.

　‘등, 씨’도 의존명사라서 앞말과 띄어 써야 해. ‘등’은 이 밖에도 같은 종류의 것이 더 있다는 것을 나타내는 말이고, ‘씨’는 그 사람을 높이거나 대접해서 부르는 호칭어야.

　셋째, 부사 ‘안’과 ‘못’의 띄어쓰기에 주의하자. ‘안’은 하기 싫어서 안 하는 ‘의지 부정’을 뜻하고, ‘못’은 하고 싶어도 못 하는 ‘능력 부정’을 의미해. 이렇게 부정의 의미로 쓰이는 ‘안’과 ‘못’은 뒷말과 띄어 써야 해.

　단, 부정의 의미가 아닌 다음의 ‘안’과 ‘못’은 붙여 써야 해.

　넷째, 기관이나 조직 이름은 단어별로 띄어 쓰는 것이 원칙이지만 붙여 쓸 수도 있어.

다섯째, 하나의 단어와 고유명사는 반드시 붙여야 해. '풋사과, 개살구, 맨손, 들볶다, 김치찌개, 초등학교, 태백산맥, 금수강산, 솔선수범, 사과나무, 강장동물, 조선호박'은 사전에 한 단어로 나와 있는 복합어(두 개 이상의 의미가 모여 한 단어를 이룬 것)야. 한 단어인지, 두 단어인지 헷갈릴 때는 국어사전을 찾아봐야겠지.

띄어쓰기를 완벽하게 아는 것은 쉽지 않아. 다만 중요한 것은 글을 쓸 때 문장을 정확하게 쓰려고 노력하는 자세야. 또 띄어쓰기가 잘된 글을 계속 읽다 보면 언어적 직관이 발달하면서 무의식적으로 띄어쓰기를 바르게 할 수 있어.

1. 다음 글을 읽고 내용에 알맞게 ○안을 채워 보자.

> 문장의 각 ○○(은)는 띄어 씀을 원칙으로 하지만
>
> ○○(은)는 단어여도 앞말에 붙여 써.

2. 한 단어가 두 개 이상의 품사를 갖기도 해. 다음 중 띄어쓰기가 바르게 된 것은 ○표를 잘못한 것은 ×표를 해 보자.

> (가) 나도 너 만큼 키가 크다   (   )
>
> (나) 네가 가져간만큼 표시하렴   (   )
>
> (다) 키가 작은 아버지는 스포츠카를 타신다   (   )
>
> (라) 작은아버지가 큰 자동차를 타신다   (   )
>
> * (라)의 밑줄 친 부분은 '아버지의 남동생'을 의미함

3. 밑줄 친 부분에 유의할 때 띄어쓰기가 잘못된 것은 어느 것일까?

① 나는 어제 너무 피곤해서 안 갔다.

② 우리 반에는 학생이 스무 명이 있다.

③ 밥을 먹은 지가 너무 오래 되었다.

④ 그는 너무 못돼서 친구들에게 미움을 샀다.

⑤ 내 소원은 피자 이고 내 최애는 치킨 이다.

더 알고 싶어 119   📖 도서   ▷ 영상   🔍 사이트

▷ 한글 맞춤법 띄어쓰기 (꽤노오력)

이 영상을 보면, 감으로 쓰던 띄어쓰기가 이해하고 적용할 수 있는 기술로 바뀔 거야.

탁생으로써 바램은
자던지 놀던지 놔두는 것

아무리 글 내용이 좋아도 맞춤법이 틀린 곳이 많으면 믿음이 안 가겠지. 위 제목에서 맞춤법이 틀린 곳은 몇 군데일까? 어떤 말이 잘못됐는지 단어의 정확한 의미를 알아보고 바르게 고쳐 보자. 답은 이 글 마지막에 알려 줄게.

학습 키워드 #한글 맞춤법 #동음이의어

교과 연계 초6 〉 국어 〉 글과 담화에 쓰인 단어 및 문장, 띄어쓰기를 민감하게 살펴 바르게 고치는 태도를 지닌다.
중3 〉 국어 〉 한글 맞춤법의 기본 원리와 내용을 이해하고 국어 생활에 적용한다.

한글 맞춤법의 총칙 제1항을 보면 "한글 맞춤법은 표준어를 소리대로 적되 어법에 맞도록 함을 원칙으로 한다."라고 되어 있어. 하지만 발음이 비슷해서 혼동하기 쉬운 말들이 많아. 이번에는 네 쌍의 '발음이 비슷한 두 단어들'의 의미와 쓰임을 파악해 볼게.

-던지 / -든지: '-던지'는 과거의 일을 회상할 때 사용하는 단어야. "사과가 얼마나 맛있던지 잊을 수가 없네."처럼 이미 일어난 일을 말할 때 사용하지. 하지만 '-든지'는 어떤 것을 선택해도 차이가 없는 둘 이상의 대상을 가리킬 때 쓰여. 또 "집에서 일하든지 사무실에서 일하든지 맘대로 하세요."처럼 아직 일어나지 않은 상황을 뜻해. 따라서 '-든지'는 미래의 가능성을, '-던지'는 과거의 일을 나타낸다는 차이가 있어.

-로서 / -로써: '-로서'는 주로 명사나 대명사 뒤에 붙어서 앞 단어의 자격이나 신분, 지위를 표현해. '부모로서, 학생으로서'처럼 말이야. '-로써'도 주로 명사나 대명사 뒤에 붙어서 앞 단어가 나타내는 수단, 방법, 재료를 표현하지. '연필로써 그림을 그렸다.', '우수한 달리기 실력으로써 우승했다.'처럼 활용할 수 있어.

바라다 / 바래다: '바라다'는 어떤 일이나 상태가 이루어지기를 간절히 바라는 마음, 즉 '소망'을 뜻해서 '~을/를 바라다', '~기를 바라다' 등의 형태로 사용돼. 명사형으로 바꾸면 '바람'이 되지. '모든 학생들이 원하는 대학에 진학할 수 있기를 바람.'처럼 말이야. 반면 '바래다'는 색이 바래지거나 희미해지는 것을 뜻해. '오래된 사진들이 햇볕에 노출되어 색이 바랬다.'처럼 말이야. 또 동음이의어로서 어떤 사람을 일정한 곳까지 배웅하는 것을 뜻하기도 해.

바라다: 어떤 일이 이루어졌으면 하고 생각하다.

예시 친구가 좋은 성적을 받기를 바라다.

바래다: 1. 볕이나 습기를 받아 색이 변하다.

예시 햇볕에 오래 두어서 내가 좋아하는 티셔츠가 바랬다.

2. 어떤 사람을 일정한 곳까지 배웅하다.

예시 여행을 떠나는 친구를 공항까지 바래다주었다.

베다 / 배다: '베다'는 다른 물건을 받치는 것을 뜻하지만 동음이의어로 날카로운 물건으로 무언가를 자르는 것을 뜻하기도 해. 하지만 '배다'는 스며드는 것을 뜻하지. '향수 냄새가 옷에 배다, 습관이 몸에 배다.'로 사용할 수 있어.

베다: 1. 누울 때, 베게 따위를 머리 아래에 받치다.

예시 베개를 베고 누울 때가 하루 중 가장 행복하다.

2. 날카로운 물건으로 무언가를 자르다.

예시 칼로 종이를 베다, 나무를 베다.

배다: 어떤 물질이나 성질이 스며들거나 배어 나오다.

예시 달콤한 양념이 고기에 배다.

그렇다면 이 글 제목에는 맞춤법이 몇 군데 틀렸을까? 맞아. 네 군데야. 맞춤법에 맞게 고쳐 볼까? '학생**으로써** **바램**은 자**던지** 놀**던지** 놔두는 것'은 '학생으**로서** **바람**은 자**든지** 놀**든지** 놔두는 것'으로 쓰는 게 바른 표기야.

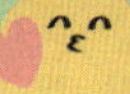

1. 다음 문장 중 '-로써'의 쓰임이 바른 것은 무엇일까?

> ㉠ 그녀는 간호사로써 환자들을 세심하게 돌봅니다.
> ㉡ 그 화가는 붓으로써 아름다운 작품을 만들어 냅니다.

2. 다음 문장 중 '바래다'의 쓰임이 바른 것은 무엇일까?

> ㉠ 햇볕에 오래 노출된 커튼의 색이 바랬다.
> ㉡ 대한민국이 평화로운 나라가 되기를 바램.

3. 다음 문장 중 '베다'의 쓰임이 바른 것은 무엇일까?

> ㉠ 날카로운 칼로 종이를 깔끔하게 배었습니다.
> ㉡ 아기가 편히 자도록 베개를 베어 주었습니다.

4. 다음 중 단어의 사용이 바르게 된 것은 어느 것일까?

① 작년에 먹었던 복숭아가 얼마나 달콤하든지 잊을 수가 없다.
② 시험이 끝났으니 영화를 보던지 운동을 하던지 자유롭게 해라.
③ 어제 비가 얼마나 많이 왔든지 우산이 젖어 있었다.
④ 너 하고 싶은 대로 하든지 말든지 나는 상관하지 않겠다.
⑤ 그는 얼마나 착하든지 모두가 좋아했다.

5. 다음 문장에서 잘못 사용된 단어는 모두 몇 군데일까?

> 학급 리더로써 어떤 활동을 진행하던지 잘되길 바래.

더 알고 싶어 119

📖 도서　▷ 영상　🔍 사이트

📖 『청소년을 위한 개념 있는 맞춤법 생활』 (배혜림, 뜨인돌, 2025)
　맞춤법을 단순 암기가 아니라 이유를 이해하며 익히는 법을 알려 주는 책이야. 내 생각을 정확하고 당당하게 표현하는 힘이 자랄 거야.

▷ 헷갈리는 맞춤법 퀴즈 남녀노소 누구나 퀴즈로 맞춤법 실력을 확인하고 학습지로 부족한 부분을 집중 학습할 수 있어.

🔍 네이버 맞춤법 검사기 글을 쓰다가 헷갈리는 맞춤법과 띄어쓰기를 바로 확인할 수 있는 무료 사이트야. 글을 고치는 과정에서 자연스럽게 맞춤법 감각이 길러질 거야.

곤욕, 곤혹, 고역은 대체 뭐가 다를까?

헷갈리기 쉬운 세 단어의 뜻 구별하기

발음이 비슷한 단어는 뜻을 혼동하기 쉬워. 이번에는 세 단어가 한 쌍이야.
평소에 긴가민가 헷갈렸던 단어들, 이번 기회에 정확한 의미로 정리해 보자.

학습 키워드　#능동사 #피동사 #사동사

교과 연계　초6 > 국어 > 글과 담화에 쓰인 단어 및 문장, 띄어쓰기를 민감하게 살펴 바르게 고치는 태도를 지닌다.
중3 > 국어 > 한글 맞춤법의 기본 원리와 내용을 이해하고 국어 생활에 적용한다.

다치다, 닫치다, 닫히다: '다치다'는 몸 일부에 상처가 생기는 것을 뜻하지만, 마음이나 체면, 명예가 상하는 것을 의미하기도 해. '교통사고로 다리가 다쳤다, 날카로운 비판에 마음이 다쳤다.'로 활용할 수 있지.

'닫치다'는 문이나 뚜껑, 서랍 등을 힘주어 세게 닫는 것을 뜻해. 또 입을 꼭 다물고 말하지 않는 것을 뜻하기도 하지. '문이 부서질 만큼 쾅 닫치고 나갔다, 그는 그만 입을 굳게 닫치고 말았다.'로 표현할 수 있어.

'닫히다'는 '닫다'라는 동사의 피동사야. 피동은 남의 움직임에 의해 동작을 당하거나 영향을 받는 것을 뜻해. 문이나 뚜껑, 서랍 등이 저절로 닫히거나 입이 저절로 다물리는 것을 뜻하기도 해. '문이 자동으로 닫혔다. 서랍이 저절로 닫혔다, 갑자기 그의 입이 닫혔다.'

다치다: 부딪치거나 맞거나 하여 신체에 상처가 생기다. 즉 상처를 입다.

예시 손이 종이에 베여 다치다.

닫치다: 열린 문짝, 뚜껑, 서랍 등을 꼭꼭 또는 세게 닫다. 즉 '닫다'의 센 말.

예시 화가 나서 방문을 닫치고 나갔다.

닫히다: 열린 문짝, 뚜껑, 서랍 등이 열렸던 것이 닫아지다. 즉 '닫다'의 피동.

예시 바람에 의해 문이 자동으로 닫혔다.

마치다, 맞추다, 맞히다: '마치다'는 어떤 일이나 과정을 완성해서 끝내는 것을 뜻해. '일을 마치면 영화 보러 가야지, 혼자 힘으로 어렵게 대학을 마쳤다, 그는 평화롭게 생을 마쳤다.'로 활용되지.

'맞추다'는 서로 떨어져 있는 부분을 제자리에 맞게 붙이거나 어떤 기준이나 다른 것에 맞추어 조정하는 것을 뜻해. '깨진 조각들을 제자리에 잘 맞추다, 시계를 정확한 시간에 맞추다, 답안지를 정답과 맞추어 확인하다.'로 활용되지.

'맞히다'는 '맞다'의 사동사야. 사동은 문장의 주어가 남에게 어떤 행동을 하게 하는 것을 의미하지. 어떤 대상을 정확히 '맞게 하는 것'을 뜻해. 또 침이나 주사 등의 치료를 '받게 하는 것'을 뜻하기도 하지. '과녁을 맞히다, 정답을 맞히다, 간호사가 주사를 맞히다.'로 활용할 수 있어.

마치다: 하던 일이나 과정을 끝내다.

예시 나는 오늘 숙제를 모두 마쳤다.

맞추다: 둘 이상의 떨어져 있는 대상을 제자리에 맞게 결합하다.

예시 내 동생은 퍼즐을 빠르게 맞추었다(맞췄다).

맞히다: 정답, 화살, 눈, 비, 주사 따위를 맞게 하다. '맞다'의 사동사.

예시 시험에서는 정확한 답을 맞히는 것이 중요해.

고역, 곤욕, 곤혹: '고역'은 힘들고 고된 일을 뜻하는 명사야. 주로 '고역을 치르다.', '고역에 시달리다.' 등의 표현으로 사용되지.

'곤욕'은 심한 모욕이나 참기 힘든 일을 당하는 것을 뜻하는 명사야. '곤욕을 당하다.', '곤욕을 치르다.', '곤욕을 겪다.' 등의 표현으로 사용돼.

'곤혹'은 예기치 못한 곤란한 일을 당해서 당황하고 어찌할 바를 모르는 상태를 뜻하는 명사야. '곤혹을 느끼다.', '곤혹하다.' 등으로 표현하지. 요약하면, '고역'은 힘들고 고된 일, '곤욕'은 심한 모욕이나 참기 힘든 일, '곤혹'은 예기치 못한 당황스러운 상태를 뜻해.

고역(苦役): 몹시 힘들고 고되어 견디기 어려운 일

예시 그 사람은 평생 고역에 시달려 왔다.

곤욕(困辱): 심한 모욕이나 참기 힘든 일

예시 그는 구설수에 오르면서 큰 곤욕을 치렀다.

곤혹(困惑): 곤란한 일을 당하여 어찌해야 할지 모름

예시 갑자기 그런 질문을 받아서 곤혹스러웠다.

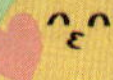

1. 괄호 안에서 알맞은 단어를 골라 보자.

① 그는 일찍 일을 (마치고 / 맞추고 / 맞히고) 퇴근했다.
② 동생은 깨진 조각을 하나하나 잘 (마쳤다 / 맞추었다 / 맞혔다) .
③ 학생이 시험 문제를 모두 (마쳐서 / 맞춰서 / 맞혀서) 기뻐했다.
④ 친구의 모욕적인 말 때문에 큰 (곤욕 / 곤혹) 을 당했다.
⑤ 갑작스러운 질문에 (고역 / 곤욕 / 곤혹) 스러워 대답하지 못했다.

2. 다음 문장에서 '고역, 곤욕, 곤혹'을 한 번씩 바르게 넣어서 문장을 완성해 보자.

> ㉠ 그 일은 너무 ___________ 이어서 견디기 힘들었다.
> ㉡ 회사가 부도 소문으로 인해 ___________ (을)를 겪었다.
> ㉢ 그는 예상치 못한 상황에 직면해 ___________ 스러워했다.

3. 다음 문장에서 '마치다, 맞추다, 맞히다'를 한 번씩 바르게 넣어 문장을 완성해 보자.

> ㉠ 작업을 ___________ 집으로 돌아갔다.
> ㉡ 그는 퍼즐 조각을 정확하게 ___________
> ㉢ 시험에서 정답을 ___________ 기뻤다.

4. 다음 문장에서 '다치다, 닫치다, 닫히다'를 한 번씩 바르게 넣어서 문장을 완성해 보자.

> ㉠ 놀이공원에서 넘어져서 무릎이 ___________
> ㉡ 그는 문을 세게 ___________ 방으로 들어갔다.
> ㉢ 문이 자동으로 ___________ 소리가 났다.

더 알고 싶어 119

📖 도서　▷ 영상　🔍 사이트

▷ 맞춤법 절대 안 틀리는 노래
빠른 템포의 리듬에 맞춰 신나고 즐겁게 맞춤법 공부를 할 수 있는 영상이야.

왜 안돼가
외않되?

'왜 안돼'는 자주 틀리는 맞춤법이야. 한 유투버가 '외않되'라는 노래를 만들어서 불렀는데, 많은 사람들이 공감했지. 이 밖에도 발음이 비슷해서 너무 헷갈리는 한 글자 말이 많아. 이번 기회에 정확하게 알아보자.

학습 키워드 #한글맞춤법

교과 연계 초6 〉 국어 〉 한글 맞춤법의 기본 원리와 내용을 이해하고 국어 생활에 적용한다.
고1 〉 국어 〉 한글 맞춤법의 원리를 적용하여 국어 생활을 성찰하고 문제를 해결한다.

되 / 돼: 다음 두 쌍의 문장은 둘 중 하나만 바른 표현이야. 무엇이 맞는 문장일까?

> (가) 유재석은 한국 최고의 MC가 됐어.   (   )
>
> (나) 유재석은 한국 최고의 MC가 됬어.   (   )
>
> (다) 에어컨 틀었으니 창문 열면 안 된다.   (   )
>
> (라) 에어컨 틀었으니 창문 열면 안 됀다.   (   )

바른 문장은 (가), (다)야. 이유를 알아볼까? 우선 '되'는 동사 '되다'의 의미를 갖는 어간이고, '돼'는 '되어'의 줄임말이야. 그러니까 헷갈리는 '돼'와 '되' 자리에 '되어'라는 말을 넣어서 자연스럽다면 '돼'를 쓰고,

말이 어색하면 '되'를 쓰면 돼. (가)는 '되었어'가 자연스러우니까 '돼'가 들어가야 해. '되었어'의 준말인 '됐어'가 맞는 표현이지. (라)의 '됀다'를 '되언다'로 바꿨더니 어색하지? 그러니까 (다)와 (라) 중에서는 (다)가 맞는 문장이야. '하'와 '해'를 넣어서 판단하는 방법도 있어. '되, 돼'와 '하, 해'는 사용 환경이 비슷하거든. 즉 '하'를 넣어서 자연스러우면 '되'를 쓰고, '해'를 넣어서 어감이 자연스러우면 '돼'를 사용하는 거지.

왠 / 웬: '왠'과 '웬'은 의미는 전혀 다르지만 발음이 비슷해서 혼동하기 쉬워. 하지만 뜻을 정확하게 알면 금방 구별할 수 있어. 세 쌍의 문장 중에서 무엇이 바른 표기일까?

헷갈린다고? 그럼 '왠'과 '웬'의 의미를 알려 줄게. 다음 내용을 읽어 봐.

왠과 웬의 의미
- '왠지'는 '왜인지'의 준말로 '무슨 이유나 까닭인지'라는 의미야.
- '웬'은 '어떠한, 어찌 된', '어떤'이라는 뜻으로 '웬만큼, 웬만하면, 웬일, 웬(명사 앞에서 홀로 쓰임)'으로 사용돼.

자, 이제 답을 알겠지? 이번에는 뒤쪽에 있는 (나), (라), (바)가 바른 표현이야. '왠'과 '웬'은 '왜인지'를 넣어서 자연스러우면 '왠지'를 사용하고, '어떠한'을 넣어서 자연스러우면 '웬'을 사용하면 돼. 더 간단하게 구별하려면 '왠'은 '왠지'의 형태로만 쓰이고, 나머지 웬만큼, 웬만하면, 웬일, 웬(명사 앞에서 홀로 쓰임)은 대부분 '웬' 형태가 맞는 표현이라는 거지.

안 / 않: '안'과 '않'도 발음이 비슷해서 헷갈리는 표현이야. 다음 두 쌍의 문장 중에서 바른 표현은 무엇일까?

이번에는 (가)와 (라)가 바른 표현이야. '안'은 '아니'의 줄임말로, 앞에서 '의지 부정'을 뜻한다고 했었지? 주로 동사 앞에 붙어서 '하지 않다.'의 의미를 나타내는 말이야. '안'은 주로 혼자 사용되는 부사야. 하지만 '않'은 '아니하-'의 줄임말로 홀로 쓰이지 않고 주로 문장 끝에서 사용돼. 예시문 안에 '아니' 또는 '아니하'라는 본래 말을 넣어 보면 바른 말을 찾을 수 있어. 예를 들어 '험담을 안 할 거야.'는 '험담을 아니 할 거야.'로 '다른 사람을 험담하지 않는다.'는 '다른 사람을 험담하지 아니한다.'로 바꿔도 의미가 자연스럽게 통하잖아.

'돼, 되'와 '왠, 웬' 그리고 '안, 않'과 같은 줄임말은 본래 말로 바꾸면 바른 표기가 어떤 것인지 찾을 수 있어. 처음에는 어색하지만 자꾸 연습하다 보면 실력이 점점 늘 거야.

1. 다음 문장의 맞춤법 표기가 맞으면 O, 틀리면 X 표시를 해 보자.

> ㉠ 왠 험상궂게 생긴 사람이 날 따라오더라. (   )
>
> ㉡ 왠지 가슴이 두근거린다. (   )

2. 다음 둘 중에 바른 표현은 무엇일까?

> ㉠ 이 티셔츠는 나한테 안 어울려 (   )　　㉡ 이 티셔츠는 나한테 않 어울려 (   )

3. '뇌'와 '봬'도 '되'와 '돼'처럼 '하, 해'와 사용 환경이 같아. 이를 참고해서 문장의 맞춤법 표기가 맞으면 O, 틀리면 X 표시를 해 보자.

> ㉠ 선생님, 괜찮으시다면 오늘 뵙겠습니다. (   )
>
> ㉡ 그럼 언제 뵐 수 있나요? (   )
>
> ㉢ (똑똑) 선생님 뵈러 왔습니다. (   )

4. 다음 중 맞춤법이 바르게 사용된 문장은 어느 것일까?

① 드디어 일이 잘 되서 마음이 놓인다.　　　② 드디어 일이 잘 돼서 마음이 놓인다.

③ 드디어 일이 잘 되여 마음이 놓인다.　　　④ 드디어 일이 잘 돼여 마음이 놓인다.

5. 다음 설명과 알맞은 단어를 <보기>에서 찾아 써 보자.

> **보기** 안, 않, 되, 돼, 왠, 웬
>
> ㉠ 어떤 까닭인지 (   )
>
> ㉡ 어떠한, 어찌 된 (   )
>
> ㉢ 동작을 하지 않음(부정 부사) (   )
>
> ㉣ 동작을 하지 아니함(용언 활용) (   )
>
> ㉤ '되다'의 줄임말, '되어' (   )

더 알고 싶어 119

📖 도서　▶ 영상　🔍 사이트

📖 『빨간내복야코 맞춤법 절대 안 틀리는 책 1,2편』(박종은, 위즈덤하우스, 2024)
발음이 비슷해서 자꾸 헷갈렸던 맞춤법들을 웃기고 쉬운 예시로 머릿속에 딱 박히게 만들어 주는 책이야.

▶ 마춤뻡 다 틀리는 노래 1, 2 (빨간내복야코)
일부러 맞춤법을 틀리게 만든 가사로, 우리가 평소에 헷갈리는 표현들을 웃으면서 자연스럽게 기억하게 해 주는 영상이야.

'절대값, 꼭지점, 전세집'이 잘못된 말이라고?

사이시옷에 관한 끝없는 논쟁

'사이시옷'은 두 개의 단어가 결합해서 한 단어가 될 때 단어 중간에 들어가는
'ㅅ' 받침을 말해. 맞춤법 규정이니까 지켜야 하지만 헷갈리는 경우가 참 많지.
사이시옷 규정의 특징과 현실적인 어려움을 함께 살펴보자.

학습 키워드　#사이시옷　#합성어　#된소리　#고유어　#한자어
교과 연계　중3 〉 국어 〉 한글 맞춤법의 기본 원리와 내용을 이해하고 국어 생활에 적용한다.
　　　　　　고1 〉 국어 〉 한글 맞춤법의 원리를 적용하여 국어 생활을 성찰하고 문제를 해결한다.

'사이시옷'은 합성어(둘 이상의 단어가 결합하여 한 단어가 된 말)의 각 단어 사이에 적는 '시옷'이야. 사용되는 환경은 다음 세 가지가 있어.

첫째, 두 단어가 만나서 합성어가 될 때, '고기+국=고깃국[고기꾹]' 같이 뒷말의 첫소리가 된소리('ㄲ, ㄸ, ㅃ, ㅆ, ㅉ' 처럼 긴장하면서 빡빡하게 발음되는 자음)로 날 때 넣는 거야.

> 바닷가, 시냇가, 햇빛, 모깃불, 잔칫집, 장맛비

둘째, 두 단어가 만나서 합성어가 될 때, '나무+잎=나뭇잎[나문닙]' 처럼 'ㄴ' 소리가 생길 때 사이시옷을 넣어.

셋째, 사이시옷은 '고유어+고유어' 합성어나 '고유어+한자어' 합성어, 즉 단어에 고유어가 반드시 하나라도 있어야 사용할 수 있어. 원칙적으로는 '한자어+한자어'에는 사이시옷을 안 쓰지. (가)와 (나)는 모두 한자어라서 사이시옷을 넣지 않아. 하지만 (다)처럼 옛날부터 사이시옷을 넣은 채로 굳어져서 되돌리기 힘든 합성어 여섯 개는 사이시옷을 넣어서 사용해.

발음이 실제 언어생활과 달라서 억지로 쓰는 경우도 있어. 다음 단어들은 사이시옷을 넣는 게 바른 표현이지만, 실제로는 사이시옷 없이 표기하는 경우가 많아.

'최솟값最小-', '최댓값最大-', '기댓값期待'에서는 '값'이 고유어라서 사이시옷을 붙여야 해. 왠지 수학 교과서에는 최소값, 절대값, 기대값으로 표기되어야 자연스러울 것 같은데 말이야. 특히 '전세방傳貰房'은 모두 한자어라서 사이시옷을 넣지 않아. 하지만 '전셋傳貰집'은 '집'이 고유어라서 사이시옷을 넣지. 결국 '셋방(한자어지만 사이시옷이 예외로 굳어진 말), 전세방, 사글셋방('사글세'는 고유어), 월세방([월세방]으로 읽기), 전셋집, 월셋집'이 맞는 표기야. '수돗물'과 '수도세'도 마찬가지야. 같은 '수도'가 붙은 합성어인데, '수돗물'에만 사이시옷을 허용하고 있어. '수도세'는 한자 합성어니까.

또 다음 단어는 뒷말이 원래 된소리라 사이시옷을 적지 않아.

'머리말'도 [머린말]이 아닌 [머리말]이 옳은 발음이라서 사이시옷을 적지 않아. 하지만 맞춤법 규정을 모르고 혼동하면 '나뭇꾼, 낚싯꾼, 머릿말'로 잘못 표기할 때도 있어.

수컷을 이르는 접두사는 '수-'야. 발음에 상관없이 '수나사, 수놈, 수소'라고 써야 해. '숫나사, 숫놈, 숫소'는 잘못된 표현이지. 다만, '숫양, 숫염소, 숫쥐', 딱 세 단어만 '숫-'으로 쓰지.

'사이시옷'은 배우는 학생도 가르치는 교사도 어려운 숙제야. 2022년 6월 7일자 세계일보에 따르면 교사들도 '사이시옷을 붙이는 게 불편하고 어색하다.'는 의견이 많았다고 해. 수학 주관식 시험의 경우 답이 '최댓값'인데 학생이 '최대값'으로 쓰면 정답으로 인정해 줘야 하는지에 대한 논란이 종종 발생하고 있어. 구본관 서울대 국어교육과 교수도 "사이시옷 규정은 예외가 많아서 이해하기 어렵다."면서 "맞춤법이 현실의 언어 생활을 반영해서 단순해지도록 더욱 합의해야 한다."라고 말했어. 이처럼 사이시옷 관련된 규정을 정비해야 한다는 목소리가 높아. 규범은 단순할수록 실용적이니까 사이시옷 규정이 좀더 단순해지면 좋겠어. 너희도 같은 생각이지?

1. 다음 글을 읽고 내용에 알맞게 ○안을 채워 보자.

> ○○○○(은)는 합성어의 각 단어 사이에 적는 '시옷'이야.
>
> 합성되는 두 단어 중에 ○○○(이)가 있고, 뒷말이 된소리로 나거나,
>
> 'ㄴ'소리가 덧날 때 단어 사이에 넣지.

2. 사이시옷의 예외 현상이야. ㉠과 ㉡이 예외 사항인 이유를 글에서 찾아서 말해 보자.

> ㉠ 셋방(貰房), 숫자(數字), 횟수(回數), 찻간(車間), 곳간(庫間), 툇간(退間)
>
> ㉡ 숫양, 숫염소, 숫쥐

3. 다음 문장의 표기가 맞으면 O, 틀리면 X를 써 보자.

> 1) 깻잎을 무쳐 먹었다. (   )
>
> 2) 냇물에 발을 담갔다. (   )
>
> 3) 전세집에 살고 있다. (   )
>
> 4) 전셋방에 살고 있다. (   )
>
> 5) 수돗물을 마셨다. (   )

더 알고 싶어 119

📖 도서 ▷ 영상 🔍 사이트

🔍 **국립국어원, 1억 원 들여 '사이시옷' 문제 연구했지만 (아주경제)**
우리가 늘 헷갈리는 '사이시옷' 규칙이 왜 이렇게 복잡한지, 그리고 그 해결을 위해 어떤 연구가 진행되었는지를 알려 주는 기사야.

🔍 **'최댓값'인가, '최대값'인가… 교육계 '사이시옷' 갑론을박 (세계일보)**
수학 시간에 늘 마주치는 단어가 왜 이렇게 쓰이는지, 사이시옷 하나가 학계의 논쟁 주제가 될 정도로 중요하다는 사실을 소개하는 글이야.

고전문학 단골손님, 사자성어 베스트 14

고전 시가와 문학에 자주 등장하는 사자성어

사자성어는 한국 고전 문학을 제대로 이해하고
작품에 담긴 문화적, 도덕적 메시지를 파악하는 데 중요한 역할을 하지.
교과서 속 고전 시가와 고전소설에 자주 나오는 열네 가지 사자성어를 알아보자.

학습 키워드　#구비문학 #고전시가 #고전소설 #사자성어

교과 연계　중1 〉 국어 〉 세대·분야·매체에 따른 어휘의 양상과 쓰임을 분석하고 다양한 집단과 사회의
언어에 관용적 태도를 지닌다.

고전문학이란 구비 문학(설화, 민요, 무가, 판소리, 민속극)과 한문 문학, 그리고 1894년 갑오경장 이전까지의 한글 문학을 말해. 사자성어는 고전문학에서 작가의 생각을 드러내는 중요한 역할을 하지.

고전 시가에 자주 등장하는 사자성어 7가지

강호가도(江 강, 湖 호수, 歌 노래, 道 길)**：** 자연을 예찬하며 자유롭고 한가하게 살아감. 조선 시대 양반들은 극심한 정치적 혼란과 당쟁 속에서 벼슬에서 물러나 자연에 은거하며 심신을 수양하고자 했어.

윤선도의 〈어부사시사〉는 아름다운 경치와 임금을 향한 충성심을 노래한 강호가도의 대표작이다. **강호가도**를 외치며 살고 싶다.

독야청청(獨 홀로, 也 ~의, 靑 푸를, 靑 푸를) : '홀로 푸르고 푸르다'는 뜻으로 겨울 산에 홀로 푸르게 서 있는 소나무의 모습처럼 굳은 절개를 표현하는 말이야.

독수공방(獨 홀로, 守 지킬, 空 빈, 房 방) : 빈방에서 혼자 지내는 것, 홀로 빈방을 지키며 사랑하는 사람이 오기만을 기다린다는 뜻의 사자성어야.

무릉도원(武 호반, 陵 큰 언덕, 桃 복숭아, 源 근원) : 복숭아 나무가 있는 언덕, 즉 이 세상이 아닌 것처럼 아름다운 곳. 보통 속세와 동떨어진 아름다운 장소를 가리키지.

안빈낙도(安 편안할, 貧 가난할, 樂 즐길, 道 길) : 가난한 생활 속에서도 마음을 편안히 하고 정신적 가치를 추구하며 살아가는 태도를 뜻해.

일편단심(一 한, 片 조각, 丹 붉을, 心 마음)**:** 한 조각의 붉은 마음. 즉 결코 변하지 않을 충성되고 참된 마음을 말해.

고군분투(孤 외로울, 軍 군사, 奮 떨칠, 鬪 싸울)**:** 어려운 환경 속에서도 포기하지 않고 최선을 다하는 자세를 가리켜.

고전소설에 자주 등장하는 사자성어 7가지

권선징악(勸 권할, 善 착할, 懲 벌할, 惡 악할)**:** 착한 일을 권장하고 악한 일을 징계함. 대부분의 한국 고전소설의 주제야.

호부호형(呼 부를, 父 아버지, 呼 부를, 兄 형)**:** 아버지를 아버지라고 부르고 형을 형이라고 부름. 대표적인 소설 속 인물로 '홍길동'이 있어.

상부상조(相 서로, 扶 도울, 相 서로, 助 도울) : 서로 돕는다는 뜻으로 비슷한 이들이 힘을 합쳐 위기를 모면해 나가는 모습을 가리킴.

부귀공명(富 부유할, 貴 귀할, 功 공, 名 이름) : 공을 세워 이름을 떨쳐 재산이 많고 지위가 높다는 뜻으로 부와 명예를 다 가진 것을 뜻함.

혼비백산(魂 넋, 飛 날, 魄 넋, 散 흩어질) : 혼이 날아가고 넋이 흩어진다는 뜻으로 정신을 잃을 정도로 충격을 받아 놀란 상태를 말해.

입신양명(立 설, 身 몸, 揚 올릴, 名 이름) : 출세해서 이름을 세상에 떨침.

자화자찬(自 스스로, 畵 그림, 自 스스로, 讚 칭찬할) : 자기가 그린 그림을 자신이 스스로 칭찬함.

1. 다음 글을 읽고 내용에 알맞게 ○ 안을 채워 보자.

> ○○○○(은)는 중국에서 유래한 격언이나 속담으로, 네 글자로 구성되어 짧지만 강렬한 의미를 전달하는 말이야.

2. 다음 이야기의 빈칸에 들어갈 사자성어를 각각 써 보자.

> 옛날 작은 마을에 두 친구가 있었습니다. 한 친구는 부지런히 이웃을 도왔고, 다른 친구는 언제나 자신의 능력을 자랑했습니다. 어느 날 큰 폭풍이 몰아치고, 첫 번째 친구는 이웃들과 함께 복구 작업에 나섰습니다. 반면 두 번째 친구는 혼자서 일을 하겠다고 했습니다. 결국 첫 번째 친구는 마을 사람들의 도움으로 빠르게 복구를 마쳤고, 두 번째 친구는 지쳐 버렸습니다. 그날 이후, 두 친구는 ○○○○의 힘을 깨달으며 진정한 친구가 되는 법을 배우게 되었습니다. ○○○○은 더 이상 필요하지 않다는 것을 알게 되었습니다.

3. 다음 문장에 알맞은 사자성어를 써 보자.

> 1) 성삼문은 백설이 가득 덮인 겨울에도 소나무처럼 절개를 지키겠다는 마음으로
>   (   )을 노래했다.
> 2) 〈홍길동전〉에서 서자는 (   )을 하지 못해 한을 품고 살아야 했다.
> 3) 착한 사람은 상을 받고, 나쁜 사람은 벌을 받는다는 (   )은 고전소설
>   의 주제이기도 하다.

3. 다음 설명이 맞으면 O, 틀리면 X를 표시해 보자.

> 1) 무릉도원은 속세와 단절된 이상향을 뜻한다. (   )
> 2) 안빈낙도는 가난한 삶을 비판적으로 바라보는 부정적인 말이다. (   )

더 알고 싶어 119

📖 도서　▷ 영상　🔍 사이트

📖 『그래서 이런 사자성어가 생겼대요』 (우리누리, 길벗스쿨, 2025)
사자성어를 단순히 외우는 것이 아니라, 그 말이 생겨난 이야기와 의미를 통해 자연스럽게 이해하게 만드는 책이야.

▷ **시험에 자주 나오는 사자성어 연속 듣기** 영상을 반복해서 들으면서 자연스럽게 사자성어를 익힐 수 있게 만들어진 학습용 콘텐츠야.

🔍 **우리말샘** 국립국어원이 만든 열린 사전으로, 표준국어대사전에 없는 최신 말·신조어·청소년 언어까지 검색할 수 있는 사이트야.

유래로 알아보는
교과서 속 필수 고사성어

꼭 알아야 할 고사성어 다섯 개

유래가 있는 사자성어는 고사성어라고도 해.
숨은 이야기를 알아야 이해하기 쉽고 오래 기억할 수 있어.
이번에는 유래와 함께 알아 두면 좋을 교과서 속 고사성어를 간추렸어.

학습 키워드　#사자성어 #고사성어 #각주구검 #맹모삼천 #삼고초려 #반포지효 #형설지공
교과 연계　중1 〉 국어 〉 세대·분야·매체에 따른 어휘의 양상과 쓰임을 분석하고 다양한 집단과 사회의
언어에 관용적 태도를 지닌다.

각주구검(刻 새길, 舟 배, 求 구할, 劍 칼) : 한 가지 방법밖에 몰라서 시대
변화에 올바로 대처하지 못하는 어리석음을 비유하는 말이야.

"배에 칼을 새겨 두고 물에 빠진 칼을 찾으려 한다."는 뜻이야. 고대 중국에서
한 사람이 배에서 칼을 떨어뜨린 후 칼이 떨어진 위치에 표시를 해 두고 나중에
그곳에서 칼을 찾으려 했던 일화에서 비롯되었어. 이는 상황이 변했음에도 불
구하고 고집스럽게 변하지 않는 방법을 고수하는 어리석음을 비유하지. 즉 현
실을 무시하고 고집을 부리는 태도를 비판하고 있어.

맹모삼천(孟 맹자, 母 어머지, 三 삼, 遷 옮길) : '맹모삼천지교'의 줄임말
로 올바른 교육을 위해서는 적절한 환경이 중요함을 강조하는 말이야.

"맹자의 어머니가 세 번 이사했다."는 뜻으로, 자녀의 교육 환경을 중요하게 생각한다는 의미를 담고 있어. 이 이야기는 고대 중국에 살던 맹자의 어머니가 아들 교육을 위해 세 번 이사한 일화에서 유래했다고 해. 처음에는 공동묘지 부근에 살았는데, 아이가 무덤에서 곡을 하며 우는 흉내를 냈대. 그래서 이사 갔는데 이번에는 이사 간 곳이 시장이라서 아이가 장사하는 흉내를 내며 놀았대. 결국 서당 부근으로 이사했더니 글 읽는 소리를 습관적으로 따라 해서 훌륭한 인물이 됐대. 맹모삼천은 여기서 유래한 사자성어야.

삼고초려(三 삼, 顧 돌아볼, 草 풀, 廬 초가집): 유능한 사람을 데려오기 위해 끈기있게 노력하고 정성을 다하는 모습을 의미해. 즉 진정한 리더십과 인내의 가치를 상징하는 말이지.

"세 번 초가집을 찾아가다."라는 뜻으로 유비가 제갈량의 초가집을 세 번 방문한 일화에서 유래했어. 장비와 관우는 뛰어난 장수였지만 뜻을 이루기 위해서는 뛰어난 책략가가 필요했지. 한 신하가 제갈량을 추천하자 유비는 그를 만나기 위해 관우, 장비를 데리고 깊은 산속 오두막을 찾아갔지만 그가 없었어. 며칠 후, 제갈량이 왔다는 소식을 듣고 눈보라를 무릅쓰고 찾아갔지만 또 만나지 못했어. 겨울을 넘기고 다시 오두막을 찾은 유비는 마침내 제갈량을 만났고, 그의 지혜에 감탄했지. 결국 제갈량은 유비를 도와 조조의 백만 대군 앞에 나란히 서서 지략을 펼치게 돼. 이처럼 유비는 그를 영입하기 위해 힘든 과정을 견뎠기에 그 노력에 감탄한 제갈량이 요청을 수락하게 된 거야.

반포지효(反 돌이킬, 哺 먹일, 之 조사, 孝 효도): 자식이 자란 후에 어버이의 은혜를 갚음. 까마귀는 '반포조'라고 하는데, 반포지효는 "까마귀 새끼가 자라서 늙은 어미에게 먹이를 물어다 주는 효"라는 뜻이야.

진나라의 무왕이 다스리던 때, 무왕이 아끼던 이밀이라는 신하가 있었어. 이밀은 덕망 높고 학식이 깊은 신하라서 무왕은 이밀에게 높은 관직을 내렸어. 그런데 이밀은 계속 관직을 거절했어. 화가 난 무왕이 그 이유를 물었더니 이밀이 이렇게 말했다고 해.

"전하, 사람이 아닌 까마귀 새끼도 다 자라면 효도를 하옵니다. 늙은 어미 새에게 먹이를 물어다 주며 키워 주신 은혜에 보답하는 것이지요. 소인에게는 연세가 많은 할머니가 있습니다. 부디 넓은 마음으로 소인을 헤아려 주시어 돌아가시기 전까지만이라도 할머니를 돌볼 수 있도록 허락하여 주시옵소서."
무왕은 이밀의 효심에 감동해 큰 상을 내렸다고 해.

형설지공(螢 반딧불이, 雪 눈, 之 -의, 功 공로)**:** 반딧불이의 불빛과 눈의 빛으로 이룬 성공. 온갖 어려움 속에서도 공부하는 자세를 일컫는 말이야.

진나라에 차윤과 손강이라는 사람이 살았어. 이들은 낮에는 열심히 일하고 저녁에는 글을 읽는 것이 가장 큰 즐거움이었지. 차윤에게는 일하고 들어오면 어두워져서 책을 읽을 수 없다는 걱정이 있었어. 가난해서 등잔 기름을 살 수 없었던 차윤은 날아다니는 반딧불이를 주머니에 모아 담았어. 반딧불이 주머니를 등불 삼아 저녁마다 열심히 공부한 차윤은 훗날 이부상서라는 높은 벼슬까지 올랐다고 해.
손강도 글 읽기를 좋아했지만, 집이 가난했어. 손강은 밥값을 아껴서 등잔 기름을 살 정도로 공부를 열심히 했지만, 아무리 돈을 아껴도 등잔 기름을 넉넉히 살 수 없었어. 손강 역시 어두운 밤마다 자리에서 일어나 밤새 내린 눈이 쌓인 밖으로 나갔어. 하얀 눈의 빛이 등잔 불빛보다 주위를 더 밝게 비추는 것을 본 손강은 매서운 추위를 이기고 밖에 나가서 눈의 빛으로 공부를 했다고 해. 결국 과거에 급제한 손강은 어사대부라는 높은 벼슬에 올랐어. 형설지공은 이 두 사람의 이야기에서 유래한 사자성어야.

● 다음 짧은 글을 읽고 관련된 고사성어를 찾아서 써 보자.

1. 민수는 회사에서 매번 같은 실수를 반복하는 효원이를 보며 안타까운 마음이 들었어. 그녀는 늘 옛날부터 고집했던 방법에 집착하며 문제를 해결하려고 했어. 민수는 "이제 새로운 접근 방식을 시도해 보는 게 어떨까?"라고 조언했어.

2. 민지는 자녀 교육에 고민이 많았어. 그녀는 아이에게 최고의 교육 환경을 제공해 주기로 결심했어. 그래서 도서관과 박물관을 자주 가서 다양한 경험을 쌓게 해 주었지. 아이가 점점 호기심을 갖고 공부에 흥미를 느끼게 되자, 민지는 뿌듯함을 느꼈어.

3. 수민이는 부모님이 힘들게 일하시는 모습을 볼 때마다 항상 마음이 아팠어. 그래서 직장 생활을 시작하면서 부모님께 경제적인 도움을 드리기로 했지. 매달 용돈을 보내 드리고, 주말마다 함께 시간을 보내면서 감사한 마음을 전했어.

4. 새로 창업한 회사 대표인 준호는 뛰어난 개발자를 찾고 있었어. 그는 세 번이나 그 사람의 집을 직접 찾아가 자신의 진심을 전했지. 처음에는 거절당했지만, 준호의 꾸준한 성의에 마음을 움직인 개발자는 결국 합류하게 되었어.

더 알고 싶어 119

📑 도서   ▷ 영상   🔍 사이트

📑 『청소년을 위한 친절한 사자성어』 (이상실, 문예춘추사, 2024)
사자성어를 어렵게 외우는 대신, 이 말이 왜 생겼고 언제 쓰이면 좋은지 이야기로 알려 주는 책이야.

▷ 고사성어 이야기 (밝은 한자) 사자성어가 어떻게 생겨났는지, 그 속에 담긴 사람들의 선택과 지혜를 짧고 재미있는 이야기로 들려줄 거야.

책을 만드는 숨은 영웅, 출판 편집자

내가 만든 책이 베스트셀러가 된다면, 얼마나 신나고 보람 있을까? 다양한 전문가를 만나 대화하면서 생각의 수준을 높이고, 그들이 쓴 원고를 읽고 다듬으면서 책의 완성도를 높이는 출판 편집자는 과연 어떤 직업일까?

하는 일

출판 편집자는 출판물을 제작하는 업무를 총괄해. 도서를 기획하고 원고를 편집한 후, 책을 최종적으로 만들고 마케팅도 담당하지. 출판 편집자는 먼저 출판 경향과 독자의 요구를 파악해서 기획안을 회사에 제출해. 이것이 통과되면 필자를 선정해서 원고를 청탁하지. 원고를 받으면 작가와 소통하며 원고의 내용과 일관성, 흐름을 체크해서 수정 보완을 하지. 문장을 이해하기 쉽게 다듬는 윤색 작업도 하고 말이야. 흥미로운 책 제목을 정하고 표지와 본문 디자인 제작을 지휘하지. 출판된 후에는 홍보 및 판매 전략을 세워 본격적인 마케팅 방향을 결정하고, 언론에 배포할 보도 자료와 광고 문안을 작성해. 인터넷 서점이 보편화되고 각종 매체를 통한 홍보 및 마케팅의 중요성이 커지면서 책 제작뿐 아니라 마케팅도 중요한 임무가 되었어. 이렇게 책을 출판하기까지의 전 과정에 참여하여 실무를 담당하는 사람이 바로 출판 편집자야.

직업의 장단점

장점은 다양한 책을 읽고, 전문가를 만날 수 있다는 거야. 작가와 창의적인 작품을 만들면서 일반인은 쉽게 얻을 수 없는 경험을 쌓을 수 있지. 보수는 적은 편이지만 호기심이 많고 모험을 즐기는 사람에게는 매력적인 직업이야. 특히 자신이 출판한 책이 베스트셀러가 될 때의 보람은 무척 크겠지?

갖추면 좋은 자질

첫째, 책을 기획하려면 많은 신문을 읽으며 트렌드를 파악하고 독서를 통해 삶의 경험을 풍부하게 쌓아야 해. 그래야 창의적인 기획안을 만들 수 있으니까 말이야.

둘째, 글쓰기 실력과 언어적 감각은 물론, 꼼꼼하고 섬세한 일처리 능력이 필요해. 책의 완성도를 높이려면 작가가 넘긴 원고를 읽고 구성을 바로잡고, 필요한 정보를 넣은 후 문장도 매끄럽게 다듬어야 해.

셋째, 출판물의 표지 디자인뿐만 아니라 편집 등에 대한 감각도 필요해. 편집자들은 다양한 책의 표지와 디자인을 보면서 수시로 연구한다고 해.

넷째, 원활한 소통 능력도 필수적인 자질이야. 출판 편집자는 작가뿐만 아니라 디자이너, 마케팅 팀 등 다양한 사람들과도 협력하기 때문이야.

출판 편집자가 되는 방법

국어국문학과, 문헌학과, 커뮤니케이션 관련 학과에서 공부하면 출판에 대한 기본적인 지식을 쌓을 수 있어. 하지만 비전공자여도 출판사에 입사 후 업무를 담당하다 보면 실무 능력을 쌓을 수 있지. 출판 관련 경력이 없어도 아카데미에서 출판 기획 및 편집에 관한 교육을 받은 후 출판사에 취업할 수 있어. 마케팅 능력과 기획력을 갖추는 것이 중요하기 때문에 경영, 마케팅, 광고 등의 관련 지식을 쌓아 두면 좋아. 책의 편집과 디자인에도 관여하기 때문에 출판 그래픽 관련 프로그램을 사용할 수 있으면 더 유리하지. 마지막으로, 출판사에 지원할 때는 자신의 포트폴리오를 준비해서 그동안의 경험과 능력을 보여 주는 것이 필요해.

청소년을 위한 조언

출판 편집자를 꿈꾼다면 지금부터 다양한 책과 잡지나 신문을 읽고, 트렌드를 파악하고 글쓰기 연습도 해야 해. 편집자의 시각으로 책의 내용과 구성을 분석하는 연습을 하면 좋겠지. 출판 편집자는 책을 만들어서 많은 사람들에게 감동을 주는 의미 있는 직업이야.

더 알고 싶어 119

『편집자란 무엇인가?』(김학원, 휴머니스트, 2020); 『출판하는 마음』(은유, 제철소, 2018)
책 한 권이 세상에 나오기까지, 보이지 않는 자리에서 문장을 다듬고 생기를 불어넣는 사람들의 진심과 고요한 열정을 보여 주는 책이야.

1일차

1. 1) 디지털 문해력 2) AI 리터러시 3) 멀티 리터러시
2. ④   **3.** ⑤
4. 답안 예시 유튜브 영상을 본 뒤 핵심 내용을 한두 문장으로 간단하게 정리하기, 블로그나 인스타의 글을 볼 때, 광고인지 정보인지 구분해 보기, AI에게 얻은 답을 그대로 쓰지 않고 교과서나 다른 자료와 비교해 확인하기, 유튜브 영상에서 새로 알게 된 단어나 개념을 단어장에 기록하기

2일차

1. 1) 적극, 2) 묵독   **2.** 1) O, 2) O, 3) X   **3.** ④

3일차

1. 피그말리온   **2.** ⑤   **3.** 1) X, 2) O, 3) O
4. 답안 예시 스스로 말하며 설명하면 오래 기억할 수 있다, 중요한 내용을 정리하면서 이해력과 표현력이 함께 자란다, 가르치듯 말하다 보면 기억이 오래 남는다, 입으로 설명하면 머릿속 지식이 정리된다, 글을 이해하고 내 생각을 말로 표현하는 힘이 커진다 등

4일차

1. ③   **2.** 창의력, 상상력, 공감력
3. 1) -ㄱ, 2) -ㄷ, 3)-ㄴ
4. 답안 예시 책을 읽을 때 그냥 넘어가지 않고 "이 주인공은 왜 이렇게 행동했을까?" 하고 질문한다, 수학 문제를 풀다가 막히면 "다른 방법으로 풀 수는 없을까?" 하고 새로운 풀이를 찾아본다.

5일차

1. 답안 예시 (네 문장 요약문) 한국의 출산율은 세계 최저 수준으로 중세 유럽 흑사병 때보다 더 심각한 인구 감소가 예상된다. 현재 한국의 합계출산율은 0.7명에 불과해 세대가 지날수록 인구가 급격히 줄어들고 있다. 14세기 유럽은 흑사병으로 인구의 절반 가까이가 사망했는데 한국의 인구 감소는 그보다 빠른 속도다. 2060년대에는 인구가 3,500만 명 미만으로 줄어들 것으로 전망되며 정부는 저출산 대책을 마련하고 있다.
2. 답안 예시 (두 문장 요약) 한국은 세계 최저 수준의 출산율로 인해 중세 유럽 흑사병 때보다 더 빠른 인구 감소가 예상되며, 2060년대에는 인구가 3,500만 명 미만으로 줄어들 것으로 보여 정부가 대책을 마련하고 있다. (한 문장 요약) 한국은 세계 최저 출산율로 인구가 급격히 줄어들고 있다.

6일차

1. 고유어, 한자어, 외래어   **2.** 1) 53, 90, 2) 혼종어
3. ⑤   **4.** ⑤

7일차

1. 유의어, 반의어, 상의어, 하의어   **2.** ⑤
3. 낮다 / 사과·바나나·오렌지 등 / 거대하다
4. 답안 예시 모르는 단어를 정리하면 정확한 뜻을 오래 기억할 수 있다, 유의어·반의어·상의어·하의어를 함께 적으면 어휘력을 체계적으로 키울 수 있다, 수행평가나 글쓰기 글감을 준비할 때 유용하게 활용할 수 있다.

8일차

1. ⑤   **2.** 1)-ㄱ, 2)-ㄴ
3. 답안 예시 - 내용을 정리하면서 중요한 것과 덜 중요한 것을 구분할 수 있다, 스스로 기록하고 요약하는 과정에서 장기 기억으로 저장된다, 학습한 내용을 다시 확인하면서 자신감과 의욕이 생긴다.

9일차

1. 이유 설명, 사례 들기   **2.** ③   **3.** ④
4. 답안 예시 Opinion(의견 주장): 학생들의 바른 성장과 건강을 위해 체육 시간을 현재보다 늘려야 한다.
Reason(이유 설명): 세계보건기구(WHO)의 권장 기준에 따르면 청소년은 하루 최소 60분의 중고강도 신체 활동이 필요하지만 한국 학생들의 신체 활동량은 권장량의 50% 수준에 불과해 건강 불균형이 심각하다.
Example(사례 들기): 미국 일리노이주의 한 연구에 따르면 체육 시간을 하루 45분으로 늘린 학생들은 그렇지 않은 학생들보다 수학 및 읽기 능력 시험 점수가 평균 10% 이상 높게 나왔으며, 학교 폭력 관련 보고 건수도 20% 감소했다.
Opinion(의견 강조): 따라서 우리 아이들이 신체적, 정신적으로 건강하고 조화롭게 성장하기 위해서는 체육 시간을 늘리는 것이 매우 중요하고 시급한 과제이다.

10일차

1. ③   **2.** ①   **3.** ⑤
4. 답안 예시 - 학교 도서관에서 매일 30분씩 책을 읽겠다.
- 이동 시간에 전자책을 들으면서 걷겠다.
- 책을 읽을 때 기호를 활용해서 기억에 남기겠다.
- 연초에 읽을 책을 정해서 한 달에 두 권씩 읽겠다.
- 독서 기록장에 짧게라도 줄거리와 소감을 남기겠다.

11일차

1. 함축, 정서, 화자
2. - 광야: 일제강점기 시대, 힘든 시기를 이겨 내는 자리
   - 초인: 꺾이지 않고 강한 사람, 독립운동가
   - 가난한 노래의 씨: 광복을 향한 노력, 작은 희망의 씨앗

12일차

1. 표현 기법   2. 역설법, 의인법 / 도치법 / 설의법
3. ⑤

13일차

1. 반복
2. -"나 보기가 역겨워 가실 때에는" → 1연과 4연에 반복
   - "-리우리다", "-옵소서" 같은 종결 어미의 반복
   - "드리우리다 / 뿌리우리다 / 흘리우리다" → '리우리다'로 끝나며 각운 형성
   - "가실 / 걸음걸음"처럼 자음이 반복되어 리듬감 강화.
   - 3음보 율격으로 행마다 3박자의 호흡이 자연스럽게 형성됨 예) 말없이/고이 보내/드리우리다

14일차

1. 추상적, 구체적
2. '소금인형'은 사랑하는 마음 때문에 자기 자신을 온전히 내어 주고 결국 사라져 버리는 존재를 뜻한다. 즉 순수한 사랑, 희생적인 사랑을 상징한다고 볼 수 있다.
3. ④
4. **답안 예시** 청춘, 희망, 꿈, 사랑, 연인, 안전, 평화 등

15일차

1. 인물, 사건, 배경   2. ⑤   3. ④

16일차

1. 1) 1인칭 주인공 시점, 2) 1인칭 관찰자 시점, 3) 3인칭 관찰자 시점, 4) 3인칭 전지적 작가 시점
2. 1인칭 주인공 시점   3. ④

17일차

1. ⑤   2. 초장, 중장, 종장, 4음보   3. 사설시조
4. ②   5. 고려 왕조

18일차

1. ①, 가난을 우스꽝스럽게 그려 웃음을 주면서도 동정을 자아냄   2. 권선징악
3. **답안 예시** 놀부의 나쁜 행동들을 나열해 비판적 웃음을 유발했으니 '풍자'다.

19일차

1. 조선 시대 신분제도 부당함과 탐관오리의 횡포
2. 전기적   3. ④
4. **답안 예시** 두꺼비는 탐관오리, 파리는 힘없는 백성들, 송골매는 그 탐관오리를 징벌하는 더 높은 관리나 임금을 의미한다. 이 시조는 부정을 저지르던 관리가 더 큰 권력 앞에서 벌을 받을까 두려워 허둥대는 모습을 풍자하고 있다.

20일차

1. 반영, 표현, 효용, 절대
2. **답안 예시** 한국전쟁 직후 가난한 삶과 부모님에게 들은 전쟁의 참혹한 이야기   3. ②
4. 책임, 두려움, 생존, 결단, 인간의 고뇌 등 (자유로운 답 허용)

21일차

1. 토의, 토론   2. ②
3. 타당하고 풍부한, 메모, 허점
4. **답안 예시** 〈찬성 팀 근거〉 1. 개인의 생존권은 최우선 가치임: 일제강점기 말기(징용, 징병, 공출)의 극한 상황에서 개인의 생명과 가족의 안전은 모든 공동체 가치보다 우선시되는 기본적인 인권이며, 이를 지키기 위한 불가피한 행위는 정당성을 가짐. (쟁점 1)
2. 절박한 선택의 불가피성: 창씨개명 등 일부 소극적인 협력 행위는 가족을 살릴 수 있는 유일한 생존 수단이었으며, 이는 도덕적 판단의 예외로 인정해야 함. (쟁점 1)
3. 잠재적 문화 보존 역할: 일부 친일 행위는 "일제 체제 내에서 실력을 양성하거나 문화를 보존한다."는 왜곡된 형태의 '큰 뜻'을 명분으로 삼았으며, 일부 지식인들은 이를 통해 언어와 문화의 명맥을 이어 가려 했다는 주장이 존재함. 이광수 등의 '민족 개조론'이나 '실력 양성론'의 일부 왜곡된 주장 인용하기. (쟁점 2)
4. 영화 〈말모이〉에서 생계를 위해 일제에 소극적으로 복종하는 평범한 인물의 모습을 통해, 극한 상황에서의 생존을 위한 선택이 불가피했음을 시사함. (쟁점 1)
5. 영화 〈말모이〉에서 조선어학회 대표인 류정환이 자신을 감시하는 일본 경찰을 따돌리기 위해, 극장에서 일본을 옹호하는 말을 하고 잠시 몸을 피하는 것.(쟁점2)
〈반대 팀 근거〉 1. 공동체와 정의를 위한 희생: 윤봉길, 안중근 등 수많은 독립운동가가 개인의 생명과 가족의 안녕을 포기하고 민족 공동체의 정의를 위해 헌신했으며, 이것이 더 높은 도덕적 가치이자 정당한 행동의 기준임. (쟁점 1)
2. 결과적 체제 정당화 및 해악: 친일 행위는 일제 식민 지배를 정당화하고 강화하는 데 이용되어, 결과적으로 민족 전체의 생명과 독립을 더욱 위태롭게 만들었음. (쟁점 2)
3. 민족 정체성 말살 가속화: 창씨개명 독려, 학병 참여 등 적극적 친일 행위는 일제가 추진한 조선 민족의 정체성과 문화 말살 정책에 적극적으로 동조한 행위이며, 민족에게 돌이킬 수 없는 정신적 해악을 입혔음. (쟁점 2)
4. 영화 〈말모이〉에서 조선어학회 학자들이 목숨을 걸고 '비타협적'으로 우리말을 지킨 행위는 언어와 문

화를 보존하는 유일하고 정당한 길이었으며, 이는 친일 행위와 대비됨. (쟁점 2)

22일차

1. 비언어적, 준언어적
2. **답안 예시** 손을 들어 평화의 제스처를 취하고, 깃발을 조용히 흔들며 비언어적으로 저항했다. 구호를 외칠 때는 목소리를 높여 의지를 드러냈다.
3. 사티야그라하(진리를 찾기 위한 노력)
4. **답안 예시** 회장 선거에 나간다면 먼저 비언어적 표현으로는 단정한 복장을 하고, 발표할 때는 자신감 있는 표정과 당당한 자세를 유지하며 손짓을 활용할 거야. 또 준언어적 표현으로는 목소리를 또렷하게 내고, 중요한 부분에서는 속도를 천천히 하며 힘 있게 말해 청중의 주의를 끌려고 할 거야.

23일차

1. ③ (→ '비숑은 순종이고, 말티푸는 믹스'는 대조에 해당하지, 비교는 아님)   2. 대조
3. 인과, K-팝의 글로벌 인기가 원인이고, 한국 문화에 대한 관심이 확대된 것은 결과이기 때문에, 원인과 결과의 관계를 통해 설명하고 있음

24일차

1. 주제
2. **답안 예시** 예전에 제주도 천문대에서 망원경으로 별을 관찰했는데, 그때는 별똥별도 볼 수 있었다.
3. **답안 예시** 가족과 함께한 추억의 캠핑, 별빛 아래 즐긴 가족 캠핑, 자연 속에서 맛본 캠핑의 즐거움

25일차

1. 타당성   2. ④   3. ④
4. **답안 예시** 출처 확인하기, 사실 여부 검증하기

26일차

1. 체계성, 개요표
2. **답안 예시**

구분	항목	내용
처음	제목	『동물농장』 (조지 오웰, 1945년 초판 / 다양한 출판사)
	책을 읽은 이유	· 세계사 수업 시간에 러시아 혁명과 스탈린 시대를 풍자한 소설이라고 배워 관심이 생김. · 비판적 사고와 논리력을 기르는 데 고전 소설이 도움이 된다고 생각하여 읽음.
중간	줄거리	존스 농장의 동물들이 인간을 내쫓고 '동물 공화국'을 세움. 돼지들이 주도권을 잡고 '모든 동물은 평등하다'는 7계명을 만들지만, 점차 나폴레옹(스탈린)이 독재자가 되면서 모든 계명을 변질시키고 동물들을 착취하는 내용.
	기억에 남는 내용과 이유	1. 변질된 7계명: "모든 동물은 평등하다. 그러나 어떤 동물은 다른 동물보다 더 평등하다." (원래 계명과의 대조)권력이 어떻게 윤리와 가치를 타락시키고 언어를 이용해 기만을 정당화하는지 보여줘 충격적이었음. 2. 말(馬) 복서의 헌신과 비참한 최후: "더 열심히 일하겠다."는 좌우명 아래 헌신했으나, 결국 나폴레옹에게 버려지는 모습에서 전체주의 체제 아래 선량한 민중의 희생을 느껴 안타까웠음.
	독후 질문 만들기	나폴레옹처럼 권력을 독점하는 독재자가 생겨나지 않으려면, 시민들이 가져야 할 가장 중요한 태도는 무엇인가?
끝	소감 및 감상평	· 이 소설은 단순히 과거의 역사가 아니라, 현재 우리 사회의 부조리한 권력 구조를 비판적으로 볼 수 있게 하는 거울 같음. · 무비판적인 순종이나 무관심이 결국 어떤 무서운 결과를 낳을 수 있는지 깨달았으며, 주체적인 생각의 중요성을 강조하고 싶음.

27일차

1. 설명문, 논설문, 기사문
2. **답안 예시**

구분	항목	내용
처음	설명 대상을 간략히 소개	· 성장기의 최대 관심사, '키 크는 방법' · 키는 유전 외에도 후천적 노력을 통해 충분히 달라질 수 있음을 제시
중간	특징 설명과 예시1	· 충분하고 질 좋은 '수면'의 중요성: 밤 10시~새벽 2시, 성장 호르몬이 가장 많이 분비되는 시간대임을 설명하고, 이 시간에 숙면을 취해야 하는 이유를 강조함. (예시) 최소 7~8시간의 수면 권장 및 자기 전 스마트폰 사용 자제
	특징 설명과 예시2	· 균형 잡힌 '영양 섭취'의 역할: 뼈와 근육 성장에 필수적인 단백질, 칼슘, 비타민 D의 필요성을 설명함. (예시) 우유, 콩, 고기 등 편식하지 않고 골고루 섭취, 인스턴트 식품 피하기
	특징 설명과 예시1	· 적절한 '운동'을 통한 자극: 무릎 관절을 자극하고 성장판을 활성화하는 줄넘기, 농구, 스트레칭 등의 점프 운동이 효과적임을 설명함. (예시) 매일 30분 이상 꾸준히 운동할 것을 권장
끝	요약 정리 및 강조	· 키 성장은 수면, 영양, 운동 세 가지 요소의 조화가 핵심임을 다시 강조하기

28일차

1. ④   2. 팀원들이 보고서를 작성했다.
3. 누가, 언제, 어디서, 무엇을, 어떻게, 왜

29일차

1. **답안 예시** 가랑비에 옷 젖는 줄 모른다.- 작은 일이라

도 반복되면 큰 영향을 미친다. / 등잔 밑이 어둡다.-
가까운 곳에서 일어나는 일을 오히려 잘 모를 수 있다.
/ 소 잃고 외양간 고친다.- 일이 이미 잘못되고 나서야
비로소 그 일을 바로잡는다.

2. ②

3. 답안 예시 친구가 나에게 친절하게 말을 걸어 줄 때
나도 기분 좋게 대답하게 된다. / 선생님께 공손하게
말하면, 선생님도 내 의견을 더 잘 들어 주신다. / 동
아리에서 후배에게 따뜻하게 말하면, 후배도 나를 믿
고 잘 따른다.

30일차

1. ④　　**2.** 1,000 / 4,000　　**3.** 키워드　　**4.** ⑤

31일차

1. 연역법, 귀납법

2. 답안 예시 - 매일 하면 실력이 쌓이고 머리가 단단해져.
- 꾸준히 해야 성적이 오르고 이해력이 깊어져.

3. 답안 예시 연역법: 모든 학생은 쾌적한 환경에서 공
부할 권리가 있다. 우리 교실도 학생들이 공부하는
곳이다. 따라서 우리 교실을 깨끗하게 청소해야 한다.
귀납법: 어제 더러운 교실에서 공부하니 집중이 안
되었다. 오늘 깨끗한 교실에서는 공부가 잘됐다. 다
른 반도 교실 청소 후에 생활 만족도가 높았다. 따라
서 교실은 깨끗하게 청소해야 한다.
유추법: 방을 더럽게 두면 공부하기 싫어지듯, 교실
이 지저분하면 공부하기 힘들다. 그러므로 교실도 깨
끗하게 청소해야 한다.

32일차

1. 인프라, 이주민　　**2.** 제국주의, 전체주의　　**3.** ①

33일차

1. ②　　**2.** ⑤

3. 1) 동물복지법, 2) 반려동물 동반 출근

4. 답안 예시 1) AI 기반 맞춤 영양 관리 서비스 '펫닥
터 딜리버리 : 반려동물의 나이, 품종, 활동량, 건강검
진 데이터(주치의 연동), 특정 알레르기 유무를 종합
적으로 분석하여, 매일 필요한 영양소 비율에 정확히
맞춰 급여량과 영양제가 배합된 맞춤형 사료와 영양
간식을 정기적으로 배송하는 구독 서비스이다. 과학
적이고 편리하게 건강 관리를 할 수 있다.
　2) 원격 교감용 스마트 장난감 '터치 링크(Touch
Link)' : 보호자가 외출 중에도 스마트폰 앱을 통해 반
려동물과 양방향으로 교감할 수 있는 장난감이다. 앱
에서 터치나 소리를 전송하면 장난감에서 보호자의 음
성(녹음)이 나오거나, 특정 부위(간식 나오는 곳 등)가
진동하고 빛이 나게 하여 분리불안을 완화할 수 있다.

34일차

1. 애그플레이션, 기후플레이션　　**2.** ⑤　　**3.** ③　　**4.** ⑤

35일차

1. 세로토닌, 환경호르몬　　　**2.** 비스페놀 A

3. 1) 트립토판, 2) 30

4. ④, BPA는 비스페놀 A(Bisphenol A)의 약자이다.
BPA를 빼는 대신 비슷한 성질의 다른 화학 물질
(BPS, BPF 등)이 들어갈 수 있고, 이 물질들도 열을
받으면 환경호르몬처럼 몸속으로 스며들 수 있다.

36일차

1. 화성 유인 탐사, 라바크리트　　**2.** ③

3. ⑤ (화성 생명체는 발견된 적이 없다.)

4. 답안 예시 참가자들은 자원을 보충하는 속도보다 빨
리 사용하지 않아야 한다는 것을 깨달았다. 이는 일
상에서도 물이나 전기, 음식물 쓰레기를 아껴 쓰는
태도로 이어질 수 있다.

37일차

1. 강인공지능, 약인공지능　　**2.** ②

3. 답안 예시 1. 레고 조립 취미: - 미래 직업과의 연결:
건축가 / 제품 디자이너
- 나는 레고를 조립할 때마다 작은 세계를 만드는 느
낌이 든다. 설명서의 순서를 따라가다가도, 어느 순간
내가 원하는 방식으로 구조를 바꾸고 싶어진다. 이런
상상력과 공간을 설계하는 경험은 건축가라는 꿈과
닿아 있다. 언젠가 실제 건물과 공간을 디자인하며,
사람들의 삶이 머무는 장소를 만들어 보고 싶다.
2. 그림 스케치: - 미래 직업과의 연결: 일러스트레이
터 / 게임 콘셉트 아티스트
- 스케치를 할 때면 세상의 모든 소음이 잠시 멈춘다.
마음속 이미지를 종이 위로 꺼내는 순간, 나는 나만
의 세계를 만들어 내는 창조자가 된다. 이런 감각과
관찰력은 일러스트레이터나 콘셉트 아티스트라는 길
로 이어질 수 있다. 내가 그린 선과 색깔로 이야기를
만들고, 누군가의 마음에 여운을 남기고 싶다.
3. 영상 편집 취미: - 미래 직업과의 연결: 다큐멘터
리 PD / 콘텐츠 크리에이터
- 영상 편집을 할 때 나는 시간의 조각들을 이어서 하
나의 이야기를 만든다.
평범한 순간도 편집이라는 손길을 지나면 특별한 메
시지가 된다. 이런 감각과 흐름을 읽는 능력은 다큐
멘터리 PD나 콘텐츠 크리에이터가 되는 데 도움이
된다. 언젠가 사람들의 이야기를 카메라에 담아, 세
상에 전하고 싶은 진심을 영상으로 펴 내고 싶다.
4. 농구 또는 축구
- 미래 직업과의 연결: 스포츠 트레이너 / 스포츠 분
석가 / 체육 지도자
- 농구나 축구를 할 때, 나는 몸이 움직이는 만큼 생
각도 빠르게 달린다.
팀을 위해 뛰고 전략을 세우는 시간 속에서 나 자신
이 더 강해지는 걸 느낀다. 이 경험은 스포츠 트레이
너, 스포츠 분석가, 또는 체육 지도자라는 길로 이어

질 수 있다. 운동을 통해 배운 끈기와 협동심을 다른 사람의 성장과 나누고 싶다.

38일차
1. 가상현실, 증강현실　　　**2.** ⑤
3. ④ (디지털 드로잉보다는 전문 설계 프로그램과 3D 모델링 기술이 필요함)

39일차
1. 답안 예시 - 딥페이크는 가짜뉴스를 퍼뜨리고 개인의 프라이버시를 침해할 수 있는 위험한 기술이다.
　　- 딥페이크는 다양한 활용 가능성이 있지만, 가짜 뉴스와 프라이버시 침해라는 심각한 문제를 동반한다.
　　- 딥페이크로 인해 누구든 가짜뉴스의 피해자가 될 수 있고, 프라이버시가 쉽게 침해될 수 있다는 점을 주의해야 한다.
2. ③　　　**3.** ④
4. 답안 예시 1. 세종대왕의 훈민정음 창제 브리핑 영상
<기획 내용> 딥페이크 기술로 세종대왕이 직접 등장해, 한글을 만들게 된 이유를 기자회견 형식으로 설명한다. "백성이 자신의 생각을 글로 적을 수 있어야 나라가 흔들리지 않는다."는 메시지를 전하며, 훈민정음 창제 원리를 실시간 애니메이션으로 보여 주는 교육 영상.
<기대 효과> 학생들이 한글이 어떤 철학으로 탄생했는지 직접 듣는 듯한 감동을 느낀다.
2. 유관순 열사의 3.1운동 현장 브이로그 영상
<기획 내용> 유관순이 딥페이크로 등장해, 자신의 시선으로 3.1 운동을 V-log처럼 기록한다. 거리에서 울려 퍼지는 "대한독립 만세!"의 함성, 태극기를 든 사람들, 그 속에서 자신의 결심과 두려움, 용기를 짧고 진솔하게 표현한다.
<기대 효과> 역사 속 사건이 '교과서 속 이야기'가 아니라 한 사람의 선택과 용기였다는 사실을 실감할 수 있다.

40일차
1. 숏폼, 도파민, 중독　　　**2.** ⑤
3. 답안 예시 1. 영상 주제: AI에게 학교 숙제를 맡긴다면?
시작: 관심 끌기 - 카메라가 책상 위로 빠르게 이동한다. "오늘 숙제, AI가 대신하면 어떨까?"라는 자막이 떠오른다. 3초 만에 답을 내놓는 AI 화면이 등장한다.
중간: 내용 전달 - AI가 멋지게 글을 작성하지만, '내 경험'과 '내 생각'을 묻는 질문에는 멈칫한다. "이건 너만 쓸 수 있어요."라는 메시지가 팝업처럼 뜬다.
끝: 메시지 강조 - 카메라가 다시 나를 비춘다. "AI는 답을 주지만, 생각은 우리 몫이다." 잔잔하게 페이드아웃.
2. 주제: 24시간 핸드폰 없이 살아 보기 챌린지
시작: 관심 끌기 - 주말, 침대 위에 누워 핸드폰 화면을 넘기다 문득 멈춘다. "오늘… 핸드폰 없이 살아 본다. 진짜로." 전원을 끄는 순간, 화면이 새까맣게 꺼지며 긴장감 있는 음악.

중간: 내용 전달 - 학원에서 친구와 직접 대화하고, 쉬는 시간에는 창밖을 본다. 평소 같으면 찍어서 올렸을 순간들을 그냥 온전히 느낀다. 저녁 시간, 공책에 연필로 생각을 적는다. "이렇게 조용한 하루가 있었나?"
끝 : 메시지 강조 - 노을 아래, 공책 위 메모를 보여 준다. "핸드폰을 내려놓으니, 나를 다시 만났다." 페이드아웃.

41일차
1. 실용성, 과학성, 체계성　　　**2.** ④　　　**3.** ②　　　**4.** 입술

42일차
1. 가획, 합성　　　**2.** ②　　　**3.** ①　　　**4.** 하늘, 땅, 사람

43일차
1. ②　　　**2.** ④　　　**3.** ⑤　　　**4.** ①

44일차
1. 단어, 조사　　　**2.** (가) ×, (나) ×, (다) O, (라) O　　　**3.** ⑤

45일차
1. ⓒ　　　**2.** ⑦　　　**3.** ⓒ　　　**4.** ④　　　**5.** 3곳

46일차
1. ① 마치고 ② 맞추었다 ③ 맞혀서 ④ 곤욕 ⑤ 곤혹
2. ⑦ 고역(몹시 고되고 괴로운 일), ⓒ 곤욕(몹시 괴롭고 어려운 일을 당함), ⓒ 곤혹(당황스럽고 난처함)
3. ⑦ 마치고, ⓒ 맞추었다(맞췄다), ⓒ 맞히니, 맞혀서
4. ⑦ 다쳤다, ⓒ 닫치고, ⓒ 닫히는

47일차
1. ⑦ X, ⓒ O　　　**2.** ⑦　　　**3.** ⑦ O, ⓒ X, ⓒ O
4. ② ('혹은 일이 잘 되어 마음이 놓인다'가 바른 문장임)
5. ⑦ 왠('왜인지'의 줄임말), ⓒ 웬, ⓒ 안, ② 않, ⑩ 돼

48일차
1. 사이시옷, 고유어
2. ⑦ 한자어 합성어이지만 이미 관습적으로 굳어져 되돌리기 어려운 말이라서 사이시옷을 사용함.
　　ⓒ '수-' 접두사가 원칙이지만 숫양, 숫염소, 숫쥐만 특별히 '숫-'으로 굳어진 예외이다.
3. 1) O, 2) O, 3) X, 4) X, 5) O

49일차
1. 사자성어　　　**2.** 상부상조, 자화자찬
3. 1) 독야청청, 2) 호부호형, 3) 권선징악
4. 1) O, 2) X

50일차
1. 각주구검　　　**2.** 맹모삼천　　　**3.** 반포지효
4. 삼고초려